KB210198

도서출판 대장간은
쇠를 달구어 연장을 만들듯이
생각을 다듬어 기독교 가치관을
바르게 세우는 곳입니다.

대장간이란 이름에는
사라져가는 복음의 능력을 되살리고,
낡은 것을 새롭게 풀무질하며, 잘못된 것을
바로 세우겠다는 의지가 담겨져 있습니다.

www.daejanggan.org

친구가 적이 될 때

억울한 상황에 놓일 때

당신의 교회가 위기 가운데 처할 때

당신의 교회가 쪼개질 수밖에 없을 그때

바로 그 때가

당신에겐

믿음의 정상에
오를 때

··· 이다.

진 에드워드

믿음의 정상에 오를 때

지은이	진 에드워드
옮긴이	박인천
초판발행	2020년 6월 16일
펴낸이	배용하
교열교정	고학준
편집	이승호
등록	제364-2008-000013호
펴낸 곳	도서출판 대장간
	www.daejanggan.org
등록한 곳	충청남도 논산시 가야곡면 매죽헌로1176번길 8-54
편집부	전화 (041) 742-1424
영업부	전화 (041) 742-1424 · 전송 0303-0959-1424
분류	기독교 │ 교회 │ 목회
ISBN	978-89-7071-527-8　　03230
CIP제어번호	CIP2020022702

 값 20,000원

When friends become enemies ···

When you are treated unjustly ···

When your church is in crisis ···

When your church is in the middle of a split ···

Then It Is Time For You To …

Climb
the
HIGHEST MOUNTAIN

by Gene Edwards

목 차

제3부

이 책에 쓴 이야기를 처음 듣고 그대로 살아낸 젊은이들을 기억합니다. 여러분에게 이 책을 바칩니다.

평균 22살이었던 여러분을 그리스도 안에서 섬길 수 있었던 것은 내게 더 없는 영광이었습니다. 이와 같은 영광은 전에도 없었고 앞으로도 찾아오지 않을 것 입니다.

언젠가 다시 볼 수 있기를 기대합니다. 여러분이 20대에 보여주었던 그 벅찬 모습! 번뜩이는 눈으로, 양손에 깃발을 높이 들고, 믿음의 최고봉을 향해 서슴없이 올라가던 모습을 그때도 볼 수 있으리라 확신합니다.

이 책에 얽힌 뒷이야기

이 책은 그리스도의 몸인 교회의 분열이라는, 누구도 쓰고 싶지 않은 주제와 관련된 책입니다.

나는 17살에 회심했습니다. 그러나 그리스도인이 되기 전부터 두 곳의 대형교회와 여러several 중소형교회들이 분열하는 현장을 목격했습니다.

얼마간의 시간을 들여 기독교 사역자들을 대상으로 설문조사를 진행했습니다. 대단히 과학적인 통계라고 말씀드릴 수는 없지만 설문조사 결과 50세에 접어든 기독교 사역자는 평균적으로, 최소 세 번의 끔찍한 분열을 경험했습니다. 이 결과는 사역자들에게만 국한되지 않습니다. 일반적인 그리스도인들의 경우에도 거의 마찬가지입니다.

직접 겪는 사람의 입장에선 교회의 분열이 인생에서 가장 쓰라린 사건으로 남을 것입니다. 여러분이 분열로 인한 상처를 전혀 입지 않거나 단 한 차례만 겪을 확률은 50%도 되지 않습니다.

어떤 이유든 간에 주님의 교회는 쪼개지면 안 된다고 생각합니다.(교회 안에 성적인 부도덕이 공공연히 만연될 경우는 예외가 되겠지만 말입니다) 교회가 쪼개질 때 사람들이 둘러대는 **실제적인** 이유들은 다양합니다. 사람의 마음이란 너무도 간사해서 분열을 변호하며 둘러대는 이유들은 그 타당성과 상관없이 사실 믿을 것이 못 됩니다.

주님의 몸인 교회가 쪼개지는 상황은 참으로 믿기 힘든 일이 아닐 수 없습니다. 아! 그러나 현실 속에선 분명히 그 일이 비일비재하다는 것을 우리 모두가 알고 있습니다. 앞으로 12개월 안에 미국의 30만 개 신교회2000년 기준중 최소 5천-1만 교회가 최소 1백만 그리스도인의 삶에 심각한 타격을 주면서 분열할 것입니다. 이는 변명할 수 없는 기정사실입니다.

우리는 이 엄청나고 비극적인 문제를 결코 도외시할 수 없습니다.(설사 이 책이 어떤 해결책을 제시하지 못한다고 할지라도, 그동안 어두운 곳에서 은밀히 진행되던 이 문제를 아예 기독교의 중심문제로 끌어내고자 애써온 하나님의 사람들에겐 큰 용기를 줄 것이라 기대합니다.)

1960년 즈음 나는 기존 제도권 교회에서 걸어 나와 격식과 형식을 벗어난 제도권 밖의 교회에 몸담았습니다. 사람들이 거의 주목하지 않는 제도권 밖의 소모임들을 통해 참으로 사랑스러운 신자들과 지극히 귀한 모임들을 경험하였습니다. 그리고 누구보다 순수하고 존귀한 하나님의 일군들을 만날 수 있었습니다. 하지만 한편으로는 여러 나라 제도권 교회에 속한 목회자와 기독교 사역자 수천 명과 함께 일했던 오랜 시간보다 이 소모임에서 보낸 시간 동안 이상하고 해괴하고 정신 나간 사람들을 더 많이 만났습니다.

제도권 교회 밖의 신자들이 제도권 교회 안에 있는 신자들보다 훨씬 더 많은 분열을 겪고 분열에 노출되어 있다는 사실도 말씀드리지 않을 수 없습니다.

이 책은 많은 주제를 다루고 있지만 실제로는 주님의 몸 된 교회가 찢어지는 상황, 그 한 가지를 말하고 있습니다. 이 책이 개신교 신앙의 주류를 형성하는 제도권 교회 그리스도인들을 도울 수 있길 희망합니다. 하지만, 사람들의 시선에서 벗어나 가정집 거실에서 모이는 이름 없는 소모임들을 도울 수 있기를 더욱 기대합니다. 그들은 제도권 교회가 기본적으로 보유하고 있는 안전장치조차 없습니다. 그들이 겪는 분열의 참상은 정말로 끔찍합니다. 이 책이 분열을 이겨내는데, 어느 정도의 역할을 하리라 기대합니다. 또한, 이미 그 쓴잔을 마신 사람들의 아픔을 어루만지길 소망합니다.

이 책에서 다루는 주제들은 아주 오랫동안 드러내거나 논의하는 것을 꺼려왔던 것들이고, 할 수만 있으면 황급히 덮기에 급급했던 문제들입니다. 그중 일부를 여기서 드러내는 것은 여전히 불편한 일이지만 그래도 여러분은 그 모든 것을 알 권리가 있습니다. 아니 그 이상을 알아야 할 필요가 있습니다. 이것은 그야말로 한 편의 드라마입니다! 이 책은 사실 분열을 바로 목전에 둔 "현장"에 던져졌던 일련의 메시지입니다.

나는 이 메시지의 핵심을 선명히 드러내기 위해 서로 관련이 없어 보이는 몇몇 사건들을 불러와 한 편의 이야기로 엮을 것입니다. 그러나 여러분은 결국 이 모든 사건이 하나의 이야기로 모아지는 것을 보게 될 것입니다.

나는 대학교 3학년 때 그리스도를 영접했습니다. 당시 대대적인 부흥이 미국 본토를 휩쓸고 있었습니다. 전후戰後 부흥으로 언급되는 바로 그 부흥입니다. 내가 기억하는 분명한 사실 하나는 여타의 다른 사례들에서 볼 수 있는 것처럼 당시의 부흥 역시 약 4년 동안 지속되었다는 사실입니다.(부흥의 전조 현상이나 부흥의 여파를 그 기간에 포함하지 않았을 때!) 비록 길지 않은 기간이었지만, 그럼에도 이후 10년 동안 내가 만났던 열정과 꿈을 가진 그리스도인들은 모두 이 기간에 회심했던 사람들이었습니다.

그로부터 정확히 20년 후, 내가 37살이 되던 해, 다시 한번 강력한 부흥이 전 미국을 강타했습니다. 그 부흥 역시 4년 동안 지속되었습니다. 여러분이 이제 읽게 될 내용은 바로 그 기간 동안에 전해졌던 메시지입니다.

내가 17살 때 목격했던 부흥은 37살 때 목격했던 부흥과는 많이 달랐습니다. 전자는 젊은이들에 의해 촉발된 열정적인 부흥이었습니다. 어마어마한 성가대, 스포트라이트, 화려하게 차려입은 연사들. 미국은 나중에 '십대'라고 불리게 될 젊은이들을 새롭게 보게 되었습니다.

그 부흥이 이끌어낸 주된 결과는 초교파 선교단체들이 기독교 안에 들어오기 시작했다는 점입니다. 네비게이토, 대학생선교회C.C.C., 와이에프씨Youth for Christ, 영라이프Young Life 등이 모두 이때 출현한 단체들입니다.

미국의 다른 부흥사례에서 볼 수 있듯이, 이 부흥 역시도 그리스도께 초청된 수많은 대중들과 두각을 드러내는 몇 몇 지도자들, 그리고 신흥운동들로 특징지어지는 열정이 동반되었습니다. 유감스럽지만 영적으로 깊이 나아가는 데는 미진했고 부흥의 결과를 갈무리하는데도 미흡했습니다. 그리고 이러한 결과는 다음 부흥운동에 큰 영향을 주었습니다.

분명히 말씀드리건대, 그 영적인 깊이와 상관없이 나는 개인적으로 이때의 부흥을 매우 소중하고 귀한 경험으로 간직하고 있습니다.

어쨌든, 이전 부흥의 경험에서 교훈을 얻은 전후戰後 두 번째 부흥은 미국 역사상 다른 어떤 부흥운동과도 그 궤를 달리했습니다. 다른 모든 부흥사례에서처럼 이 부흥운동 역시 젊은이들 가운데 자발적으로 촉발되었습니다. 하지만, 이 부흥운동은 제도권 교회의 틀을 벗어나 전개된 부흥으로 미국 역사상 그 유례를 찾아볼 수 없는 부흥운동이었습니다.

다른 사례들에서처럼 젊은이들 중심으로 운동이 전개되었지만, 이 부흥운동엔 특정 지도자가 없었습니다. 특정한 방향도 없었습니다. 믿을 수 없을 만큼 무질서하고 아름다웠습니다. 우리는 이 부흥운동의 특징을 속칭 "주님의 집Jesus House"으로 불리는 모임에서 찾아볼 수 있습니다. 새롭게 회심한 젊은 그리스도인들은 함께 모여 살 집을 찾아 나섰습니다. 모든 마을과 도시의 큰 창고 같은 건물들이 임대되었습니다. 충분히 예상할 수 있듯이, 먹을 음식과 비용은 서로가 서로를 조금씩 도우며 해결해나갔습니다. 눈부실 만큼 단순한 복음 가운데 서로를 돌보고 사랑하고 배려하는 공동체적 분위기가 형성되었습니다. 종파적인 분위기는 찾아보기 힘들었습니다. 그것은 미국 기독교 역사에서 좀처럼 찾아보기 힘든 모습이었습니다. 다른 말로하면, 그토록 오랫동안 기독교를 특징짓던 그 교리와 교파의 장벽이 이 사랑스러운 젊은이들 안에서 여지없이 허물어졌던 것입니다.

순수했습니다. 신선했고 아름다웠습니다. 하지만, 오래 지속되지 못했습니다.

무엇이 소멸의 원인이었을까요? 하나는, 이전 부흥운동이 두 번째 부흥운동에 미친 결과 때문이었습니다. 이것이 무슨 의미일까요?

리더도 방향성도 없는 이 새로운 부흥 운동 안에 자연스레 구시대 사람들이 들어오기 시작했습니다. 각자의 배경과 교리와 교파로 무장한 채, 스스로를 앞장서 보호하고, 이끌고, 조정해야 할 책임자로 인식하는 사람들, 즉 깨어져 본 경험이 없는 야심 찬 노인들이 개입했던 것입니다.

두 번째 부흥운동이 오래 지속되지 못한 원인을 제공한 데는, 주님의 축복을 경험하고픈 열망 때문에 무슨 말씀이든 덥석 믿을 준비가 되어있었던 수많은 젊은이들도 한 몫 했습니다. 이로 인해 그 풍요로운 들판이 구시대적 인물들의 활동무대가 되었습니다.

이 부흥운동이 맞이할 운명은 명백했습니다. 순진한 사람들의 시대는 금방 저물었습니다. 예수 그리스도의 젊은이들이 소유했던 그 순수한 자발성과 격식을 탈피한 모임은 곧 구시대적 인물들이 정해주는 지침에 굴복하기 시작했습니다. 담, 장벽, 두려움, 교파주의, 종파주의, 엘

리트의식과 같은 요소들이 고전적이고 얄팍하고 식상한 신념들과 함께 교리, 형식, 그리고 구시대적 의식儀式과 관습을 통해 이 새로운 부흥운동에 뿌리내리기 시작했습니다.

크고 작은 운동들이 이 부흥운동에서 독립하기 시작했습니다. 나라 전역의 소모임들 사이에 긴밀히 이뤄지던 교제는 점차 서로를 "늑대"가 아닐까 의심하는 두려움으로 변했습니다. 구시대 지도자들은 "자신들의 양떼를 보호"한다는 명목으로 다른 신자들과의 교제를 검증하려 들었습니다.

결국, 이들이 맞이한 결과는?

안타깝게도 이 구시대적 사역자들은 그들이 이끄는 젊은이들이 영원히 어리고 순수하고 순진하지는 않을 것임을 이해하지 못하는 듯했습니다. 마침내 30대에 접어든 젊은이들 중엔 자신들이 속았고 오도誤導되었으며 이용당했고 무엇인가의 도구로 악용되었음을 알아차리기 시작한 사람들이 있었습니다. 옳든 그르든, 정의롭든 그렇지 못하든, 육적인 차원의 반응이든 영적인 차원의 실천이든(아니면 그도 저도 아닌 그저 정신적 차원의 도전이든) 이 젊은이들은 결국, 자신들의 지도자들로부터 등을 돌렸습니다.

불 보듯 뻔한 일이지만, 이로 인해 야기되는 힘겨루기, 뒤따르는 분열과 악의적인 비방들은 미국의 부흥역사에서 남다른 시작으로 주목받았던 이 운동의 운명을 이미 결정짓고 있었습니다.

이것이 과연 필연적인 운명이었을까요? 언제나 그런 방식으로 끝나야 하는 것일까요? 이 젊은이들 중 다만 얼마라도 그들이 맞이한 그 환멸과 아픔을 피할 수는 없었을까요?

내가 개인적으로 느끼는 것은 **예나 지금이나** 완전히 새로운 스타일의 사역자가 절박하다는 사실입니다.(이 의견에 동조해달라고 사정할 생각은 없습니다.) 부흥의 축복이 부어지는 기간 동안 교리 대신 그리스도를 선물할 사역자, 주님의 젊은이들 '사이'에 벽을 세우는 것이 아니라 그들 '바깥'에 보호벽이 되어줄 사역자 말입니다. 교회가 겪는 분열의 참상은 그때에만 누그러질 것입니다.

이 책의 목적은 기독교 사역자들뿐 아니라 모든 그리스도인들에게 새로운 믿음의 기준을 온전히 제시하는 데 있습니다.

이를 위해서, 이 책의 메시지를 처음 받았던 한 젊은 그룹을 여러분께 소개하지 않을 수 없습니다. 사랑하는 독자 여러분. 그들은 특별한 젊은이들이 아니었습니다. 그 또래의 젊은이들과 조금도 다를 바 없는 청년들이었음을 믿어도 좋습니다. 아니 어쩌면 훨씬 덜 "영적인" 사람들이었는지도 모릅니다.

그들이 모였던 곳은 사람들에게 잘 알려지지 않은 인구 4천명 남짓의 작은 마을이었습니다.(여름엔 4,000명 남짓이지만, 개학기[開學期]에 이르면 느닷없이 16,000명에 이릅니다.) 이 조그만 도시에 바로 이 책의 메시지를 처음 듣게 될 작은 그리스도인그룹이 형성되었습니다. 그들은 한 기독교단체가 운영을 중단해버린 국제기독학교에 남겨진 청년들이었습니다. 사람들이 주목하지도 않았고 외부에 알려지지도 않았던 그 모임은 약 20명까지 불어났습니다. 그리스도를 경험하고 싶었던 이 젊은이들은 당시 "한 몸 살이body life"라고 불리던 운동에 이끌리고 있었습니다. 그들은 "어떤 그룹에도 속하지 않은", 그저 지도자 없이 자신들끼리 똘똘 뭉친 젊은이들이었습니다. 자유분방하고 비조직적이고 열려있으며 영적으로 순진했던 그들은 그야말로 "형제들"이라는 말에 딱 어울리는 사람들이었습니다.

어쩌다 보니 이 청년들과 만나게 되었지만 좀처럼 이들과 가까워질 것 같지 않다는 생각이 들었습니다. 언뜻 보기에 우리가 가지고 있는 배경은 물과 기름보다도 더 어울리기 힘들 것처럼 보였습니다. 그들은 대부분 "히피"세대에서 자라 거기 물들어 있었습니다. 반면에 내 경우엔 골수 침례교도일 뿐 아니라 태생적으로 미국시민권을 가지고 있었습니다.(양가 모두 3대째의 남침례교도인!) 회심한 지 일 년 만에 나는 남침례신학교에 들어갔고 이후 5년 동안 목사와 남침례교회 선교사로 살았습니다.

여기서 이야기가 끝난다면 이 아일라비스타Isla Vista의 그리스도인들과 나의 만남은 물과 기름의 조우가 되었을 것입니다. 하지만, 당시 삼십대였던 내 안에서 어떤 일이 벌어지고 있었습니다. 나는 목사로서의 나 자신에게 양심적 혼란을 겪고 있었습니다. 그것은 구체적으로 다음 세 가지 요소와 관련된 것들이었습니다.

첫째, 나는 그리스도의 몸을 점점 더 세력을 키워나갈 어떤 대상으로 보고 있었습니다. 결과적으로 내 자신이 그리스도의 몸에 속해있다는 느낌이 들지 않았습니다. 나는 다른 신자들과 나 사이의 모든 장애물을 치우고 싶었고 또 그럴 필요가 있었습니다.

둘째, 우리가 "교회"라고 부르는 바로 그것을 두고 나는 심각한 몸살을 앓고 있었습니다. 그동안의 많은 여행이 내 안에서 이 갈등을 불러일으켰던 것 같습니다. 선교사로서 수많은 기독교 사역자들과 만났고 여러 교파에 속한 수많은 교회 안에서 말씀을 전했습니다. 그러는 동안 느꼈던 것은 하나님께서 이 땅에 세우신 최초의 교회, 곧 1세기 교회가 주님께 그들의 믿음을 표현했던 방식과 오늘 우리가 믿음을 표현하는 방식 사이엔 너무 큰 간격이 존재한다는 사실에 크게 놀랐습니다. 교리나 믿음의 문제를 말하는 것이 아닙니다. 우리의 믿음을 주님께 표현하기 위해 우리가 실제로 하고 있는 일들이 1세기의 그들과 너무도 다르다는 것에서 오는 혼란이었습니다. 나는 서서히 에클레시아가 교회 자신의 믿음을 주님께 표현하는 또 다른 방식들이 있지 않을까 두리번거리는 자신을 발견하게 되었습니다.

세 번째 혼란의 요소는 그리스도를 더 잘 알고자 하는 내 안의 열망과 관련된 것이었습니다. 나는 내 자신의 영적인 깊이를 들여다보고 심각한 결핍이 존재한다는 사실을 알게 되었습니다. 이러한 결핍은 내 안에서 거의 울부짖음으로, 그리고 깊은 신음으로 나아가고 있었습니다. 물론 그때나 지금이나 내가 속한 침례교회의 유산을 좋아하고 존중합니다. 다만 우리 침례교회가 위대한 영적인 깊이를 그 유산으로 갖고 있지 못하다고 말했을 때 그것은 역사적인 측면에서 그렇다는 말입니다. 내가 속한 침례교회의 유산 안에는 내 안의 영적인 목마름을 해갈한 자원이 존재하지 않았습니다.

덧붙이면, 당시 내가 맞이했던 두 번째 위기와 세 번째 위기는 서로의 위기를 더욱 부추기고 있었습니다. 다시 말하면 나는 주님의 교회가 그분께 더 고귀한 믿음의 표현으로 나아가는 것을 보고 싶었고 경험하고 싶었습니다. 일주일에 한 번, 주일 오전 11시에 십자가첨탑의 건물 속으로 들어가 한 시간 동안 앉아있다 돌아오는 그 믿음의 표현방식이 아닌 1세기교회 본연의 신앙표현 방식을 의미함. 역주 또한, 그리스도와의 훨씬 더 깊은 동행을 열망하고 있었습니다. 이 두 가지를 함께 놓는다면 결국, 내가 소망했던 것은 고상한 신앙표현으로 주님께 나아가는 교회 안에서 더 깊이 그리스도를 경험하는 것이었습니다. 어떤 장벽도 존재하지 않는 신자들의 모임 안에서 더 깊은 그리스도와의 동행과 더 고귀한 믿음의 표현방식을 경험할 순 없을까 꿈꾸고 있었던 것입니다. 종파주의 영향에서 벗어난! 한 사람은 말하고 나머지는 듣는, 또 한 사람은 지시하고 나머지는 그 지시에 따르는 방식이 아니라 … !

그것은 내 양심에 찾아온 위기였습니다. 이 두 가지 요소 중 하나라도 어떤 그리스도인의 마음에 오래 남아있다면 그것은 신앙양심의 위기입니다. 세 가지가 한 번에 시작된다면 매우 큰 위기입니다. 결국, 이 위기로 인해 내가 관련된 모든 사역을 내려놓을 지경에 이르렀습니다.

내가 살아온 배경은 그 위기를 더욱 복잡하게 헝클어놓았습니다. 지금 역시 마찬가지지만 당시에도 나는 내게 주어진 침례교회적 유산과 그 안에서 자라고 훈련받았다는 사실에 깊은 애정을 갖고 있었고 그것을 소중하게 여겼습니다.(솔직히 지금까지도 생계를 위해 사역하는 침례교회 목사 이외의 어떤 존재로 나 자신을 받아들이는 데 어려움이 있습니다. "교회건물" 대신 가정집 거실에서 신자들과 만나는 것 역시 마찬가지입니다.)

그럼에도 결국, 한 가지 결단을 내릴 수밖에 없었습니다. 그것은 내가 내릴 수 있는 가장 단순한 결정이었습니다. 내가 결부되어 있는 모든 사역을 내려놓기로 작정했습니다. 한 속담이 말하듯 모든 말에겐 그가 끌어야 할 짐이 있습니다. 다른 말로 하면 나는 양심에 이끌리기로 결정하였습니다. 목사로서의 사역을 다시 시작하기 전에 나는 지금까지 알고 있었던 그분을 더 깊이 알아야만 했습니다. 그리스도에 대한 깊은 지식 없이 헌신하는 사역이란 내게 더 이상 중요하지 않았습니다. 그를 아는 것이 절실했습니다. 조금 알고 있는 그분을 더 잘 알고자 했습니다. 목회를 다시 하고 안 하고의 문제는 그분께 달린 문제였습니다.

그렇게 단순한 결정을 내린 지 얼마 안 있어 정말로 주목할 만한 일이 내게 일어났습니다. 보통 사람들이 흥분할만한 그런 일이었을까요?

새로운 비전?

권능?

예언적 계시?

아니었습니다.

주님께선 그보다 훨씬 더 효과적인 방법을 선택하셨습니다. 고통!

내 남은 인생에 심대한 영향을 끼칠만한 큰 고통. 나는 치명적이고 아주 파괴적인 질병을 맞이했습니다. 나는 침대에서 이듬해를 보냈습니다. 내가 다음번 생일을 맞을 수 있을지 결코 확신할 수 없었습니다. 다시 교회생활을 할 수 있으리란 기대도 없었습니다.

이후 삼 년 동안 큰 차도가 없었습니다.

거의 4년이란 세월을 나는 침대에서 허비했습니다.

하나님의 방식과 그분의 선택을 저평가하지 마십시오.

겉으로 보기에 나는 건강을 회복한 것처럼 보였습니다. 하지만, 초점은 그분을 더 잘 알고자 신음했던 나의 열망이 4년 동안의 병석과 그로 인해 영원히 쇠약해진 신체를 얻었다는 데 있지 않았습니다.

결코 평범하지 않은 아일라비스타라는 조그만 마을, 거기 운영이 중단된 조그만 대학의 결코 평범하지 않은 작은 그리스도인들의 모임! 그 모임의 방문요청을 받은 것은 주님께서 내 몸에 약간의 건강과 힘을 돌려주셨던 그 무렵이었습니다.

그 후, 얼마간의 시간이 더 지났을 때조차도 알지 못했지만 사실 그들의 초청은 내게 마지막 희망이나 마찬가지였습니다. 그 모임은 자신들이 가진 모든 자원을 소진했지만 더 이상 어디로 가야 할지 실제적인 도움을 받을 곳이 없었던 모임이었습니다. 그 "몸"을 비춰줄 한 줄기 빛도 없었고, 또 어떻게 그 "몸"을 움직여나가야 할지도 모르고 있었습니다.

그들과 나, 양쪽 모두 혼란을 겪고 있었습니다. 그리고 우리는 보자마자 사랑에 빠졌습니다!

이 사실을 주목해주십시오. : 지금 여기에 순진무구한, 그리고 어떤 리더십도 없는, 어디로 가야 할지 모르는 자유분방한 젊은 그리스도인 그룹이 있습니다. 그리고 그 모임 속으로 나이 많은 한 기독교 사역자가 들어왔습니다. 무슨 일이 일어날지 보이지 않습니까? 역사는 순환되기 마련입니다. 하지만, 사랑하는 독자 여러분. 지쳐 빠진 침례교회 목사, 그 연약한 침례교회 목사와 이 조그만 젊은 그리스도인 모임은 그 역사를 반복하지 않았습니다. 그렇습니다. 우리는 역사를 반복하지 않았습니다.

나는 아일라비스타 젊은 그리스도인들이 요청한 초청을 받아들였습니다. 나는 수시로 그들을 찾았습니다. 몇 달이 지났을 무렵, 그들과 둘러앉아 진지한 이야기를 나누었습니다. 기본적으로 내가 그들에게 말한 것은 다음과 같은 내용이었습니다.

"나는 앞으로 1년 동안 수시로 여러분들을 방문할 것입니다. 최선을 다해 여러분들을 그리스도 앞으로, 그분을 알도록 그리고 그분을 경험하고 그분의 십자가를 알도록 안내할 것입니다. 나는 매일 매일의 삶에서 여러분들이 실제적으로 교회를 볼 수 있도록, 그리고 교회생활이 무엇인지 경험할 수 있도록 지속적으로 도울 것입니다. 하지만, 1년 후, 나는 최소 1년 이상을 여러분들에게서 완전히 떠나있을 것입니다."

어째서 내가 그리스도와 그분의 몸을 아는 일에 있어 이 젊은 그리스도인 그룹을 1년 동안 도운 후, 그다음 1년 동안을 떠나있기로 결정했던 것일까요? 대답은 선교학과 관련되어 있습니다. 특별히, 다소Tarsus의 바울이 오늘 우리로선 도저히 불가능한 조건과 적용하기 어려운 방식(하지만, 매력적인!)으로 교회를 세웠던 일과 관련되어 있습니다.

내가 말씀드리는 것은 바울이 **교회를 개척**하면서 일관되게 유지했던 어떤 방식과 연관되어 있습니다. 아주 매력적인!

간단히 설명하자면 이렇습니다. : 바울은 우선 예수 그리스도를 전혀 듣지 못한 도시로 들어갑니다. 그 다음, 그 도시에서 평균 약 6개월-1년을 지냅니다. 그 기간 동안, 바울은 오합지졸의 이방인그룹 안에 그리스도를 모임의 기초로 놓습니다. 짧은 기간 체류 후, 그는 그들을 떠납니다.(보통은 그 도시로부터 추방당하는 경우가 많았습니다.) 그는 대부분의 경우 1년-2년 동안엔 그 도시나 교회를 방문하지 않습니다.

이와 관련된 성경본문을 읽을 때 특히 그 사실을 확인해보십시오. 그는 장로나 다른 지도자들을 세우지 않은 채 그 교회와 작별합니다. 바울이 그들을 떠날 당시 그들은 전혀 조직적인 모임이 아니었습니다. 한 사람의 리더에 이끌리는 모임도 아니었습니다.(아주 드물게 장로들이 지명되는 경우가 있었지만 1-2년 후, 그 교회들을 재방문할 때 일어난 일입니다.)

그리고 바울이 떠난 후, 교회 안에 어떤 리더십도 존재하지 않는 그 결정적인 시기에 믿을 수 없는 문제와 위기가 밀어닥칩니다. 그리고 그때마다 교회는 살아남습니다.

이와 관련하여 바울은 주목할 만한 사실 하나를 언급하고 있습니다.

"주님의 집을 세우는 사람들마다 반드시 그 공적을 시험받는 날이 올 것입니다. 그의 공적이 불에 의해 시험받을 것인 바, 만약 나무나 풀과 짚으로 기초를 삼고 집을 지었다면 그의 공적은 그날 불타 없어질 것입니다."

"나는 은과 금과 고귀한 돌로 지은바, 불이 이 집을 파괴하지 못
할 것입니다."

바울은 그리스도로 이 집을 지었고 이후 불 시험이 왔을 때 교회들
은 살아남았습니다.

기독교사역자로 일하는 동안, 나는 나무나 풀과 짚으로 지은 집들
과 그것들이 불타 없어지는 광경을 수없이 목격해왔습니다. 불 시험과
분열의 시간이 찾아왔을 때 자신들의 힘으로 사역을 지켜내려 애쓰는
모습 또한 보았습니다.

나는 내 안에 이런 목표를 설정했습니다. : 불타지 않을 재료로 1년
동안 이 젊은 그리스도인 그룹을 세워보리라. 그리스도 외엔 어떤 재료
도 사용하지 않으리라. 그 젊은 그리스도인들이 1년 내내 어떤 보호도
받지 못한 채 살아남을 수 있을지, 그리고 그리스도의 멋진 몸으로 자랄
수 있을지를 확인하고 싶었습니다.

누구나 알다시피 결코 사소한 도전이 아니었습니다.

나의 모든 목회사역을 내려놓고 아일라비스타의 그 젊은이들과 함
께 모이기 시작했을 즈음, 나는 바울의 사역을 살펴보는데 많은 시간을
보내고 있었습니다. 그리스도께서 얼마나 깊이 그의 사역의 중심을 차

지하고 있는지를 발견하며 그에게 압도되었습니다. 그것은 그냥 흔히 하는 듣기 좋은 말이 아니었습니다. 예수님이 실제로 그 사역의 중심을 차지하고 있었습니다. 바울과 또 그의 동역자들은 그들의 깊은 중심에 그리스도를 놓고 있었습니다. 그들에게 주어진 경험의 깊이와 그들에게 부여된 능력의 부요함이란 말로 다 표현할 수 없을 정도였습니다. 이 모든 것들이 실제로 아주 짧은 기간 동안 그들에게 부여되고 뿌리 내린 경험들이었습니다.

그리고 이후, 최악의 불 시험이 엄습했을 때 이 각각의 교회들은 어떻게든 모두 살아남았습니다.

더 솔직히 말한다면, 그리스도께서 중심을 차지하는 그러한 사역, 실제적인 영적 경험들이 부여되는 목회가 모든 기독교 사역자들의 목표와 기준이 되어야 하지 않겠나 하는 것이 나의 생각이었습니다. 나는 그것을 나의 것으로 삼고자 결심했습니다.

바울에겐 **그리스도만이 전부**라는 그의 지론이 정말 맞는 전제인지를 실험해볼 수 있는 이방인과 이교도라는 거친 현장이 있었습니다. 저도 실험을 진행해볼 적당한 장소와 사람과 환경을 만났습니다!

여기 21살짜리 젊은이 20명이 있습니다. 모두 최근에 회심했고 기독교 배경이 없는 사람들입니다. 전부 그러한 것은 아니지만, 상당수가 마약과 반사회적인 운동에 젖어있던 사람들입니다. 그렇습니다, 누구도 부인하기 어려운 진짜 **이교도**들입니다! 그들이 그리스도에 대해 알고 있는 것을 조그만 쪽지에 적으라고 한다면 한쪽 귀퉁이를 다 채우지도 못할 것입니다. 무엇보다 그들은 미국에서 마약 문제가 가장 심각한 지역 중 한 곳에 살고 있었습니다. 가장 비도덕적인(또는 무법천지의) 지역이기도 했습니다. 거기 자리 잡고 있는 대학은 그 도시의 정신적 영향을 받지 않을 수 없었습니다. 수년 동안 그 학교와 그 지역은 기독교에 대한 노골적인 반대 입장을 취해 왔습니다.

그러한 환경에서 그리스도를 중심으로 연합해 살아간다는 것은 말할 것도 없이 큰 소동을 야기할 것이 뻔했습니다!

우리 모임이 방해받고 공격당하는 것은 이상한 일도 아니었습니다. 창문이 깨어지고 자동차의 타이어가 구멍 나고 자전거가 없어지는 일들은 다반사였습니다. 거기서 일어났던 모든 일을 말한다면 여러분은 그 사실들을 믿지 못할지도 모릅니다.

어쨌든, 나는 1년 365일 중 약 100일을 그 젊은 신자들과 함께 지냈습니다. 그동안 우리는 수시로 둘러앉아 많은 이야기를 나누었고 찬양을 드렸으며 엄청난 기도를 쏟아 놓았습니다.

우리가 함께 한 첫 해는 참으로 풍성했고 아름다웠습니다. 영광스럽고 잊을 수 없는 경험들을 나누었습니다. 주님께서는 많은 일들을 우리 가운데 행하셨고 우리는 마음을 모아 그분께 드렸습니다.

입으로 가르치는 교리로서는 기독교 신앙의 언저리에조차 닿을 수 없습니다. 나는 성급함 속에 중요한 것들을 너무 많이 놓치지 않았을까 두려웠습니다. 오직 그리스도를 중심에 놓는 것과 그분을 경험하는 것, 그리고 그분의 십자가를 경험하는 것에 집중하였습니다.

어느 날 밤, 우리는 미국 전역을 휩쓸던 부흥을 놓고 열띤 토론을 벌였습니다. 나는 이 부흥이 빚게 될 결과에 대해 내가 느꼈던 바를 그들과 공유했고 다음과 같은 의견으로 결론을 맺었습니다. "이번 부흥은 그냥 지나 보냅시다. 물론 양적으로 성장하고 널리 퍼져나갈 좋은 기회인 것은 분명합니다. 하지만, 저는 이번 부흥뿐 아니라 그다음 10년도 그냥 보냈으면 좋겠습니다. 다른 모든 사람이 지금 이 시간들을 누리라고 합시다. 우리는 숨어서 함께 성장하고 성숙해 나갑시다. 그리고 나면 90년대를 잘 돌볼 수 있는 지혜와 경험을 갖게 될지도 모릅니다. 최소한 세상에 나눌만한 그리스도의 흔적 뭐 하나라도 가지고 있게 될 것입니다."

그렇게 황홀한 1년이 지나 드디어 나에게 작별의 시간이 다가왔습니다. 나는 의도적으로 생존에 필요한 어떤 지침도 그들에게 남기지 않았습니다. 그들은 장로나 교회 내의 다른 어떤 지도자에 대한 정보조차 가지고 있지 않았습니다. 그때 나는 갓 회심한 신자들 가운데 장로조차 남기지 않은 채, 최소한의 지침만 남기고 그들과 작별했던 다소의 바울을 떠올렸습니다. 그리고 나 역시 그들에게 그렇게 할 참이었습니다.

그해 마지막 무렵, 우리는 약 70명으로 성장해 있었습니다. 모두들 새파란 젊은이들이었고 순진무구한 친구들이었습니다. 누구라도 거룩한 미소를 머금고 5분만 설교하면 메카, 로마, 뉴델리, 뉴욕Brooklyn Bridge 같은 곳으로 그들을 파송할 수 있었을 겁니다.

나는 그들과 작별하기로 이미 약속했고, 그들에게서 떨어져 적어도 일 년 안엔 그들 앞에 나타나지 않을 작정이었습니다. 또 어떤 일에도 간섭하지 않을 작정이었습니다. 그들이 거기 머물며 계속 모임을 지켜낼 수 있을까? 일 년 후 내가 돌아왔을 때 거기 남아있을까? 그럴 수 있다면 그때쯤 어떤 모습으로 존재하고 있을까?

하나님의 방식은 늘 그렇듯이 전혀 예상치 못한 상황이 발생했습니다. 그리고 그 상황은 어쩌면 내가 바라던 바였습니다. 짐작할 수 있는 거의 모든 불 시험들이 이 아일라비스타의 연약한 그리스도인 그룹 위에 소낙비처럼 쏟아졌습니다.(다만 예상을 벗어난 한 가지는, 그 일이 일어날 것이라고 짐작했던 그 시점이 아닌 다른 시점에 발생했다는 점

뿐입니다.) 나는 그 이야기들 중 극히 작은 부분을 여러분에게 들려줄 것입니다. 그것은 지금까지 알려지지도 않았고, 말한 적도 없는 이야기입니다. 그 소용돌이에 직접 휘말려 들었던 그 젊은 그리스도인들조차도 그 사실을 다른 사람들에게 말하지 않았고 그 사실을 들은 사람도 없었습니다. 이미 언급했듯이 그 이야기들이 이 책에 실려 있습니다. 그렇지 않다면 이 책『믿음의 정상에 오를 때』는 한 권의 책으로서 큰 구실을 하지 못할 것입니다.

이제 잠시 다른 도시로 가서 또 다른 사람들을 만나보겠습니다. 여기는 미국에서 가장 큰 기독교 단체 중 하나가 본부를 두고 있는 곳으로 끔찍한 분열을 겪고 있는 현장입니다. 겉으로 드러난 분열의 이유야 따로 있지만, 인간의 심리와 분열이 갖는 속성상, 실제로는 두 사람 사이의 권력 싸움이 그 기저基底에 놓여있습니다. 분열을 주도하는 쪽은 이 단체가 지나치게 율법적이고 조직적이며 권위적임을 성토했습니다.

이들은 곧 이 단체에서 탈퇴한 지도자들과 학생들로 새로운 모임을 일으켰습니다. 지나치게 조직적이고 율법적임을 성토하며 갈라져 나왔기에 이들이 가진 원칙과 지향점은 그 대척점에 서서 지극히 자유분방했습니다. 이들은 은혜에 대한 입장에서 극단적인 견해를 취했습니다. 예상할 수 있듯이 이들의 원칙과 지향점은 여러 단계를 거치며 변했습니다. 그리고 그 단계를 거칠 때마다 점점 더 극단적인 입장을 취하게 되었습니다. 일례로 교회 모임에 대한 그들의 입장은 다음의 한 문장으로 요약될 수 있을 것입니다. : "하나님께서는 필요할 경우, 그분의 백성들에게 어디에서 만날지, 몇 시에 만나 모임을 시작할지 말씀해주실 것이다."

어쩔 수 없이 그들의 운동과 메시지는 무너지기 시작했습니다. 그들이 지향하는 은혜의 메시지는 극단적인 욕설, 저주, 알코올중독과 부도덕을 양산하고 있었습니다. 모임은 삽시간에 혼란에 빠졌고 리더십에 대한 적대감을 분출하며 수백 명의 지도자들과 추종자들이 환멸, 혼란스러움, 상처를 가슴에 안고 떠나면서 조직이 붕괴되었습니다.

그런데 대체 이 모임이 아일라비스타에서 모이는 70명의 어린 그리스도인 모임과 무슨 상관이 있단 말입니까?

내가 이 젊은 그리스도인 모임과 작별을 앞두고 있을 바로 그즈음, 앞에서 언급한 그 해괴한 "은혜모임" 출신의 한 그리스도인이 아일라비스타로 건너와 이들과 만나기 시작했습니다. 단 **한 사람**이었지만 그는 소멸한 그 은혜 모임의 핵심인사 중 하나였습니다. 이후 12개월 동안 너무 많은 그의 친구들과 추종자들이 아일라비스타로 옮겨왔고 결국, 그들의 수는 100명 가까이에 이르렀습니다.

(상황이 막 흥미로워질 때쯤 나는 거기를 떠나야 했습니다!) 내가 떠난 후 첫해 초에는 상황이 그럭저럭 원만했습니다. 하지만, 이 은혜모임 사람들이 점점 더 많이 아일라비스타로 옮겨오면서 모임 가운데 급격한 변화가 일어났습니다. 이들 중 몇 사람은 대단한 은사를 가진 사람들이었고 전국적으로 알려진 인사였습니다. 강력한 의지를 소유한 사람들이 많았습니다. 그들 모두가 상처를 가지고 있었고, 그들 중 어떤 사람들은 원망에 가득 차 있었습니다. 그들 안에는 여전히 분열의 근성이 남아있었고 논쟁과 과거의 무용담을 말하기 좋아하며 드러나지 않는 어딘가에 폭력 지향적이고 정죄하기를 좋아하는 성향을 지니고 있었습니다. 몇 사람은 믿을 수 없을 만큼 거친 말을 아무렇지 않게 구사했습니다.

하지만, 결과적으로, 그리스도의 몸에 불화를 조장하고 분열을 일으키는 그들의 은사가 여기서는 큰 효과를 거두지 못했습니다. 그들이 처음 아일라비스타에 들어오기 시작할 무렵, 그들 중 몇몇은 이전 모임에서 받은 상처를 치유 받을 목적으로 찾아왔습니다. 몇몇은 호기심으로 왔고 어떤 이들은 아예 싸움을 걸기 위해 왔습니다. 내가 떠나있는 동안 그곳에 왔던 사람들 중 대부분은 나를 만나지도 못했을 뿐 아니라, 나에 대해 **들어 본적도** 없었고 그것은 나의 입장에서도 역시 마찬가지였습니다. 나는 단지 이름만 그곳에 걸어두었을 뿐이었습니다. **그들에게** 있어 내 이름은 크게 위험하지 않을지라도 어떤 종류의 리더십으로 여겨졌을 것입니다. 차차 어떤 무언의 신호가 이따금 전해오다가 급기야는 분명하고 또렷한 메시지가 그들로부터 내게 전달되었습니다. : "우리는 당신이 누군지 모릅니다. 하지만, 당신이 어떤 분이든 이 모임은 당신의 복귀를 원하지 않습니다."

분명한 것은 한 지붕 아래 두 그룹의 모임이 존재하는 일이 벌어졌다는 것입니다. 한 그룹은 20세에서 23세의 어린 신자들 모임이고 다른 하나는 24세에서 40세의 모임이었습니다. 한 그룹은 말할 수 없을 만큼 순진무구하고, 연장자인 다른 한 그룹은 세상 돌아가는 이치엔 밝지만 강력한 분열의 씨앗을 품은 사람들로 그들 특유의 유대감을 형성하고 있었습니다.

내가 이 모임 가운데 복귀할 시점에 이른 것이 바로 이런 상황에서였습니다.

이제 어떤 장면이 연출되겠습니까?

나는 부족함이 많은 사람이지만 바보는 아닙니다. 내 나이 먹은 사람치고 여기 돌아가는 꼴을 이해 못 한다면 바보일 것입니다. 누가 봐도 아일라비스타의 첫 모임을 시작했던 순진무구한 사람들은 혹독한 시련에 접어들고 있었습니다.

그 당시 나에겐, 그리스도의 몸에 분열이 일어날 경우, 그리고 그것을 피할 수 없게 될 경우, 내가 취할 수 있는 역할에 대한 두세 가지 신념이 있었습니다.

신념 1. : 그리스도의 몸이 분열을 맞는 것은 불가피하다. 그것은 우리가 통과해야 할 하나의 시험대다. 신념 2. : 분열이 사역을 위협할 때, 사역자는 자신의 사역을 보호하기 위해 그 분열에 개입해선 안 된다. 사역자는 그 일이 일어나는 것을 허락해야 한다. 왜냐하면, **일어나야 할** 일이 일어나는 것이기 때문이다. 그가 그 상황을 지연시킨 후 그 분열을 멈췄다고 오판할 수도 있겠지만 **분열은 반드시 다시 찾아오고야 말 것이다!** 신념 3. : 하나님의 사역자는 불이 사르지 못할 재료로 집을 지어야 한다. **그리고** 불 시험이 지나갔을 때, 그 피할 수 없는 화마 속에서 사역자가 **반드시 먼저** 알아야 할 것은, 또 알고자 애써야 할 것은, **그리고 인정해야 할 것은 자신이 나무와 풀과 짚으로 집을 지어왔다는 사실**이다.

나는 사역자가 다음 질문에 대한 답을 마땅히 가지고 있어야 한다는 입장을 견지하고 있었고 그 입장은 지금도 유효합니다. **나는 불타 없어질 재료로 집을 지어왔는가 아니면 타지 않을 재료로 집을 지어왔는**

가? 자신의 사역을 보호하기 위해 십자군을 파병하는 것은 자신이 건축하는 집이 무슨 재료로 지어지고 있는지를 전혀 모르는 처사가 아닐 수 없습니다.

그리스도입니까 아니면 불타 없어질 건초입니까? 우리는 대체 무엇으로 집을 지어왔던 것일까요? 사역에 찾아올 불 시험만이 그 답을 말해줄 것입니다. 나는 한 가지 사실을 믿었고 지금도 믿고 있습니다. 어떤 사람의 사역위에, 즉 그 사람이 세운 교회위에 불 시험이 찾아올 즈음, 사역자는 그곳을 떠나야 합니다!(그것은 가장 명예로운 선택이며 믿음으로 행할 수 있는 유일한 일일 뿐 아니라 피해를 최소화하기 위해 사역자가 취할 수 있는 가장 효과적인 처사입니다. 오직 물러나서 무슨 일이 일어날지를 지켜보아야 합니다!)

맹렬한 불 시험이 지나간 다음 그 자리로 돌아와 보십시오. 그리고 잿더미 속에서 무엇을 발견할 수 있는지, 그 무너진 곳에서 **불타지 않은 작은 금속 한 조각**이라도 남아있는지 살펴보십시오.

그러나 현실 속에선, 그러한 기준들이 기독교 사역자가 위기의 순간에 취해야 할 처사로 여겨지지 않고 있다는 사실을 인정합니다. 하지만, 나는 그때나 지금이나 사역자가 취할 수 있는 최고, 최선의 선택일 뿐 아니라 가장 성경적인 처사가 그 도시를 벗어나는 것이라고 믿고 있습니다.

만약 그 혼란스러운 분열의 한복판에 남겨진 사람들이 이미 십자가를 배워왔던 사람들이라면 그리고 그리스도를 주목해왔던 사람들이라면 **분열이란 그토록 무지막지하게 위험스런 일만은 아닐 것**입니다. 실제로 분열이란 양면성이 있을 때 잔인하고 고통스럽고 위험스러울 수 있습니다. 양면성이 **있을** 때만! 나는 나의 젊은 그리스도인들에게 모든 일에 있어서 어떻게 십자가를 맞을 것인지를 보여주었습니다. 아니 보여주기를 바랐습니다. 분열이 임박한 것 같다는 나의 직감이 사실로 확인된다면 그들이 그 분열과 혼란의 한복판에서 어떻게 그리스도를 구하는지 볼 작정이었습니다. 그들이 어떻게 십자가로 나아가는지 … 그리고 그곳에서 어떻게 죽을지!

이것이, 그들 중 절반은 내가 만난 적도 없고 내가 돌아오는 것을 원하지도 않는 그 모임으로 복귀를 타진하면서 내 안에 품고 있던 주된 생각이었습니다.

그랬습니다. 마침내 나와 아내에게 아일라비스타로 돌아갈 시간이 찾아왔습니다. 우리는 비행기로 그곳에 도착했습니다. 비행기에 탑승하여 내 좌석에 앉아있는 내내 속으로 울부짖었다는 사실을 여러분에게 말씀드리는 것이 내겐 조금도 부끄럽지 않습니다. 비행기에서 한 발을 내려놓자마자 무슨 상황이 펼쳐질지 말할 수 없는 두려움이 엄습했습니다.

그다음 한 주 동안 아일라비스타의 한 산지에서 형제들과 모임을 가졌습니다. 그곳은 '란쵸 라 셰르파Rancho La Sherpa라고 불리는 한 장로교회의 수련회장소였습니다. 약 40명이 그곳에 참석했고 그들 중 절반은 나와 안면이 없는 사람들이었습니다. 나머지 절반은 1년 전에 나와 사랑가운데 성장하던 젊은이들이었습니다.

사랑하는 독자 여러분, 이제 여러분들이 읽게 될 이 책의 배경을 알게 되었을 겁니다. 이 책에 기록된 메시지들은 그때 그 산에 올랐던 젊은이들, 이제 막 맹렬한 불길 속으로 뛰어들 젊은이들에게 전했던 말씀들입니다. 그것은 분열의 상황에 직면해 새로운 기준을 세우라는 도전으로 그 젊은이들을 초청하고 있었습니다. 분열을 피할 수도 있지 않을까, 내가 산에서 그들에게 전하는 메시지가 형세를 바꿔낼 수도 있지 않을까라는 희망을 품었던 것도 사실입니다. **하지만**, 현실적으로 이 메시지는 그 젊은 심령들에게 전하는 나의 마지막 말씀이 될 가능성이 훨씬 높았습니다. 분열이 시작된다면 나는 그들에게 **쫓겨날 판**이었습니다. 그렇기에 이 메시지는 나의 고별연설과도 같았습니다!

"그렇다면 분열이 실제로 일어났습니까?" 예, 일어났습니다. 얼마

후에!

"분열이 시작될 때 당신은 떠났습니까?"

그렇습니다. 나는 "다시" 떠났습니다. 그 분열이 일어나기 직전에.

"그렇다면 그것은 바르지 못한 것 아닙니까?"

바르지 못하다는 말보다는 **잔인하다**는 표현이 더 적당할 것입니다.

"그렇다면 어린 형제들은? 그리고 어린 자매들은? 그들의 선택은? 그들은 정말 새로운 기준을 세웠습니까? 그들은 새로운 기치를 내걸었습니까?"

새로운 기치가 내걸렸습니다.

내가 확신할 수 있는 몇 가지 중에 이것만큼은 더욱 장담할 수 있습니다. 새로운 기치가 내걸렸습니다. 그들은 지구상 어느 누구의 도움이나 조언도 없이, 그리고 어떻게 그 과정을 겪어야 할지에 대한 경험도 전무한 상태에서 그 끔찍한 시간과 직면했습니다. 그리고 그들은 하나님의 은혜로 살아남았습니다. 그들은 이제 당신이 읽게 될 이 책의 메시지를 실제 그들의 몸으로 살았습니다.

그들은 살아남았습니다.

한 그룹의 젊은 그리스도인 형제자매들이 그토록 급작스럽게 다가온 화염 속을 어떻게 자발적으로 그리고 직관적으로 통과했는지 여러분에게 넌지시 귀띔해야 할 것 같습니다. 그것은 사실 그 참혹한 상황을 직접 경험했던 한 주님의 자매가 내게 들려주었던 말입니다. 여기 그녀가 기억하는대로의 경험이 증언됩니다.

"에드워드 형제님, 형제님도 아시다시피 우리는 그러한 상황에 대해 **전혀** 아는 바가 없었어요. 그럼에도 불구하고 우리 모두는 그 사건이 일어나는 내내 단 한 번도, 그 일에 대해 언급하지 않았어요. 나 역시 누구에게도, 심지어 제 룸메이트에게도 말하지 않았고, 그들 역시도 내게 그 일에 대해 함구했답니다. 심지어 정면으로 그 공격을 받고 있었던 형제들 역시 마찬가지였어요. 내가 아는 한 우리 중 단 한 사람도, 우리 가운데 일어나는 일에 대해 말하지 않았어요. 단 한 마디도! 그 일이 일어나는 동안에도 마찬가지지만, 그 일이 있고 난 이후에도 일 년 내내, 누구도 누구에게도 그 일에 대해 말하지 않았답니다. 내가 아는 한 누구의 입을 통해서도 그리고 누구에게도 우리에게 일어났던 그 일은 전해지지 않았어요."

그것은 격렬한 참사였지만 그럼에도 몇 달 만에 모든 상황이 종료되었습니다. 그리고 일 년 만에 그 일은 완전히 잊혔습니다.

교회가 위기를 맞았을 때 지금 이 땅 위의 그리스도인들이 취하는 방법보다 훨씬 더 나은 어떤 방법이 **존재합니다.**

내가 그때 그 산에서 그 젊은 그리스도인들에게 전했던 메시지들이 4년 후 소책자로 소개된 적이 있습니다. 그것을 읽은 한 독자로부터 받았던 편지를 지금도 기억합니다. 그 내용인즉슨, "당신은 너무 꿈같은 이야기를 하고 있군요. 현실에선 그런 일이 일어나지 않습니다." 그럴까요? 그것은 70명의 나이 어린 그리스도인들이 몸으로 실제 겪었던 이야기입니다. 돌이킬 수 없는 말들로 서로에게 깊은 상처를 남기며 분열을 겪을 필요가 없음을 증명했던 것은 내가 아니라 그 젊은 신자들 모임이었습니다.

우리에겐 길이 있습니다. 또 다른 선택이 있습니다.

그것은 여러분이 패배하는 것입니다!

여러분이 파괴되도록 허락하는 것입니다.

여러분이 죽는 것입니다.

좀 더 많은 그리스도인이 분열의 어두운 골목을 통과하면서 그 방법을 택할 수 있도록 주님께서 서두르시기를!

이제 이 책을 소개하면서, 나는 여러분이 이런 방식에 대해 더 깊은 통찰력을 갖게 될 것을 믿습니다. 여러분이 여러분 자신의 경험으로 이 방식들을 소유할 수 있기를 기대합니다. 그날 산에서 그들에게 들려진 이 메시지들을 읽으면서 여러분이 속한 그리스도의 몸에 언젠가 분열이 찾아올 그때, 여러분이 개인적으로 취할 방식이 비밀스럽게 준비되기를 바랍니다. 확신하건대 그 위기는 예외를 두지 않습니다. 여러분은 분명히 그 상황을 맞게 될 것입니다. 확신하건대 여러분의 속사람은 시험에 놓일 것이고 거기서 여러분의 진정한 내면이 **드러날** 것입니다.

그리고 그 시간에 여러분이 실제 드러내게 될 그 모습으로 여러분이 건축해왔던 그 집이 어떤 집인지를 (바울의 표현에 따르면) 천사는 눈치 채게 될 것입니다.

누가 이 터 위에 금이나 은이나 보석이나 나무나 풀이나 짚으로 집을 지으면 각 사람의 업적이 드러날 것입니다. 그날이 그것을 밝히보여 줄 것입니다. 그날은 불로 나타나기 때문입니다. 그래서 그 불이 각 사람의 업적이 어떤 것인지를 검증해줄 것입니다. 고린도전서 3:12-13 표준새번역

이 책을 쓰기까지 나는 14년을 기다려야 했습니다. 이 책에 기록된 메시지를 오늘 여러분에게 다시 전하게 된다면 약간의 수정이 필요할지도 모르겠습니다. 조금 더 신중하게 표현하고 싶은 말씀들도 있고, 몇 가지 내용은 완전히 빼고 싶은 것도 있습니다. 추가로 부언할 말도 있고

고쳐 말하고 싶은 내용도 많습니다. 특히 제도권 기독교에 대한 몇 몇 표현들을 좀 부드럽게 고치고 싶습니다. 나이를 먹어 조금 원숙해진 오늘의 내가 여러분에게 말하고 싶은 메시지가 아닌 그때 그 산에서 그 젊은이들에게 주었던 메시지 그대로를 여러분이 읽음을 기억해주기 바랍니다.

한 마디 더 첨언할 것이 있습니다. 어떤 책은 그 책이 전하고자 하는 핵심을 서두에 쏟아 놓은 후 흐지부지 끝나는 경우가 있습니다. 어떤 책은 그 책의 가장 비중 있는 부분을 마지막 부분에 두는 경우도 있습니다. **이 책**의 경우 제3부가 절대적으로 중요합니다.

언젠가 여러분과 제가 만날 날이 온다면, 여러분의 손에 들린 새로운 깃발과 여러분의 눈에 깃든 새로운 통찰력을 보게 되리라 믿습니다. 정복될 더 높은 봉우리들이 있으니 말입니다.

진 에드워드

제1부

제1장

교회 역사속의 세 그룹
우리는 어느 그룹에 속해있을까?

기독교 역사를 다룬 문헌들을 주의 깊게 넘겨보십시오. A.D. 325-1500년대 사이, 여러분의 눈에 들어오는 모든 내용들이 오직 로마가톨릭에 대한 것들뿐임을 발견하고 충격에 빠질지도 모릅니다. 1500년대 이르러서야 여러분은 개신교protestant라는 또 하나의 흐름을 만날 것입니다. 하지만, 이 두 흐름만이 전부일까요? 기독교 역사 속에 다른 흐름은 없을까요? 로마가톨릭과 개신교 외에 우리가 언급할만한 다른 흐름은 전혀 없는 것일까요? 그 정도로 우리 기독교 신앙의 자원이 열악할까요?(처음 1세기 교회가 그들의 믿음을 주님께 표현하던 방식과 현대 기독교의 신앙표현방식 사이에 닮은 점이 없다는 사실은 여기서 굳이 언급할 필요조차 없을 것 같습니다.)

제3의 흐름이 **있습니다.** 로마가톨릭, 그리고 개신교에 이은 세 번째 그룹이 존재합니다. 교회 역사를 거슬러 올라가 이 세 번째 그룹을 다루고 있는 책들을 찾아보십시오. 그 그룹에 속한 사람들은 기독교 역사의 텍스트가 아닌 각주脚注에서 설명되는 사람들입니다. 그 **각주**를 자세히 읽어보십시오. 바로 **거기**에 여러분이 주목할 제3의 흐름이 있습니다. 제도권 종교 "밖에" 서 있었던 사람들이 거기서 또 하나의 흐름을 형성하고 있습니다.

그들은 누구일까요? 그들이 우리에게 들려줄 이야기는 어떤 내용들일까요? 그들과 친밀히 만나보십시오. 그들이 **우리의** 미션을 암시해 줄 것입니다.(여러분이 그들에 대해 알게 될 때 사실은 기독교 역사 속에서의 우리 위치, 즉 우리의 정체성을 확인하는 것이나 다름없습니다. 내가 기독교 역사를 거론하며 이 메시지를 시작하는 이유가 거기에 있습니다.)

기독교 역사는 찬란한 야화saga를 가지고 있습니다. 그것은 매 시대마다 무대 뒤편에 서 있었던 사람들, 원초적인 믿음으로 살아갔던 이들의 풍성하고 흠모할만한 삶을 담고 있습니다. 그들은 인류 역사에 분명한 족적을 남겨놓았습니다.

그들 중의 한 그룹을 선택하거나 독특한 계보에 집착하지 마십시오. 인위적인 "사도직 계승"에도 집착하지 마십시오. 그런 것들은 실상 그 **실체**를 알 수 없는 가공의 것들입니다. 그들은 A.D. 325년 이래 매 세기마다 존재했고 저마다의 스토리를 가지고 있습니다. 그들 중 첫 번째 그룹이 A.D. 350년경, 스페인 전역에 등장했습니다. 이들은 미움, 경멸, 핍박에 휩싸여 약 100년간 생존하다 소멸되었습니다. 다음 그룹은 500년대 스코틀랜드의 아이오나island of Iona에 그 모습을 드러냈습니다.

이후, 계속해서 더 많은 다른 그룹들이 대를 이어 그 모습을 나타냈습니다. 발트해 연안에 출현한 그룹이 있었고, 다른 세기, 스위스에 출현한 그룹과 이탈리아 알프스에 나타난 그룹, 또 다른 세기, 프랑스 남부에 존재했던 그룹이 있었습니다. 이 작은 그룹들은 기독교 역사의 **매 세기마다** 그 대를 이으며 하나의 독특한 흐름을 형성했습니다. 이들은 수 십여 가지의 다양한 이름으로 불렸습니다. 모두 예수 그리스도에 대한 단순한 믿음을 증언하며 기독교 역사의 한 페이지를 수놓았습니다.

그렇다면 하나님께선 매 세기마다 이들과 무엇을 하셨던 것일까요? 그 대답은 선명합니다. 하나님께서는 이들을 통해 그분을 드러내셨습니다. 이들을 통해 하나님 자신이 살아 계시다는 증거를 확보하셨습니다. 우주의 중심이신 그리스도와 그분의 뛰어나심을 매 세기, 이들로 그 증거를 삼으신 것입니다. 바로 이것이 이 **작은 그룹에 속해있던 사람들의 미션**이었습니다. 하나님께서 이 다양한 그룹 안에 두셨던 그분의 목적을 발견할 때 우리는 비로소 오늘 우리가 서 있어야 할 자리, 즉 우리의 미션을 알아차리게 될 것입니다.

각 시대마다 사람들은 분주히 자신들의 일을 행했습니다. 하지만, 하나님 역시 그분의 일을 성실히 수행해오셨습니다. 하나님 그분이 손수 행하시는 일이 매 시대마다 지구상 어딘가에 나타났습니다. 사람들이 보기에 그분의 사역은 그렇게 대단해 보이지 않았고 이 일에 부름 받은 그분의 백성들 또한, 큰 이름을 남기지 못했습니다. 그 작은 그룹들과 함께하신 그분의 사역은 대개는 오래 지속되지 않았다고 말씀드릴 수 있습니다. 그들은 짧은 기간 영광스러운 삶을 살았고 하나님께선 그들 안에서 이 지구 위에 그분의 일을 알리셨습니다. 그것은 아름다운 불꽃이 폭발하는 것과도 같았습니다. 하나님께서는 보통 40~80년 동안 이 그룹들을 사용하셨습니다. 간혹 그 기간이 백 년에 이른 적도 있습니다. **그 기간 동안** 그분과 그분의 백성들은 한 몸이 되었고 그 불꽃이 소멸될 즈음 하나님께서는 또 다른 장소에서 또 다른 그룹과 그분의 사역을 이어가셨습니다.

기독교 역사의 전반부인 325-1517년 사이, 여러분은 그 암흑의 시대에도 희미한 빛을 꺼뜨리지 않았던 몇몇 사람들의 이야기를 읽은 적이 있을 것입니다. 1517년 이후엔 그들의 발걸음이 빨라지기 시작했고 그들의 여정에도 적잖은 변화가 생깁니다. 기독교 역사 가운데 존재했던 이 제3의 세력들은 이제 그 시대의 빛이었을 뿐 아니라, 기독교 신앙을 회복한 사람들, 즉 하나님의 사역을 재발견하고 복원한 사람들, 1세기 신앙을 회복한 사람들, 그리스도와 그분의 교회를 알고 경험하는 것이 무엇인지를 재발견한 사람들로 여겨지기 시작했습니다.

이렇듯 기독교 신앙의 원형으로 돌아가려는 움직임들은 1500년대 이전에도 있었지만, 그 기록이 소실되어 지금까지 전해지는 것들은 많지 않습니다. 핍박과 칼이 그들을 겨누었고 그들이 쓴 책들이 불태워졌습니다. 그렇게 그들이 소멸하면 또 다른 사람들이 일어나 그 시대에 속한 하나님의 증거를 남기곤 했습니다. 이와 같은 미션은 1517년 이후 발현한 작은 그룹들 위에도 동일하게 부여되었습니다. 하나님이 함께 하셨던 그 작은 그룹들의 임무는 하나님의 방식을 그들이 살아가는 시대에 **복원**하는 것이었습니다. 그것이 그들의 미션이었습니다. 그리고 그들이 몸으로 보여주었던 그 믿음의 방식들은 오늘 우리들에게도 여전히 유효하다고 말씀드릴 수 있습니다.

　기독교 역사 가운데 면면히 이어진 이 제3의 흐름은 언제나 소규모로 전개되었습니다. 단지 몇 사람에 불과한 시대도 있었습니다. 하지만, 이것을 주목해보십시오. 규모와 아무 상관 없이 그들이 기독교 역사에 미친 영향은 그야말로 압도적이었습니다. 그들이 밝혀놓은 횃불은 위대했습니다. 항상 그런 것은 아니었지만 많은 경우, 그들은 기독교 역사의 다른 두 흐름(로마가톨릭+프로테스탄트)을 합친 것보다도 더 밝은 빛을 그들의 당대에 비추었습니다. 얼마간의 순전한 진리와 그리스도에 대한 선명하고 깊은 통찰력이 바로 이들에게서 흘러나왔습니다. 325년부터 지금까지 언제나 그랬습니다. 그렇게 우리는 지금 이 시대를 맞이하고 있습니다. 그런데 이 제3의 흐름에 속한 백성들로서 오늘 우리가 표현하는 믿음의 방식들을 보십시오. 우리가 로마가톨릭을 지지하는 사람들일까요? 아니면 개신교와 어깨를 나란히 하는 사람들일까요?

　이 두 흐름은 도무지 우리에게 어울리지 않습니다. 우리는 제3의 흐름에 속한 사람들입니다. 우리는 기독교 역사의 각주footnotes에 설명되는 그 사람들 가운데 속해있습니다. 모든 이름 위에 뛰어나신 예수 그리스도를 중심에 놓고 살았던 사람들, 우리는 그 흐름에 서 있는 것입니다. 그들이 살았던 그 삶과 그들의 모임 가운데 우리가 속해있습니다. 이 메시지는 바로 그 흐름 가운데 서 있는 사람들, 즉 그들의 행진 속에서 오늘 자신의 정체성을 발견하는 여러분에게 하나의 통찰력을 제공하는 데 그 목적이 있습니다. 우리는 분명 예수 그리스도 외에 어떤 것도 알지 않기로 작정한 그 사람들 속에서 우리의 정체성을 발견합니다. 즉 예수 그리스도의 온전한 몸을 선포했던 작은 무리의 행진, 그분의 교회를 온몸으로 경험했던 그 행진을 따르고 있는 것입니다.

돌아가 과거와 직면해보십시오! 그렇습니다. 결국은 과거를 돌아보아야 합니다. 기독교 역사를 스승으로 삼고 그의 제자가 되어야 합니다. 만약 우리가 그렇게 한다면 그 작은 그룹이 성큼성큼 다가와 우리와 조우하게 될 것입니다. 그들의 경험을 깊이 배우십시오. 그들이 경험했던 바로 그것을 배우십시오. 그들의 메시지를 읽으십시오. 그들에 대한 이야기를 찾아보십시오. 그들이 발견했던 것이 무엇인지를 눈여겨보십시오. 우리에겐 **그들이 배웠던** 바로 그 경험이 필요합니다. 그들이 **이미** 발견했던 그것을 알기 전에 우리는 한 발자국도 나아갈 수 없습니다! 무無에서 시작할 수는 없는 노릇 아니겠습니까? 그들이 달려가다 멈추었던 그 지점이 우리가 출발할 지점인 것입니다. 우리는 **기독교 역사의 제자가 되어야 합니다.** 하나님께서 **이미** 행하신 일들을 **먼저** 알아야 합니다. 하나님께서 이미 회복해 놓으신 그것을 만나십시오. 그분께서 이미 계시하신 것을 주목하십시오. 하나님께서 과거에 행하셨던 그 일에 익숙해질 필요가 있습니다. 왜 그럴까요? 우리에겐 그분의 **새 일**이 절실하기 때문입니다. 그분께서 행하실 새 일을 위해 그분께서 행하신 옛 일을 알 필요가 있는 것입니다. 어떤 영광이 있었는지, 그 영광 가운데 있었던 사람들이 초래한 실수는 무엇이었는지, 우리는 먼저 그것들을 알아야하는 것입니다.

오늘 우리는 기독교 역사의 주류에 들지 못했던 사람들 속으로 걸어 들어가야 합니다. 과거로 되돌아가 우리 앞서 걸어간 그들로부터 지혜와 경험뿐 아니라 실수까지도 끌어내 담대히 그것들과 직면하는 것입니다.

우리의 유산

거대한 산맥 하나를 떠올려봅시다. 그 산맥 가운데 높이 솟은 봉우리를 보는 것이 중요합니다. 그 봉우리는 한때 정복당한 적이 있습니다. 딱 한 번! 그때 이후로 많은 사람이 그 봉우리에 재도전해왔고 시대가 거듭될수록 봉우리는 점점 가까워지고 있습니다. 그리고 이제! 그 최고봉에 도전했던 사람들의 뒤를 이어 여러분의 차례가 되었습니다. 여러분이 봉우리 밑 산기슭에 도착했을 때, **실제로** 여러분의 도전이 시작되는 곳은 거기가 아니라는 사실을 알 필요가 있습니다. 여러분에 앞서 도전했던 사람들이 이미 닦아놓은 전초기지가 있기 때문입니다. 가장 최근에 도전했던 사람들이 닦아놓은 전초기지! 그들이 개척해놓은 길이 거기 있습니다. 이제 그들은 그들의 장비를 내려놓았지만, 그들이 세워놓은 캠프는 여전히 그곳에 있습니다. 그리고 천사들은 정상으로 부름받은 또 다른 사람들이 그곳에 이르기를 고대하고 있습니다. 여러분은 곧장 그 베이스 캠프까지 이를 수 있습니다. 거기까지 이르는 데는 그리 많은 시간이 걸리지 않을 것입니다. **만약** 여러분이 거기에 이르는 길을 알고 있다면! 혹은 앞서 그곳에 이르렀던 이들이 그려놓은 약도를 가지고 있다면! 그들은 여러분을 위해 그 길을 개척했습니다. 감사하게도 이 산의 많은 봉우리가 재정복되었습니다. 그럼에도 그 최고봉만은 아직 재탈환된 적이 없습니다. 그래도 사람들은 점점 그 봉우리에 근접해왔습니다. 아마도 여러분이 생각하는 것보다 훨씬 더 높은 지점까지 나아갔을 것입니다. 물론 그들은 값비싼 대가를 지불했습니다. 여러분이 이 모든 경험을 무시하고 처음부터 다시 시작한다면 **결코** 아무 데도 오르지 못할 것입니다. 여러분에겐 그 최고봉에 도전했던 이들의 경험이 필요합니다. 그들이 오르다 멈춘 바로 거기가 여러분들의 출발선이 되어야 합니다.

이것만은 확실합니다.

우리는 하나님께서 **이미** 행하신 그 일과 우리보다 앞서 이 산에 올랐던 그들에 대해 **알아야** 합니다. 즉 우리는 우리에게 주어진 유산에 통달해야 합니다. 이제 가파른 언덕을 올라가는 여러분의 눈에 길을 따라 펄럭이는 일련의 깃발이 들어올 것입니다. 이 깃발들은 여러분에 앞서 이 산에 올랐던 이들이 내걸었던 깃발들입니다. 산의 한쪽 면을 올려다 보십시오. 끝도 없이 내걸린 깃발들이 펄럭이고 있지 않습니까? 누군가 그 먼 고지까지 이미 올랐던 것입니다. 그 가장 먼 지점! 마지막 깃발이 펄럭이는 그 지점은 지금으로부터 멀지 않은 과거에 정복된 곳입니다. 바로 현세기에! 그 깃발이 펄럭이는 아래쪽 땅바닥을 살펴보십시오. 여러분보다 한발 앞서 그곳에 오른 그 사람들의 발자국이 아직 거기 남아 있을 것입니다.

여러분이 그 지점을 지나 조금 더 걷다 보면 누구도 오르지 못했을 것이라고 여겨지는 지점에 닿게 될 것입니다. 주의하십시오. 캠프를 구축하기도 힘들어 보일 정도로 가파른 장소입니다. 하지만, 보십시오! 놀랍게도 거기서 조금 더 떨어진 저 높은 곳에 자랑스럽게 펄럭이는 깃발이 하나 더 있습니다. 여러분은 하나님께서 행하신 그 일들에 감사드리지 않을 수 없을 것입니다. 이미 지불된 고통들과 값비싼 대가들, 최고봉을 바라보며 이 산에 올랐던 이들이 이미 쏟아 놓은 귀한 경험들, 여러분은 밀려드는 겸손함에 압도될 것입니다. 어쩌면 그 자리에 주저앉아 이렇게 질문할지도 모르겠습니다. 아주 심각한 질문 ; "이미 저 높은 곳에 올랐던 이들의 거룩한 발걸음을 과연 따라잡을 수 있을까?" "우리 시대의 사람들이 저들보다 더 높은 곳에 깃발을 꽂는다는 것이 가능한 일일까?" 고지를 바라보는 여러분의 마음 속에 계속해서 질문이 올라옵니다. "오늘 우리가 과연 그들이 멈춘 그 지점까지라도 오를 수 있을까?" 나 역시 그 질문들에 확답을 내리기가 무척 조심스럽다는 사실을 고백하지 않을 수 없습니다! 부디 "할 수 있습니다!"라는 답이 어디선가 들려오기를 같이 기대해봅시다. 만약 그 대답을 우리가 들을 수 있다면, **이 시대**는 새로운 유형의 사람들을 낳아야 할 것입니다. 우리 앞서 이 산에 올랐던 사람들은 우리에게 이미 많은 것을 넘겨주었습니다. 그들은 주님을 무척이나 사랑했던 사람들이고 자신들의 많은 것을 포기해야 했습니다. 어쩌면 그들의 헌신을 따라잡을 수도 있을 거라는 기대는 우리의 심장을 두근거리게 만듭니다.

언덕을 오르며 올려다보십시오! 깃발과 깃발 사이의 간격이 점점 좁아지고 있습니다. 그리고 경사는 점점 심해집니다. 자세히 보면 깃발

사이의 간격이 좁혀지는 만큼 더 큰 은혜가 부어진 흔적과 더 큰 헌신이 드려진 흔적이 눈에 들어옵니다.

마침내 매우 높은 곳에서 펄럭이는 깃발 하나가 여러분의 눈에 들어올 것입니다. 그곳은 매우 멀리 떨어진 곳이며 오르기에 극히 어려워 보이는 지점입니다. 누군가 이미 그곳에 이르렀다는 사실조차 여러분은 믿기 어려울 것입니다! 아마도 본능적으로 여러분은, "**이곳**이 우리 **미션**이 시작될 곳이구나!" 알아차릴 것입니다.(솔직히 여러분이 그 마지막 캠프, 즉 마지막 깃발이 나부끼는 곳까지 도달하기에만도 얼마나 많은 세월이 걸릴지 나는 말씀드릴 수 없습니다. 다만 20~30년은 족히 걸릴 것이라고 예상합니다.) 이제 **뒤**를 돌아다보십시오. 그리고 다시 **앞**을 올려다보십시오. 정상이 어디에 있습니까? 가까이에 있습니까, 먼 곳에 있습니까?

안타깝지만 우리는 그 사실을 알 수 없습니다. 아니 어쩌면 그 사실을 모르는 것이 **다행스럽다**고 말씀드리고 싶습니다. 하나님께서는 그곳을 말씀해주지 않으실 것입니다. 그분은 그분의 옷자락으로 지금까지 그 정상을 가리셨습니다. 그곳은 여러분이 이른 그 마지막 캠프에서 단숨에 오를만한 곳일 수도 있고 매우 멀리 떨어져 있을 수도 있습니다. 어쩌면 몇 년 정도의 시간이면 도달할 지점일 수도 있고 몇 세대가 필요한 곳일 수도 있습니다. 단지 몇 시간, 아니면 수 세기가 소요될지도 모릅니다. 사전에 노출되는 일은 결코 없을 것입니다.

그리고 바로 그 지점에서 여러분은 한 가지 심각한 질문과 직면할 것입니다. 저 최고봉에 도전할 것인가? **마지막 깃발**을 넘어설 것인가?

거기를 지나 저 최고봉에 오를 가능성은 있는가? 심사숙고하십시오. 만약 여러분이 거기를 지나 정상에 오르기로 결정한다면 여러분의 평생을 쓰디쓴 절망과 맞바꾸어야 할지도 모릅니다. 다시 뒤를 돌아보십시오. 지금까지 거기에 올랐던 사람들을 보십시오. 그들의 고통을 기억하십시오. 그리고 그들이 정상에 **이르지 못했다**는 사실도 기억하십시오. 성공의 보증이란 없습니다. 그 사람들은 어땠을까요? 성공이 보증되지 않는다는 사실로 고민했을까요? 자신들이 정상에 이르지 못할 거라는 사실을 알면서도 도전했을까요? 미래는 불확실하고 그 결과도 알 수 없습니다. 그 안개 속을 꿰뚫어볼 통찰력을 가진 사람은 없습니다. 이 산맥에 사는 예언자란 존재하지 않습니다. 추측할 수야 있겠지만 그 결과를 장담할 수는 없습니다.

하지만, 이것만큼은 분명합니다. : 여러분에 앞서 이 길에 올랐던 모든 이들에겐 **고통**이 따랐습니다. 만약 여러분이 그 찢어지고 피에 얼룩진 깃발에 사로잡히면 여러분에게도 마찬가지의 **고통이 주어질 것입니다!**

맞습니다. 그 고귀한 개척자들은 그들이 살았던 그 세기의 성인들로 추앙받았습니다. 하지만, 그 칭찬은 그들이 죽어 무덤 속에 들어간 후 수백 년이 지나서야 이뤄진 일임을 기억하십시오. 살아있을 때, 그들은 미움과 경멸의 대상이었습니다. 그들은 끔찍한 존재로 여겨졌고 그것은 그들에게 큰 상처를 안겼습니다. 아주 깊은 상처 말입니다. 이들은 말할 수 없는 학대를 감내했습니다. 그들에게 쏟아졌던 적대감이 얼마나 끔찍한 것이었는지 실제로 경험하기 전엔 상상할 수조차 없을 것입니다. 어느 날 여러분의 손주가 여러분의 무덤을 찾아와, "우리가 그때 살았더라면 이 거룩한 분들을 핍박하지 않고 존경했을 텐데"라고 말할지도 모릅니다. 그 말이 여러분에게 작은 위로가 될지 모르겠지만 그때쯤 여러분은 벌써 수백 년 동안 무덤에 누워있는 상태일 것입니다. 그 사실을 기억하십시오.

성공 속에 도사린 비극; 그리고 불가피한 실패

고통만 있는 것은 아닙니다. 그 이상의 다른 무언가가 존재합니다. 그것을 고통 반대편에 도사린 로맨틱한 영역이라고 불러야 할 것 같습니다. 어떤 이들에게 성공이 주어질 경우가 있습니다. 나는 그 성공 이면에 도사리고 있는 어떤 위험에 대해 말씀드리지 않을 수 없습니다.

과거 성공한 사람들의 기록을 찾아보십시오. 문서를 펼쳐 그 명단을 호명해보십시오. 프리스킬리안,스페인 귀족출신으로 380년, 아빌라의 감독이 되었으나 마술을 행했다는 죄목으로 막시무스 황제의 권력아래 처형당했던 priscillian의 뒤를 따랐던 사람들. 교회건물대신 가정집에서 모였다. 역주 형제단, 왈도파, 모라비안, 작은 무리.Little Flock, 워치만니의 지방교회 모임. 역주 이 사람들은(그리고 다른 많은 사람 역시도) 한 때 하나님의 지상사역의 중심에 섰던 사람들입니다. 그들이 살던 시대, 그들은 하나님의 사역 그 **자체**였습니다. 그들이 곧 그들 시대의 영적인 기준이었으며 회복의 전초기지였습니다. 오직 그들만이 하나님의 손으로 직접 일으키신 **유일한** 사람들이었습니다. 하지만, 그들이 내걸었던 그 깃발과 관련된 이야기를 읽어보십시오.

그들 역시 어느 날, 마지막 깃발이 나부끼는 그 지점에 이르렀습니다. 그곳에 이르렀던 다른 사람들처럼, 그들 역시 자신들이 처음 그곳에 발을 디딘 것으로 **생각**했습니다. 그것은 정말로 흥분되는 순간이 아닐 수 없습니다! 그들은 아무도 오르지 않은 미지의 영역, 사도들 이후로 누구도 오르지 못한 영역에 들어섰다고 믿어 의심치 않았습니다. 천 년 이상 성취하지 못했던 그것을 그들이 막 완성하려는 순간이었습니다. 더욱이 하나님의 온전한 축복이 자신들 위에 머물고 있음을 그들은 알고 있었습니다. 여기까지는 해피엔딩입니다.

이제 이 이야기의 새드엔딩이 시작됩니다. 우리는 해피엔딩뿐 아니라 이들의 이야기에 담긴 어두운 측면도 알 필요가 있습니다. 한 그룹에 의해 이 "새로운 영역"이 정복되었을 때 그들 중 누군가가 이렇게 외쳤습니다. "우리가 해냈다! 우리가 그것을 해냈어! 우리를 주목해봐. 우리가 오늘날 하나님이 행하시는 사역 그 자체이다! 우리는 우리 시대 누구도 하지 못한 일을 해냈다. 우리 앞서 이 산에 올랐던 다른 사람들보다 더 완전한 하나님의 신비를 우리는 깨우쳤다."

그의 외침이 끝나자마자 다른 한 사람의 외침이 그 뒤를 이었습니다. 참으로 치명적인 외침이 아닐 수 없습니다. "**우리** 안에서 모든 것이 회복되었다. **우리**가 회복 그 자체이다."(그들의 외침은 그들만이 지구상 유일한 그리스도인이라는 의미가 아니었습니다. 그들만이 구원받은 사람이라고 외친 것도 아니었습니다. 이 외침의 의미인즉슨, "우리가 오늘 하나님께서 꿈꾸시던 바로 그 사역을 하고 있다", "우리가 이 산의 최고봉에 올랐다"라는 외침이었습니다.) 거룩한 형제자매 여러분,

그렇습니다! 만약 이런 외침을 듣게 된다면 여러분은 그것이 얼마나 민망한 태도인지를 금방 알 것입니다. 동시에, 같은 실수를 저지르지 않겠다는 분명한 다짐이 여러분 안에 서야 합니다. 하지만, 그들을 너무 나쁘게 생각할 것까지는 없습니다. 우리 역시도 작은 그룹이지만 이와 동일한 정서를 갖고 있으니 말입니다. 무엇보다 우리는 이런 느낌을 배제하는 것이 거의 불가능에 가깝다는 사실을 인정해야 합니다. 즉 앞으로 우리가 직면할 일들을 우리 스스로가 잘 알고 있는 셈입니다. 그 유혹이 우리 위에 엄습할 것입니다. 우리는 지금 문서를 통해 그 사실을 알고 있지만 머잖아 그 동일한 함정에 실제로 빠지게 될 것입니다. 우리는 그 상황을 피해갈 수 없습니다.

그러므로 오늘, 이 산기슭에 서 있는 우리 앞에 실제로 세 가지의 중대한 질문이 제기되는 셈입니다. 첫째, 엄청난 고통을 무릅쓰고서라도 우리가 이 최고봉에 오를 것인가? 둘째, 정상에 오르는 일이 지극히 불가능에 가깝다는 사실을 정확히 인지하고 있는가? 셋째, 정상에 오름과 동시에 엄청난 함정에 빠질 수 있음을 알고 있는가? 우리가 이렇게 말할 수 있는 근거는 과거 그 자리에 올랐던 모든 사람이 그 끔찍한 실수를 저질렀기 때문입니다.

우리가 하나님 보시기에 매우 특별한 존재라는 느낌을 우리 안에서 지워내는 일이 얼마나 어려운지 우린 경험상 알고 있습니다. 이것을 피해갈 수는 없습니다. 여러분이 새로운 영역에 들어가게 되면 누구보다도 여러분 자신이 그 사실을 느낌으로 알게 됩니다. 그것이 주는 특별한 느낌을 배제하는 것은 실로 어려운 일입니다.

지금까지 나와 함께 일했던 형제들 역시도 "우리가 이 시대 하나님 사역의 중심에 서 있다"고 외쳤던 적이 한두 번이 아니었습니다.

하지만, 지금은 그럴 때가 아닙니다. 우리는 평정심을 유지해야 합니다. 그리고 여기 서 있는 나는 이제 그런 섣부른 외침을 외칠만한 나이도 아닙니다.(그럼에도 우리가 이 동일한 함정에 빠질 가능성이 다분하다는 사실을 나는 공개적으로 말씀드리지 않을 수 없습니다. 그 유혹은 거의 저항이 불가능한 힘으로 우리를 엄습하곤 합니다.) 내가 아는 한, 앞서 이 산에 올랐던 모든 사람이 -최소 지난 천 년 동안- 이 함정에 빠졌습니다. 솔직히 말하면 이 질병에 대한 치료약은 존재하지 않는 것 같습니다. 하지만, 우리가 할 수 있는 일이 한 가지 있습니다! 오늘! 여기서! 바로 이 수련회에서! 우리는 이 가공할 유혹을 분명히 바라봅시다. 이런 위험이 도사리고 있다는 사실을 정확히 인지합시다. 그 숨은 정체를 큰 목소리로 고발합시다. 이 추한 괴물을 여기 밝은 빛 가운데 끌어내 공개적으로 세워둡시다. 이제 우리는 그것이 지니는 위험을 충분히 염두에 두고 있습니다. 우리는 우리 스스로에게 경고하고 있는 것입니다.

우리의 선택

이제 결정을 내릴 시간입니다. 우리의 손에 깃발을 들 것인가! 만약 그렇다면 **우리의** 미션은 무엇인가? 하나님께서는 이 산에 올랐던 각 사람들에게 그들의 임무를 주셨습니다. 어쩌면 우리는 이미 한 가지 미션을 받은 셈입니다. 무엇을 말하는 것일까요? 우리가 좀 전에 언급한 함정에 빠지지 않는 것을 의미합니다. 하나님의 은혜로 말미암아 시도는 하겠지만, 우리가 성공할 가능성은 정확히 제로입니다. 그렇다면 가지 말아야 하는 걸까요?

우리가 무엇을 선택할 수 있을지를 눈여겨보십시오. 첫째, 안전한 방안에 머무는 것입니다. 둘째, 올라가서 … 함정에 빠지는 것입니다.(우리가 어떤 함정에 빠지리란 사실은 거의 확실합니다!) 어쩌면 우리의 노력이 아무런 소용이 없을지도 모릅니다! 그래서 차라리 집에 머무는 것이 나을 수도 있습니다.(우리가 어떤 함정에 빠질지도 모른다는 두려움으로 평생을 허비할 바에야 차라리 길을 나서지 않는 것입니다.)

이 막다른 골목에서 우리는 세 번째 가능성에 무게를 둘 수밖에 없습니다. 우리는 두 눈을 부릅뜨고 우리 자신을 겸손의 제물로 바치면서 배우려는 마음가짐과 수용적인 자세를 곧추세우며 우리를 지켜달라고 주님께 요청할 수 있습니다. 그분이 우리에게서 떠나시는 순간 어차피 우리가 함정에 빠질거란 사실은 차라리 위로가 됩니다.(그리고 만약 그렇게 된다면 최대한 신속히 우리의 활동을 접는 것이 좋습니다.)

그렇습니다. 우리가 길을 나설 수는 있습니다. 그러나 그것은 극히 위험한 일입니다. 그럼에도 우리가 가고자 한다면 오늘 이 순간부터 우리는 일체의 영적인 교만, 가식, 종파주의, 우월감과 분명한 거리를 두어야 합니다. 우리는 사실 우리가 어떤 존재인지를 잘 모르고 있습니다. 하나님의 궁극적인 목적에 대해서도 잘 모릅니다. 우리의 운명에 대해서도 마찬가지입니다.

우리가 이 길에 나섰을 때, 과연 저 정상 어디쯤 깃발을 꽂을 수 있을까요? 그것은 모르는 일입니다. 어쩌면 첫 번째 깃발조차 통과하지 못할 수도 있습니다. 하지만, 깃발을 높이 들고 그것을 **최고봉**에 꽂고 싶은 마음이 우리 안에 존재하는 것 역시 사실입니다. 우리가 그렇게 할 수 있을지, 그럴지라도 교만을 멀리할 수 있을지는 모릅니다. 그럼에도 우리 안에 한 가지 소망이 불타고 있습니다. : 만약 우리가 정상에 오르지 못하더라도 자비로운 주님께서 이 길의 마지막 깃발 그 다음 어딘가로 우리를 인도하시기를! **그것이면 정말이지 충분합니다!**

이따금씩 누군가 이렇게 말하는 소리를 듣곤 합니다. "당신들은 지금까지 다른 사람들이 해왔던 그 일을 또 시작하려 하는군요. 당신들은 또 하나의 종파, 또 하나의 분파를 만들어내고 말 것입니다. 당신들보다 앞서 이 길에 나섰던 모든 이들이 그랬으니까요! **당신들 역시 그렇게 끝날 것입니다.** 이 혼란의 와중에 당신들까지 나서서 거들 필요가 있겠습니까? 지금의 혼란만으로도 충분하지 않습니까?" 우리는 이 말에 동의하지 않을 수 없습니다. 구구절절 옳은 말입니다. 하지만, 사랑하는 형제 여러분, 우리 앞에 놓인 선택지를 보십시오. 집에 머물든지, 아니면 감히 도전하든지!

우리가 집에 머물게 된다면 우리는 뜬구름 잡는 방식으로 그리스도의 몸과 교제하게 될 것입니다. 공기 중의 물방울처럼 전혀 비현실적인 삶의 자리에서 서로를 즐겁게 해주는 교제나 소망하며 여생을 보내게 될 것입니다.

그러나 **감히** 길을 나서고자 한다면?! 일어나 위험과 실패의 가능성을 맞이하십시오. 그 길은 곳곳에 파멸이 도사리고 있습니다. 우리 앞서 이 길을 떠난 모든 이들이 맞이했던 그 실패와 실수의 위험을 무릅쓰는 것입니다. 사랑하는 형제 여러분! 다른 대안은 존재하지 않습니다. 그 두 가능성을 앞에 두고 있는 우리의 선택은 사실 이미 정해져 있습니다. **우리는 감히 그렇게 할 것입니다!!!**

어떤 상황에서도 우리는 집에 앉아있진 않을 것입니다. 의미 없이 떠도는 우주의 버블이 되진 않을 것입니다! 우리는 오늘 감히 길을 나설 것입니다. 우리의 유산으로 돌아갈 것입니다. 거기서 그들의 경험을 이어받으며 한편 바르지 않은 것들을 구별해낼 것입니다. 우리 앞서 이 산에 올랐던 그분들의 지혜, 경험, 성취, 승리, 그리고 그들의 **실패**를 배울 것입니다. 우리는 그들을 우리의 지도와 나침판으로 삼을 것입니다. 길 건너 누군가에게 손을 흔들며 집에 앉아있지는 않을 것입니다. 오래전 사람들이 그들의 평생을 대가로 지불하며 감행했던 그 일을 우리도 시도할 것입니다. 우리는 **함께 모일 것입니다.** 우리는 서로를 만날 것입니다. 우리는 그분의 백성이 될 것입니다! 수평선처럼 넓고 봉우리처럼 높은 시야를 잃지 않을 것입니다. 그리고 주님의 자비를 위해 기도할 것입니다. 거룩한 형제자매 여러분, 우리에겐 사실 **다른 선택이 없습니다.**

정신을 바짝 차리고 심지어 근엄한 표정으로 우리 앞에 놓인 난관들을 바라보십시오. 그리고 우리를 기다리는 많은 함정으로부터 떨어지십시오. 하지만, 그러한 훌륭한 태도들조차 우리에게 **어떤 것도** 담보해주지 못한다는 사실을 정확히 인지하십시오. 우린 어떤 보장도 받을 수 없습니다. 나는 다시 한번 그 사실을 강조하고 싶습니다. **우리는 아**

마도 실패할 것입니다. 만약 실패해야 한다면 우리는 기꺼이 그 실패를 받아들일 것입니다. 하지만, 우리가 할 수 없는 일이 있습니다. 집에 가만히 앉아있는 것만은 우리가 할 수 없습니다. 우리는 일어나 감히 그 길을 나설 것입니다.

여러분 앞에 깃발이 있습니다. 족히 50년은 걸릴 위대한 봉우리가 여러분을 기다리고 있습니다.

제2장

과거의 증인들

    우리의 이야기를 좀 더 진전시켜나가기 전에, 교회 역사 속의 세 흐름에 대해 다시 짚어보고 싶습니다. 그 첫 흐름은 A.D. 325년경 발원하여 오늘에 이르는 거대한 흐름입니다. 여기에 속한 사람들 중에는 우리에게 익히 알려진 이름들이 적지 않습니다. 어거스틴, 토마스 아퀴나스, 로욜라, 여러 교황들. 그리고 이 흐름이 주도했던 어두운 시대 속에서도 빛을 잃지 않았던 고귀한 이름들도 있습니다. 성 테레사. 십자가의 성 요한, 귀용 여사, 로렌스 형제. 이들 모두가 가톨릭이라는 흐름을 형성했던 사람들입니다.

    그 다음 개신교라는 두 번째의 흐름이 있습니다. 이 흐름에 속한 사람들은 오늘 우리에게 더 잘 알려진 인물들입니다. 루터, 칼뱅, 츠빙글리, 녹스, 에드워드, 웨슬리, 카레이, 그리고 가장 최근에는 무디와 모트, 테일러, 피니, 그래함 등등.

하지만, 제3의 흐름에 대해선 어떻습니까? 왈도, 진젠도르프, 다비에 대해 들어본 사람이 얼마나 될까요?

로마가톨릭, 루터교, 장로교, 감리교, 침례교 등은 여러분들의 귀에 익숙한 이름들입니다. 하지만, 보고밀파, 왈도파, 모라비안 형제단이란 이름을 들어본 사람이 몇 명이나 되겠습니까? 이 호칭들은 이들의 실제 이름이 아닙니다! 아무런 이름이나 종파에 속하지 않았던 이들에게 사람들이 붙여준 이름일 뿐입니다. 이들과 관련된 자료들을 여러분은 쉽게 찾을 수 없을 것입니다. 이들이 기록한 문서들은 대부분 1500년대를 넘기지 못하고 파괴되었습니다. 이들로부터 나온 문서들이나 이들에 대한 기록들조차 찾아보기 어렵습니다.

이 각각의 그룹들은 자신들의 믿음을 표현하는 독특한 표현방식이 있었습니다.(실로 매우 독특한! … 심지어 충격적인!) 그렇다고 하나님께서 이 사람들의 기이한 표현방식에 불끈 성을 내신 것 같지는 않습니다. 이에 대해 생각할 때마다 나는 퀘이커교도를 떠올려보곤 합니다. 퀘이커교도들은 삼위일체를 믿지 않았습니다. 그들은 성령을 하나님의 한 인격으로 믿지 않았습니다. 그럼에도 불구하고 우리가 믿는 그 동일한 성령님께서 거의 한 세대 동안 그들과 함께 하시며 그분의 축복을 부으셨습니다. 하나님께선 그들에게 성내지 않으셨습니다! 여러분이 앞서 언급한 한 그룹 한 그룹을 살펴본다면 그들 안에서 공히 발견되는 몇 가지의 뚜렷한 특징이 눈에 들어올 것입니다.(오늘날 어떤 사람들은 이 그룹들을 역으로 추적해 올라가 자신들이 애지중지하는 그 교리를 그들 가운데서 찾아내려 애씁니다. 그런 다음, 이 모든 그룹들이 마치 그 교리를 가르친 듯이 주장합니다. 방언을 중시하는 모임들은 이 그룹들을 방언의 조상으로, 성경공부를 중시하는 모임들은 이 그룹들을 성경공부의 조상으로 … 그렇게 자신들의 필요에 따라 이 그룹들에 줄을 댑니다.)

이 각 그룹들이 **공히** 가지고 있던 첫 번째 특징은 단순성입니다. 그 단순성이 아마도 그들 모두를 아우르는 주된 특징이 될 것입니다. 둘째, 이들에겐 강력한 신학도 복잡한 신념도 없었습니다. 셋째, 이들은 깊은 영성을 가지고 있었습니다. 넷째, 경건했습니다. 다섯째, 숨어 지냈습니다. 여섯째, 핍박을 피해 집에서 모이는 경우가 많았습니다. 일곱째, 자신들의 이름을 짓지 않았습니다. 여덟째, 서로에 대한 믿을 수 없을 만큼의 사랑을 나타냈습니다. 그들은 또한, 상당한 기민성을 유지했습니다.(칼을 피해 다른 도시로 이동할 경우가 많았기 때문입니다.) 대부분 성직자가 없었다는 것도 유사한 점입니다. 전부라고 말할 수는 없지만, 그들 대부분은 다음 세 가지의 특징을 가지고 있었습니다. (1) 성경에 대한 강조 (2) 핍박을 이겨내기 위한 공동체 생활 (3) 건물과 제도와의 작별.

이 그룹들과 관련하여 다른 흥미로운 사실 하나는 보통 하나님의 축복이 한 세대 남짓 이들 가운데 머물렀다는 사실입니다. 3세대 이상 그 축복이 유지되는 경우는 드물었습니다. 물론 예외는 존재합니다. 이를테면 왈도파 같은 경우엔 **수백 년** 동안이나 하나님의 축복이 그들 위에 머물렀고 이는 참으로 흥미로운 일이 아닐 수 없습니다.

마지막으로, 이들 모두는 기독교 역사가들의 눈에 간과되었던 사람들입니다. 이것은 참으로 놀라운 일입니다. 하나님나라의 입장에서 보면 이들이야말로 역사의 중심에 섰던 사람들이기 때문입니다.

기독교 역사의 세 번째 흐름에 서 있었던 이들에 대해 생각할 때마다 나에게 떠오르는 두 가지 사실이 있습니다. 그리고 이것이야말로 어쩌면 이 그룹들에서 발견되는 주된 특징일 수도 있습니다. 여러분은 지금 제가 말씀드리고자 하는 것을 **피상적**으로 들으실 수 있겠지만 그것은 그들이 기록한 모든 문서에서 공히 묻어나는 뚜렷한 특징입니다. 그들은 자신들의 **존재이유**에 대해서 믿을 수 없을 만큼의 확신과 느낌을 갖고 있었습니다. 그들에겐 "우린 반드시 이 흐름에 속해 있어야 한다"는 내적 당위성이 있었습니다. 이 지구 위에서 어떤 모습으로 존재할지에 대한 선명한 느낌이 있었고 그것을 포기할 생각이 없었기에 그들은 고문을 당했고 죽음을 받아들였습니다. 자신들의 자리를 알았기에 그들은 자신들을 방어하거나 드러내기 위한 교리를 필요로 하지 않았고 화형조차도 당당히 받아들였습니다. 자신들이 살아가는 그 어두운 시대에 어떤 증거가 필요하다는 본능이 그들 안에 있었습니다. 그것을 말로 표현하기는 쉽지 않지만, 그들 안에는 분명히 그것이 존재하고 있었습니다. 여러분이 주목할 필요가 있는 다른 하나는, 아마도 그들 대부분이 도처에서 **집단적인 학살을 경험**했다는 사실입니다.(그들 전체라고 못 박을 수는 없지만!) "이름 없는" 이 신자들의 역사는 고통과 죽음의 역사입니다. 이 그룹들 중 많은 이들이 이 땅 위에서 제거 당했습니다. 헤아릴 수 없는 많은 생명을 잔인한 방식의 죽음에 내주어야 했던 그룹들이 적지 않았습니다. 그것은 참으로 피로 얼룩진 역사가 아닐 수 없습니다.

그렇다면 이것이 이 모든 그룹들의 숙명이었을까요? 모르겠습니다. 거기에는 예외도 존재하기 때문입니다. 플리머스 형제단 같은 경우는 큰 박해를 겪지 않았습니다. 그들 중 죽음에 이를 만큼 고통당한 사람은 거의 없습니다. 다른 한편, 왈도파, 알비파, 보헤미아 형제단후스파들은 거의 모두가 전멸당했습니다. 스위스 형제단, 보그밀파와 프리스킬리안들 역시 다르지 않습니다.(솔직히, 나는 스위스형제단이 맞이했던 그런 고통에 우리가 직면하리라고 생각지는 않습니다. 워치만니의 지방교회 형제들이 맞이했던 곤란에 직면하리라고도 예상치 않습니다. 생명이 위협받는 그런 상황 속으로 우리가 내몰릴 것 같지는 않습니다. 하지만, 우리 중 몇 명이 그렇게 될지도 모른다는 가능성을 완전히 거두지는 못하겠습니다. 그렇습니다. 우리가 고문과 죽음에 내쳐질 것 같지는 않습니다. 하지만, 분명히 말씀드립니다. 이것은 그저 나의 추측일 뿐입니다.)

어쨌든, 기독교 역사의 세 번째 흐름에 속했던 사람들은 바로 이런 특징을 가지고 있었습니다. 하지만, 그 외에 알려진 사실은 그리 많지 않습니다. 우리가 알 수 있는 것들은 그들이 우리에게 풍기는 어떤 느낌, 분위기뿐입니다. 그들이 우리에게 남긴 것이라곤 거룩한 희생의 향기입니다. 우리는 이 각각의 그룹들에게 빚을 지고 있습니다. 그들이 우리 앞서 존재했기에 오늘 우리가 존재합니다. 그들 때문에 우리가 오늘 여기서 이렇게 모일 수 있는 것입니다.

이들의 이야기는 깃발에 사로잡혔던 이들의 이야기가 아닐 수 없습니다. 그리고 우리는 이 승리의 대열에 설 특권을 달라고 주님께 요청하고 있는 것입니다. 하지만, 그것은 고통을 상속하는 것이란 점도 기억하십시오.

이 사람들에 대해 이제 한 말씀만 더 드리고 싶습니다.

놀랍게도 이 그룹들 각각은 그들보다 앞서 살았던 사람들의 유산을 포착했던 것 같습니다. 이리저리 둘러보십시오. 여러분의 눈에 제일 먼저 들어오는 사람이 누구일까요? 최근의 증인들로는 지방교회 모임 Little Flock이 눈에 띌 것입니다. 하지만, 우리는 그 이전의 유산들을 더 추적할 수 있습니다. 지방교회 모임이 들었던 깃발은 형제단들로부터 왔습니다. 유나이티드 브레드린United Brethren이라 불리는 사람들로부터 전수 받은 깃발에 자신들의 전 삶을 걸었던 모라비안 형제단이 그들 앞에 있었습니다. 유나이티드 브레드린은 후스파Hussites와 왈도파Waldensians에게 그 깃발을 받았습니다. 그들은 또한, 매우 낯선 주후 1000년 이전으로 우리를 데려가 그들이 전수받았던 깃발 그 이전의 것을 우리에게 보여줄 것입니다! 1000년 이전의 자료들을 확보하는 것은 매우 어려운 일입니다. 400~1000년까지는 **거의** 공백상태로 남아있습니다. 하지만, 이들 그룹들을 통해 우리는 중요한 기록을 얻을 수 있습니다. 이 그룹들은 모두 우연히 서로 마주치며 상호 진화를 거듭했습니다.

이 각각의 그룹들은 그들보다 앞서 깃발을 내걸었던 누군가로부터 자신들의 깃발을 이어받았던 것 같습니다. 그리고 오늘 우리 역시 그 유산을 상속받아야 합니다. 하지만, 좁은 의미의 혈통이나 계보를 따지지 마십시오. 우리는 **그들 모두**로부터 흘러오는 유산을 상속받아야 합니다.

　다시 한번 이 사실을 강조하며 이 단원의 말씀을 마치고 싶습니다. 우리가 해야 할 일 중의 하나는 **할 수 있는 한 깊이 교회 역사를 뒤돌아보는 것**입니다. 그리고 기독교 역사의 세 번째 흐름과 이 흐름을 형성했던 사람들을 배워야 합니다. 어느 한 그룹을 파고들어 그 계보를 주장하는 것이 아니라 그들 모두로부터 배우십시오. 그리고 그들이 우리에게 말하는 "모든 것"을 발견하십시오. 이 또한, 우리에게 주어진 미션입니다.

제3장

최근의 증인들

때는 1820년, 장소는 아일랜드의 더블린Dublin입니다. 한 그룹의 신자들이 종종 기도모임을 갖고 있습니다. 이 모임은 곧 가정에서 드리는 예배로 발전합니다.(그 가정모임에 대해 자세히 알려진 바는 없지만, 매우 친밀한 모임이었을 것입니다.) 여기저기서 찾아오는 그리스도인들로 그 가정모임은 더욱 성장하고 자신들만의 자발적이고 독특한 교회생활을 빚어내고 있습니다.(이런 일들은 그리 드문 일이 아닙니다. 실제로 거의 모든 세대에서 일어나는 일들입니다. 그러나 이렇게 시작된 모임이 4~5년 이상 지속되는 경우는 드문 일입니다. 만약 그 모임이 독특한 교회생활을 빚어내며 4년을 넘긴다면 그것은 더욱 드문 일이 아닐 수 없습니다.)여기서 말하는 "교회생활"은 오늘날 우리가 생각하는 그 교회생활을 의미하지 않는다. 성직자 없이 그리스도를 중심에 두고 구성원 모두가 유기적인 몸으로 기능하는 처음교회의 그 교회생활을 말하고 있다. 역주 그런데 어느 날, 존 다비John Darby

라고 불리는 한 영국성공회 목사가 이 모임 안으로 성큼 성큼 걸어 들어 왔습니다. 그리고 1~2년 안에 이 사랑스러운 가정모임의 진로는 비극적으로 변했습니다!

1820년은 예수 그리스도의 교회가 새로운 단계로 접어드는 변곡점이었습니다. 그 해는 소위 "성경공부 시대"로 접어드는 시점이었습니다. 다비는 더블린에서 모이던 이 사람들에게 성경을 가르치기 시작했고 그 모임은 점차 성경공부 모임으로 변했습니다.(성경이 대량 배포될 수 있었던 것은 1700년대 말에 이르러서야 가능했고, 이는 자연스럽게 그 다음 사건을 위한 발판이 되었습니다. 1830년 즈음, 성경공부에 대한 엄청난 관심이 폭발한 것은 어쩌면 자연스러운 일이었습니다.)

다비는 이 사람들의 일거수일투족에 성경말씀을 적용했습니다. 그에 맞물려 1830~1845년은 성경해설의 황금기, 아마도 1세기 이후 가장 엄청난 규모의 성경해설이 쏟아지는 시대가 되었습니다. 다비는 그가 성경에서 발견한 핵심을 사람들 속에 심는데 **탁월**한 재능이 있었습니다. 그는 모든 일에 성경의 말씀을 핵심으로 삼아야 한다고 주장했습니다. 여기서 **그가** 말하는 성경말씀이란 성경말씀 그 자체라기보다는 그가 성경을 이해하는 **그 방식**을 말합니다. 그로 인해 무슨 일이 일어났는지 나는 여기서 여러분에게 말씀드리고 싶지 않습니다. 다만 말씀드릴 수 있는 것은, 자신이 강력하게 주장하던 한 가지 일에 완전히 반하는 일을 하는 이들이 있다는 사실입니다. 다비는 그가 그토록 집중하던 성경 "구절"을 지키기 위해 한 편의 온전한 성경이야기를 깨뜨렸습니다.

이 플리머스 형제단은 단지 '성경공부'만을 그들 모임의 핵심으로 삼은 것이 아닙니다. 그들은 또한, 그리스도의 몸을 이루는 것에 대해 기탄없는 주장을 펼쳤습니다.(하지만, 그들이 "교회생활"을 경험한 적이 없다는 사실을 여기서 말씀드리지 않을 수 없습니다. 그들은 다른 어떤 모임보다도 교회생활과 멀리 떨어져 있었습니다.) 그들은 교회의 단일성을 강조했습니다. 그 결과는? 자신들의 성경해석 '방식'에 대한 과도한 확신 때문에 그들은 분열되기 시작했습니다. 1900년도에 이르기까지 그들은 다른 어떤 기독교 운동보다도 더 많은 분열과 분파를 양산해냈습니다. 그들을 비판하려는 의도가 아닙니다. 역사의 평가입니다.

참으로 달콤 씁쓸한 이야기가 아닐 수 없습니다. 그 형제모임이 처음에 가지고 있었던 그 영광과 이후 그 위에 얼룩진 유혈사태! 이들은 나름, 제도권 종교조직들로부터 벗어나려고 애쓰고 있었습니다. 그리고 성경에서 굉장한 것들을 찾아낸 후, 그것들을 조각조각 분리해 놓았습니다.

잊지 마십시오. 종교자유 시대가 펼쳐진 1700년대 이후, 제도권 종교조직 밖으로 걸어 나왔던 그리스도인들은 종종 제도권 **내부**에 있는 사람들만큼이나 추했습니다.

플리머스 형제단보다 좀 더 최근의 예를 살펴봅시다. 가장 최근에 일어난 예들은 우리에게 정말 많은 것들을 시사해주고 있습니다.

1920년대의 중국으로 넘어가 보겠습니다. 워치만 니는 플리머스 형제단, 특히 테일러 주의자들에게 많은 영향을 받았습니다. 그 사람들과 실제적으로 관계를 맺었던 것은 아니지만 워치만 니는 그들의 성경해석으로부터 많은 것을 배웠습니다. 워치만 니에 의해 전개된 사역은 그들보다 훨씬 더 온건하고 사람의 마음을 끄는 힘이 있었으며 이해하기 쉬웠습니다. 형제단보다 워치만 니의 사역이 훨씬 더 신령했다고 감히 말씀드릴 수 있습니다.(워치만 니는 그리스도에 더 많은 강조를 두었고 그분을 내적으로 경험하는 일에 집중했습니다. 그것은 그가 보여주었던 생생한 믿음에서 잘 드러납니다.) 워치만 니와 그의 지방교회Little Flock운동에 대해 여러분에게 드릴 말씀은 사실 거의 없습니다. 이유가 있습니다. 그들 중 너무 많은 그룹이 아직도 살아있는데 그들에 대해 왈가왈부하는 것은 적절치 못하기 때문입니다. 아직 역사적 평가를 하기 조심스런 부분이 너무 많은 것이 사실입니다. 기독교 역사가 그들에 대한 평가를 할 때까지 우리는 기다려야 합니다. 그럼에도 나는 두 가지 정도를 말씀드릴 수 있습니다. 그들이 등장한 이후 적지 않은 시간이 흘렀습니다. 최근, 이 사람들에 대해 찾아볼 수 있는 가장 큰 특징이 하나 있다면 아직도 많은 이들이 죽의 장막 뒤에서 결코 적지 않은 고통을 겪고 있다는 사실입니다. 지방교회 운동은 실제로 거의 전멸 당했습니다. 그들은 그들 시대의 훌륭한 증인으로 서 있었습니다. 기독교 역사의 세 번째 흐름에 걸맞는 사람들로 말입니다. 최근 그들에게서 찾아볼 수 있는 두 번째 특징은 사역자들 사이의 지속적인 분쟁입니다.

이 역시도 달콤 쌉쌀한 이야기입니다.

여러분에게 플리머스 형제단과 지방교회 운동에 대한 두 걱정스러운 사례를 말씀드렸습니다. 가장 최근에 휘날렸던 두 깃발-형제단과 지방교회-은 우리 앞에 놓여있는 엄청난 위험들을 암시하고 있습니다. 우리의 여정이 결코 안전이 보장된 여행이 아님을 그들이 말해주고 있습니다. 어디에나 비극적인 위험이 도사리고 있습니다. 여러분의 이해를 돕기 위해 지난 150년간 기독교 역사 안에 존재해왔던 제3의 흐름을 아주 간략히 추적해보았습니다. 그 깃발들이 나부끼는 위치를 우리는 알고 있습니다. 높은 지점이지만 충분히 높은 곳은 아닙니다. 명백히 우리가 해야 할 일이 하나 있습니다. 우리는 우리보다 앞서 이 산에 올랐던 사람들로부터 배워야 합니다. **그런 다음에야** 우리에게 부여된 고통을 맞이할 수 있습니다. 무슨 고통을 어떻게? 아주 새로운 방식으로 우리의 고통을 맞이합시다. 다른 사람들이 애썼지만, 충분히 잘해내지 못한 어떤 일이 있습니다. 우리에게 절실한 것이 하나 있습니다. 전혀 **새로운 종種의 사람들**, 특히 새로운 사역자들입니다. 분열을 일삼지 않을, 분파를 조장하지 않을, 다른 사람들을 공격하지 않을, 그리스도의 몸에 분열을 강제하지 않을, 어떤 명분으로도 그리스도의 몸이 분리되는 것을 허락지 않을 사역자!

다른 어떤 것보다도 바로 **이것**이 지나간 시대의 증인들에 상응하는 우리의 미션입니다. 과거를 잊지 말아야 합니다. 우리에겐 너무 많은 분열이 있었습니다.

하지만, 이제 눈을 들어 **우리**가 곧 맞이할 미래를 직시합시다. 우리가 맞이할 그 시간들 속에 놓인 말할 수 없는 영광, 기쁨, 그리고 경이로움을 바라봅시다. 그 경이로움이란 우리 가운데 일하실 하나님의 모습을 실제로 목격하는 것을 의미합니다.

하지만, 우리 앞에 놓인 시련들, 여러분이 기꺼이 맞이하게 될 그 고난의 여정들 역시 바라봅시다. 여러분은 청년들입니다. 아마도 이런 유의 깊은 상처를 경험했던 사람은 거의 없을 것입니다. 고통, 희생, 아픔(매우 깊은 상처를 남기는!)이 거기서 여러분을 기다리고 있습니다.

여러분도 아시다시피 '희생'과 같은 단어들은 낭만적입니다. 수많은 그리스도인들이 '주님을 위해 고난'을 감수하겠다고 이야기합니다. 실제로 주님을 사랑하는 대부분의 그리스도인들은 그런 순간이 오기를 기다리고 있습니다. 낭만적으로 생각하면서 말입니다.

피로 얼룩진 페이지들

바로 이것이 제가 여러분에 대해 책임을 느끼는 부분입니다. **고통**이라는 단어를 떠올릴 때 그것이 실제로 무엇을 의미하는지 여러분이 제대로 이해하고 있다는 확신이 서지 않습니다. 물론 그 말을 들으면서 여러분 안에 떠오르는 무언가가 있겠지만 하나님께서는 여러분이 떠올리는 그것과 다른 어떤 고통을 준비하고 계실 것만 같습니다. 그 중 어떤 것들은 여러분이 상상도 하지 못한 영역의 고통도 있습니다. 여러분 자신이 감당할 고통이라고 여겨본 적이 없는 영역입니다. 다시 한번 기독교 역사의 페이지를 마주하게 됩니다. 사람들이 한사코 감내하지 **않으려는** 그 고통이 무엇일까요? 누구도 짊어지려 하지 않는 십자가. 기꺼이 그 고통을 감내하겠다고 자원할 사람이 아예 끊긴 영역. 만약 여러분이 그곳을 들여다본다면 "아! 우리가 이 짐을 어떻게 짊어질지 배워야할 영역이구나"라고 생각할 수밖에 없는 영역이 있습니다. 그리고 바로 거기에 우리의 미션이 있습니다.

우리의 **미래**가 다른 사람들의 **과거**와 같아서야 되겠습니까?

예수 그리스도를 위해 죽음까지도 감내하겠노라고, 즉 기꺼이 희생하겠노라고 길을 나섰던 성도들이 기독교 역사 가운데 얼마나 많았는지를 발견하며 나는 깜짝 놀랄 때가 있습니다. 그러나 주님을 위해 죽음을 감수하고 길을 나섰던 형제자매들이 정작 자기 감정 상하는 일만큼은 감수할 수 없었던 역사를 보면서 나는 정말 많이 놀라게 됩니다. 그들이 참지 못했던, 아니 참으려고 하지 않았던 그 일들은 사실 사소한 것들이었습니다. 하지만, 바로 그 대단하지도 않은 일들이 마치 기독교 역사의 모든 교리논쟁을 합쳐놓은 것보다도 더 중요한 영향을 미쳐왔음을 교회 역사가 증명하고 있습니다. 그것은 곧, "날 이렇게 무시하다니." "날 이용하다니"와 같은 사소한 감정 문제들이었습니다. 무엇보다 우리 그리스도인들은 옳은 것을 지켜야 한다는 사실, '정의'를 위해 일어나야 한다는 사실에 지나치게 집착하고, 매여 있으며, 또 헌신적입니다. 기록된 역사를 들여다보십시오. 그리스도인들은 언제든 옳은 신조 principles를 위해 남 앞에서 목소리를 높일 준비가 되어 있습니다. 의심할 여지도 없고 포기할 수 없는 권리입니다. "유혈이 낭자하고 모든게 파괴될 수 밖에 없어도 할 수 없다. 우리는 불의에 맞설 것이다. 우리는 정의를 사수할 것이다." 이것이 바로 그들의 태도였습니다.

우리의 미래가 이 과거의 전철을 밟아야 하겠습니까?

과거로 돌아가 한번 더 기독교 역사와 관련된 문서들을 열어보십시오. 먼저, 거기에 기록된 가장 민망한 페이지들을 읽어보십시오. 그리스도인들이 서로에게 저질렀던 경악할만한 사건들. 두 번째, 가장 붉게 핏빛으로 물든 페이지를 찾아 읽어보십시오. 세 번째, 사람들이 가장 고무된 페이지, 올바른 신조를 사수하기 위해 분연히 일어섰던 페이지, 바른 길을 고집하기 위해 분투했던 페이지를 찾아 읽어보십시오. 그들이 생각할 때 가장 완전하고 정의로운 교훈으로 알고 배웠던, 그리고 그것을 지켜내려고 결기했던 바로 그 페이지를 읽어보십시오.

잘 관찰해 보십시오. 그리스도인들이 서로서로를 적으로 규정하고 전쟁을 벌였던 페이지 … 주님의 사람들이 가장 많은 피를 흘린 페이지 … **그리고** 용기 있는 사람들이 완전한 교리를 위해 분연히 일어섰던 페이지. **이 모든 일들이 같은 페이지에 기록되어 있습니다!** 그것을 다시 한번 읽어보십시오. 그 모두가 거기 한데 엉켜 있습니다. 사람들이 정의라고 여기는 그것을 사수하기 위해, 그리고 그 반대로 여겨지는 것들을 바로잡기 위해 분연히 일어났을 때, 그들이 손해를 보았다고 느꼈을 때, 누군가 그들을 잘못 대했을 때, 동료 그리스도인들이 실수를 범했을 때 … 그때 그들이 다른 사람에게 저질렀던 그 일들과, 가장 붉은 피로 얼룩진 교회 역사의 페이지들이 모두 다 **같은** 페이지에 기록되어 있습니다.

가장 위대한 교리논쟁들도 찾아 읽어보십시오. 그 논쟁의 중심에 섰던 사람이 다른 사람에게 퍼부었던 비난과 혐의들도 읽어보십시오. 그 원한과 적대감을 보십시오. 그 다음, 그 비난과 혐의를 받았던 사람이 자신을 공격한 그 상대에게 어떻게 대응했는지 보십시오. 그들이 서로를 공격하며 뭐라고 말했는지, 또 그 공격을 방어하기 위해 뭐라고 말했는지를 정확히 읽어보십시오. 그들이 창조해낸 그 메시지들을 보십시오. 그 사나운 비난들과 그 비난들이 담긴 문서들의 분량을 보십시오. 민망하고 사나운 악순환들과 최악의 사태를 다룬 이야기들이 **매 세대마다** 발견된다는 사실을 주목하십시오. 불행한 것은 그 일들이 지금 **이 시간**에도 각 그룹들이 전개하는 모든 운동 안에서 여전히 전개되고 있다는 사실입니다.

우리는 주님의 사역을 위해 일어섰던 이들의 뒤를 따르도록 부름받은 사람들입니다. 하지만, 그와 동시에 그 참혹한 학살의 흐름 한복판에 우리가 서 있다는 사실도 말씀드려야 할 것 같습니다. 그 두 가지를 동시에 거론하는 것이 나로서는 매우 힘든 일이 아닐 수 없습니다. 이 산의 정상에 오르기로 결심하고 이 퍼레이드에 참여하면 우리는 피로 얼룩지고 논란으로 점철된 길을 동시에 걷게 될지도 모릅니다. 여러분들이 이 길을 걸을 때, 각 시대의 그리스도인들이 어떻게 서로를 잔혹하게 제거했는지를 꼭 살피십시오.

한번 더 그 산기슭에 서서 위를 올려다보십시오. 저 높은 곳에 영광스럽게 펄럭이는 깃발을 보십시오. 꽤 높은 곳에서 펄럭이고 있지만, 그곳은 여전히 정상이 **아닙니다**. 그 깃발을 올려다볼 때마다 우리의 부르심이 무엇인지를 주목하십시오.(만약 그 부르심이 우리에게 해당된 것이 아니라면 분명 그 부르심에 합당한 다른 사람들이 존재할 것입니다.) 어디선가, 언젠가, 어떻게든 하나님께선 그분의 종들을 확보하실 것입니다. … 예민하지 않은 … 까다롭지 않은 … 동료들을 고소하지 않는 … 고소를 당하더라도 이에 보복하지 않는 … 자신들의 신앙을 방어할 마음이 **없는** … 신조를 고집할 생각이 없는 … 무슨 대가를 치르더라도 유혈사태에 연루되기를 거부하는 사람들! 그분은 어떡해서든 그런 백성들을 확보하고야 말 것입니다. 우리가 아니라면 **다른 누구라도!**

하나님께서는 과거와는 다른 길을 걸어갈 누군가를 기다리고 계십니다. 제가 무슨 말씀을 드리고 있는 것일까요? 우리 앞서 이 산에 올랐던 사람들을 따라 오르되 다른 사람을 공격하지 않을 사람들, 공격을 받고서도 그것에 **반격하지 않을** 사람들, 반격하지 않으므로 견뎌내야 할 긴 고난의 시간을 묵묵히 견뎌 나갈 사람들을 하나님이 찾고 계시다는 말씀입니다.

이것이 여러분을 향한 주님의 부르심입니다. 그리고 그분은 절대로 이 기준에 있어 타협하지 않을 것을 여러분이 알고 계셔야 할 것입니다. 그분은 그분의 기준을 하향 조정하지 않을 것입니다. 언젠가 그분은 그에 합당한 그분의 백성을 확보하시고야 말 것입니다. 어디서든 또 어떤 방법으로든! 그분은 바로 거기, 그 마지막 깃발이 나부끼는 거기에서 한 무리의 백성들을 기다리고 계십니다. 이 민망한 시대를 넘어 새로운 정상으로 그 깃발을 옮길 사람들이 그곳에 도달할 때까지! 만약 그곳에 오르는 사람이 없다면? 그래도 그분은 기다리실 것입니다! 어디에서? 바로 그곳에서! 그분은 **그분의** 방식을 어떤 다른 것으로도 대체하지 않으실 것입니다. 하나님은 **우리의** 방식을 따르지 않습니다.

우리 안의 졸장부

그렇다면 우리에게 어떤 희망이라도 있을까요? 과거의 기록들은 한결같이 실패의 흔적을 담고 있으니 말입니다. 과연 우리에게 희망은 존재할가요? 솔직히 말씀드리면 우리 안에는 어떤 희망도 없습니다. 우리는 실패할 수밖에 없습니다. 왜냐고요? 우리 안에 실패의 씨앗이 있기 때문입니다. 그 씨앗은 자연적이고 내재적인 유전자입니다. 우리 존재 자체에 아로새겨진 피할 수 없는 우리의 일부입니다. 공격받으면 방어하는 본성, 찌르면 반격하는 본성입니다. "형제여, 그대가 나를 중상모략한다면 나도 당신을 욕보이겠다!" 이것이 바로 예민하고, 쉽게 기분이 상하고, 원한을 품는 우리 내면의 본성입니다.

얼마나 많은 그리스도인 사역자들이 용기있게 자신을 방어하고 상대를 무찔렀던 경험에 자부심을 갖고 있는지! 또 얼마나 많은 사역자가 자신이 옳다 여기는 신념을 사수한 것에 떳떳해 하는지! 그것이 하나님께서 취하시는 고귀한 방식이 아닐 수도 있다는 가정을 내가 속한 종족 사역자들은 아예 염두에 두지 않는 것 같습니다. 대체 왜 그럴까요? 그러한 일련의 조치들이 우리 본성 속에 내재된 방식이기 때문입니다. 그리고 사실 과연 누가 이 용기를 비난할 수 있을까요?

나는 여러분 속에 깃들어 사는 이 "졸장부"에 대해 좀 더 말씀드리고 싶습니다. 여러분 깊은 곳에 집을 지은 그는 매우 흥미로운 녀석입니다. 남녀 가리지 않고 여러분 모두의 안에 그 녀석이 숨어 살고 있습니다. 그 녀석은 자신의 원칙과 권리를 앞가슴에 부착하고 다닙니다. 그 녀석을 더 가까이 관찰해보십시오. 모든 일에 그 녀석만의 분명한 의견을 가지고 있음을 발견할 수 있을 것입니다. 신념이요? 그 녀석이야말로

"**변치 않는 신념**의 사람"입니다. 그리고 자신의 그 숭고한 신념들 중 어떤 것도 타협의 대상으로 내놓지 않을 것입니다. 그가 자신의 신조 하나하나를 똑 부러지게 읊조리는 것을 들어보십시오. 또 책상을 탕탕 두드리며 "**이것들**은 그 누구와도 **결코** 타협할 수 없는 것들"이라고 말하는 모습을 보십시오. 무엇보다 그에겐 그 신념에 맞서는 어떤 것이든(그리고 모든 것을) 무자비하게 공격할 준비가 되어 있습니다.

여러분 안에 바로 그 녀석이 살고 있습니다! 그리고 그 녀석은 절대불변의 신조들을 가지고 있습니다. 그런데 이것이 바로 문제를 유발합니다! 왜 그럴까요? 불행하게도 우리 모두는 서로 다른 '신념 목록'을 가지고 있기 때문입니다. 안타깝게도 그 목록들이 서로 겹치거나 조화를 이루는 경우는 없습니다. 심지어 이 절대불변의 신념들이 서로 완전히 모순될 수도 있습니다! 그럼에도 우리 안에 빌붙어 사는 이 각각의 졸장부들은 다른 사람 안에 깃들어 사는 그 졸장부 녀석들과 타협하려 들지 않습니다. 이제 문제가 뭔지 보이실 것입니다. 미래가 어떨지 상상도 되실 것입니다. 여러분이 완전히 성장했을 때, 즉 여러분이 40~50살쯤 되었을 때, 여러분 각자는 이 절대불변의 신념을 품고 있을 것입니다. 그리고 여러분 각 사람 안에 무르익은 이 신념은 다른 사람의 신념과는 전혀 어울리지 않을 것입니다. 파멸은 거기에서부터 시작됩니다. 역사의 각 페이지를 피로 물들인 그 파멸 말입니다!

이 졸장부 녀석에 대해 조금 더 말씀드리고 싶습니다. 그 녀석을 반드시 처리해야 합니다. 그 녀석은 무려 세 영역에 통달해 있습니다. 첫째, 그는 일상의 교회생활에서 여러분이 무엇을 해야 할지 정확하게 일러줄 수 있습니다. 왜냐하면, 모든 문제에 대한 모든 해결책을 가지고 있기 때문입니다. 이를테면 부도덕한 사람을 어떻게 대할지, 게으른 사람에게 어떤 조치를 취할지, 직업이 없는 사람들과 술주정뱅이, 약물 중독자들을 어떻게 조치할지, 심지어 그 녀석은 사팔뜨기나 왼손잡이들을 어떻게 해야할지도 말해줄 수 있습니다. 그는 또한, 교회가 위기에 처했을 때 재빨리 그 문제를 처리할 방법도 가지고 있습니다. 그 녀석은 어떤 문제라도 풀 수 있습니다. 여러분의 인생이나 제 인생이나 … 교회 생활에 관한 것이나 사역자들의 삶에 관한 것이나 … 언제 어디에서 누구에 의해 무슨 일이 일어나든, 어떤 상황에서든 … 그 녀석은 무엇을 해야 할지에 대한 목록을 가지고 있고 그것을 **정확히** 알고 있습니다.

무엇보다 그 녀석은 성경구절을 인용해 자기 말이 맞다는 사실을 증명해낼 수 있습니다.

사실 그 모습_{성경인용}이야말로 그 녀석이 통달한 두 번째 영역입니다. 그는 성경의 대가입니다. 그는 성경을 읽습니다. 그리고 자신의 확고한 신조에 반하는 사람에게 적절히 인용할 모든 성경구절을 확보해 놓습니다. 여러분이 무엇을 이단으로 규정할지에 대해서도 정확히 말해줄 수 있습니다.(여기서 잠깐 그의 정의를 옮겨보면 이렇습니다. "이단이란 나의 신조에 일치되지 않는 사람이다.") 그 녀석은 성경이 말하는 관용의 정확한 한계, 즉 여러분이 관용을 멈추고 다른 그리스도인을 혼내주어야 할 때를 또박또박 말해줄 수 있습니다. 다른 그리스도인을 권징勸懲하는 7가지 원칙도 여러분에게 말해줄 수 있습니다. 모임 안에서 어떻게 다른 신자들을 **바로잡을 수 있는지**(물론 사랑 안에서!)도 가르쳐줄 수 있습니다. 워크샵도 개최할 수 있습니다. "다른 성도들을 권징勸懲할 때 거쳐야 하는 10가지 과정"도 읊조릴 수 있습니다. 모임에서 이단자들을 추방할 때는 어떤 순서로 예배를 드릴지도 알고 있습니다. 잘못된 가르침을 판단할 다섯 가지 기준도 말해줄 수 있습니다. 사실, 그 녀석은 잘못된 가르침에 관한 편집증이 있습니다. 그를 내버려 둔다면 교회 안의 모든 사람을 편집증 환자로 만들어버릴 것입니다. 여러분은 그에게서 "거짓 교훈의 위험성"이란 강의를 듣게 될지도 모릅니다. 그의 강연은 일목요연해서 그를 제외한 다른 모든 가르침을 위험한 대상으로 삼을 것입니다! 그 강연장을 나온 이후 여러분은 다른 모든 강연의 잘못된 부분을 찾아낼 수 있을 것입니다. 누군가 말할 때마다, 특히 그가 호감이 가지 않는 사람이라면 더욱더 **거짓교사**로 보일 것입니다.

그 녀석이 수도 없이 경고한 거짓교사가 사나운 이를 드러내며 양떼들을 훔치러 오지 않을까 두려워 침대 밑으로 숨고 싶을지도 모릅니다.

이 졸장부 녀석은 거짓교훈뿐 아니라 건전한 교리가 무엇인지도 잘 알고 있습니다. 그는 성경에 해박합니다. 성경이 금지하는 **모든 것**을 빠짐없이 그대로 순종할 것을 요구합니다.

그러나 그가 정말로 유능한 영역은 따로 있습니다. 자신의 말에 동의하지 않는 사람들, 특히 **그의** 성경해석을 따르지 않는 사람들이 있을 때 그를 어떻게 처리할지에 대해 그는 해박한 지식을 가지고 있습니다. 무엇보다, 만약 사람들이 그의 신조에 동의하지 않는 부분이 그가 가장 아끼는 교리pet doctrine와 관련되어 있을 때, 그 녀석의 영민함은 두 배로 상승합니다.(그렇습니다. 모든 사람은 최소한 한 개 이상의 아끼는 교리를 가지고 있습니다.) 그 녀석이 정말로 심각해질 때가 있습니다. 그것은 그 녀석이 하나님으로부터 받은 "비전"에 사람들이 동의하지 않을 경우입니다.

나는 여러분이 지금 말씀드린 이 사실들을 정확히 알았으면 좋겠습니다. 돌아가 기독교 역사를 다시 한번 읽어보십시오. 동시에 여러분의 마음을 유심히 들여다보십시오. 그다음 다양한 그리스도인 사역자들과 대화를 나눠보십시오.

그들이 말하는 것을 잘 들어보십시오. **모든** 사람이 더 이상 참지 못하고 폭발하는 지점이 있습니다. 사역자들마다, "이 지점을 건드리면 나는 당신과 싸울 수밖에 없다"고 예민해지는 부분, 곧 관용의 한계점이 있습니다.

무엇보다, 주님께 비전을 받았다고 말하는 사람을 경계하십시오. 그는 아무렇지 않게 여러분을 십자가에 못 박을 수 있는 사람입니다. 만약 여러분이 그의 비전과 어긋날 경우 말입니다. 자! 이제는 다른 사람에 대해선 모두 잊으십시오. 그리고 여러분의 심령 가운데 있는 그 문제의 졸장부 녀석을 주목해보십시오. 그는 이렇게 말하고 있습니다. "오늘, 주님께서 내게 말씀하셨다. **그분**의 마음속에 있는 무언가를 내게 보여주신 것 같다. 내게 말씀하신 분이 **하나님**이고 그 말씀을 받은 사람이 나이기 때문에 하나님께서 내게 말씀해주신 그 일은 세상에서 **가장** 중요한 일이고 나는 이 시대의 핵심 인물임이 틀림없다." "조심해라. 나는 하나님으로부터 비전을 받은 사람이다. 이에 동의하지 않는다는 것은 있을 수 없는 일이다!" 다른 부분보다도 '비전'과 관련된 영역에서 여러분은 위험에 빠질 수 있습니다. 기독교 역사 가운데 사람들이 다른 신자들을 죽일 수 있었던 이유는 "하나님이 내게 말씀하셨기 때문"이었고, "사람들이 그 하나님의 비전을 따르지 않았기 때문"이었습니다! 실제로 그리스도인들이 다른 그리스도인들을 태워죽이기 위해 횃불을 들고, 칼을 휘두르고, 그들을 지하 감옥에 던졌던 것도 바로 이런 경우에 서였습니다.

졸장부 녀석은 그 어떤 상황에서도 무얼해야 하는지 명확히 알고 있습니다. 그는 모든 문제를 성경말씀으로 풀어나가고자 합니다. 이것에 동의하지 않는 것은 도저히 용납할 수 없습니다.

여러분이 경계해야 할 것이 하나 더 있습니다. 이 모든 일을 행하는 와중에 그는 언제나 **매우** 기품 있게, 그리고 **매우** 영적인 목소리로 말할 것입니다.

그런데, 모든 것에 통달한 녀석이지만 그 녀석도 할 수 없는 일이 하나 있습니다! 그가 지금까지 살아온 흔적을 보십시오. 그는 성경말씀에 매우 신실한 삶을 살아왔습니다. 그것엔 의심의 여지가 없습니다. 그는 뼛속 깊이 성경적인 사람이고 그 영역에 충실한 삶을 살아왔습니다. 하지만, **고통과 관련된 영역에 이르면** 어떨까요? 과거 장시간의 토론에서 그가 보여주었던 기품 있는 토론과 고통에 처했을 때의 모습을 비교해 보십시오. 그는 고통을 **가한적**은 있지만, 고통을 **짊어졌던 적**은 없는 녀석입니다. 과거에 그가 들려주었던 성경에 대한 견해, 강력한 신념, 강철 같은 용기를 한꺼풀 벗겨보십시오. 이 녀석의 **오래 참아내는 능력**은 어떻습니까? 자신의 본성을 부인하는 능력은? 다른 사람들의 실수를 눈감아 주는 능력은? 다른 사람들의 연약함을 참아내는 능력은? 다른 사람을 바로잡거나 그것을 큰 소리로 말하기 전, 그가 몇 달 혹은 몇 년이나 기다릴 수 있는지를 보십시오. 침묵을 지켜야 할 일에 있어선 어떻습니까? 인내와 포용력은? 위기의 한복판에서 가만히 앉아 있을 수 있는 능력은? **아무것도 하지 않고** 기다리는 능력은? 그의 사역이 산산이 조각나는 것을 지켜볼 수 있는 담력은? 그가 거룩히 여기는 원칙들이 위기에 처할 때 침묵을 유지할 능력은? 그에게 고요함과 침묵이란 것이 있는지, 평생의 수고가 목전에서 무너져 내릴 때 그것을 지켜볼 힘이 있는지를 보십시오.

다시 한번 여러분에게 묻습니다. 이 졸장부 녀석이 십자가를 짊어질 상황에서 어떤 반응을 보입니까? 지금까지 이 녀석이 보여준 모습은 졸렬하기 그지없습니다. 졸렬한 정도가 아닙니다. 아예 그 부분에선 빵점입니다. 그 녀석을 잘못 판단하지 마십시오. 그는 위험한 존재입니다. 그는 십자가를 짊어지지 않습니다. 그는 단지 성경을 인용할 뿐입니다. 그는 그저 잘못을 지적할 뿐입니다. 그는 자신을 변호하기 바쁩니다. 그는 기독교 역사가 시작된 이래 1900년 넘도록 내내 하나님의 사역을 깨뜨려왔습니다. 그 녀석은 예수 그리스도의 이름을 부끄럽게 만들어왔습니다. 실제로 이 졸장부 녀석은 주님 예수 그리스도를 십자가에 못 박았던 유대인들과 로마인들의 심령 가운데 깃들어 살던 바로 그 장본인입니다. 그분이 심문당하는 현장에도 그녀석이 있었습니다. 그는 기독교 역사의 모든 갈등에 개입했던 놈입니다. 그리고 "결코" 잊지 말아야 할 사실이 있습니다. 그는 **지금** 여러분 안에 깃들어 살고 있습니다.

우리의 미래에 무슨 일이 펼쳐질까요? 과거와 같은 흑역사가 또 다시 전개될까요? **그렇습니다.** 우리 내면의 이 졸장부 녀석을 부인하지 않는 한 불행한 역사는 반복될 것입니다. 그리고 우리 앞에 놓인 마지막 깃발은 조금도 앞으로 나아가지 못할 것입니다.

이것은 우리를 세 번째 핵심으로 안내합니다. 만약 우리가 현재의 위치에서 더 나아가길 원한다면, 그리고 우리가 깃발을 좀 더 위쪽에 꽂으려 한다면 이 졸장부 녀석을 반드시 처리해야 합니다.

여러분 대부분은 젊은이들입니다. 깊은 곤경, 즉 교회가 맞이한 심각한 위기에 처해본 적이 없을 것입니다. 여러분은 우리 사역자들이 얼마나 비열한지를 아직 모르고 있습니다. 우리 심령의 타락이 어느 정도인지 여러분은 상상할 수도 없을 것입니다. 여러분은 깊은 난관에 부닥쳐본 적이 없습니다. 견딜 수 없는 압박상황에 처해본 적도 없었을 것입니다. 점점 고조되던 위기가 마침내 여러분 자신과 교회 안의 모든 것을 집어삼키는 상황을 목격한 적도 없습니다. 긴장감으로 꽉 들어찬 방에 걸어 들어가 마지막 상황과 직면해야 했던 적이 없을 것입니다.

그 거대한 화염이 여러분의 미래에 기다리고 있습니다. 그것은 분명합니다. 그 상황이 올 것이란 사실에 확신을 가져도 좋습니다. 그 상황이 여러분을 기다리고 있습니다. 그 험악한 상황 한복판에 여러분의 이름이 오르내릴 것입니다. 그리고 불행하게도 여러분은 그에 반응할 것입니다. 여러분의 반응은 다가오는 계절만큼이나 예측이 가능합니다. 그것은 전혀 **새로울 것이 없는** 반응입니다. 사실 여러분이 보일 반응은 이 땅에 죄가 존재한 기간만큼이나 오래된 것입니다. 어떻게 하시겠습니까? 여러분은 일어나 여러분의 신념, 즉 "하나님의 명확한 말씀"에 의해 세워진 정의로운 신념을 지켜낼 수 있습니다.

그것은 활짝 열려있는 함정입니다. 여러분이 얼마나 오래 살지, 그리고 무슨 일로 그런 상황에 놓이게 될지 알 수 없지만, … 그날은 반드시 여러분을 찾아옵니다. 논란의 여지가 조금도 없이 그날은 여러분 앞에 닥치고야 말 것입니다. 분명한 것은 여러분이 **옳고** 다른 동료들이 **틀리다**는 사실입니다! 그리고 여러분은 무언가 조치를 **취할 수밖에** 없을 것입니다. 아무런 조치를 취하지 않으면 여러분이 소중히 여기는 모든 것들이 산산이 조각날 것입니다. 상황이 너무 엄중해서 큰 목소리로 확고한 조치를 취하지 않으면 모든 것이 날아갈 지경에 이를 것입니다. 다시 한번 말씀드립니다. 그때 여러분이 확보한 성경구절이 옳을 것입니다. 여러분의 행동이 상대보다 더 이성적일 것입니다. 게다가 당장 어떤 조치를 취하지 않는다면 여러분이 애써 구축한 하나님의 나라가 돌이킬 수 없는 손실을 겪게 될 지경에 놓일 것입니다. 하나님의 사역은 궤도를 이탈할 것이고 수많은 이들의 삶에 심각한 영향을 미칠 것입니다. 사역의 미래와 방향이, 아니 어쩌면 하나님나라의 운명까지도 위태로울지 모릅니다. 상태가 너무 심각하고 거기에 걸린 신념들이 너무 중대하여 기독교 역사상의 누구도 여러분이 맞이한 그 상황에 놓인 적이 없을 거라는 생각마저 들 것입니다! 여러분이 나서서 어떤 조치를 취하지 않으면 안 될 상황입니다. '바로 이 지점'에서 제가 여러분에게 부탁드릴 말씀이 있습니다. 여러분이 어떤 조치를 실제 행동으로 옮기기 전에 잠시만 돌아서서 한번 더 기독교 역사를 응시해 주십시오! 각 시대마다 (그리고 모든 사건마다) 여러분이 처한 상황과 동일한 순간에 '명백한 성경말씀'을 지키려던 바로 그 사람들에 의해 자행된 참혹한 참사가 있었습니다. 여러분에게 애원하고 싶습니다. 잠시만 시간 내어 그들이 저질렀던 그 일들을 주목하십시오. 사람들이 악당을 몰아내거나 정죄했을 때 무슨 일이 일어났는지를 보십시오. 물론 사람들이 그런 조치를 취했던 이유는 그것이 옳고 논리적이고, 상황에 맞고, 이성적이며, 무엇보다도 … 성경적이었기 때문입니다. 그렇습니다. 실로 그게 전부였습니다. 하지만, 이것을 기억해보십시오. 여러분이 그 순간에 자행하려는 그 일은 이 우주 가운데 그리스도의 몸에 가할 수 있는 가장 파괴적인 일이 될 수도 있다는 사실 말입니다.

한번 더 역사를 훑어보십시오. 칼로 성도의 배를 갈랐던 일들이 바로 로마가톨릭에서, 개신교에서, 심지어 최근 수백 년 동안 기독교 역사의 세 번째 흐름에 속한 사람들 안에서조차 서로서로에게 해왔던 일들입니다. 분명 그들은 그렇게 할 근거를 갖고 있었습니다. 그 페이지들을 읽으면서 여러분은, 당시 그들이 그 방법 외엔 다른 방법이 존재하지 않는다고 믿었음을 알게 될 것입니다. 이것이 여러분이 정말 하고 싶은 그 일입니까?

그렇게 결정하지 마십시오! 왜냐하면, 더 나은 방법이 **존재**하기 때문입니다. 그보다 더 고귀한 방법 말입니다. 무엇일까요?

여러분이 고통당하는 쪽을 선택할 수 있습니다. 침묵 가운데 몸부림치는 방법이 있습니다. 침묵 가운데 여러분의 고통을 두 배로 늘리는 방법이 있습니다. 지는 방법이 있습니다. 내어주는 방법이 있습니다. 희생하는 방법이 있습니다. 이용당하는 방법이 있습니다. 다른 사람이 여러분의 사역을 조각내는 동안 그 옆에 서서 대기하며 아무것도 안 하는 방법이 있습니다. 여러분이 실제로 할 수 있는 일이 바로 그것입니다. 사람들이 여러분의 "지상사역"을 파괴하는 동안 아무런 조치도 취하지 말고 멀찌감치 물러서 있는 것입니다. 그렇습니다. 여러분은 바로 그렇게 **할 수 있습니다!** 그런 말도 안 되는 일을 생각해본 적이 있습니까?

나는 교회 역사를 증인으로 요청합니다. 그것을 견뎌낸 사람이 있었습니까? 공격을 받은 후 응전하지 않은 사람이 있었습니까? 그 참혹한 현장 한가운데 그저 가만히 앉아 있었던 그룹이나 개인이 있었습니까? 훌륭한 성경적 근거로 무장했을지라도 아무것도 하지 않고 그 상황을 견뎠던 사람이 있었습니까?

절대절명의 위기에 처한 하나님나라를 두고 십자가에 오르기로 선택한 사람, 하나님의 왕국이 무너지도록 내버려두는 사람, 그런 사람은 지금까지 '극히' 드물었습니다.

여러분은 그런 사람을 알고 있습니까? 최후의 시간 … 하나님나라 그 자체가 위기에 처한 순간, **무슨 조치든 취하지 않으면 안 될** 그 시간에 아무것도 하지 않았던 사람을 말입니다.

나는 그를 알고 있습니다! 역사상 누구도 좀처럼 선택하지 않았던 그 드문 길을 그는 걸어갔습니다. 이 세상의 것과는 전혀 다른 기준에 그의 삶을 기꺼이 내어주면서 그 사람은 하나님의 영원한 은혜 가운데 들어갔습니다. 오늘날 우리가 잊어버린 지 오래된 그 기준을 세운 **사**

람입니다. 그리고 바로 그 기준이 오늘 우리 가운데 꼭 회복되어야 합니다.

깃발을 움켜잡으십시오. 그 깃발을 지난 1600년 동안 교회 역사가 이르지 못했던 그 높은 곳으로 옮겨놓으십시오!

그러나 우리가 그렇게 하고자 결심한다면 우리는 틀림없이 패배를 준비해야 할 것입니다. 매일매일 질 준비, 이용당할 준비, 짓밟힐 준비가 되어 있어야 하고 우리의 사역이 파괴당하는 것을 지켜볼 만반의 준비가 되어 있어야 합니다. 여러분의 사역이 한 번이 아니라 거듭해서 잘려나가는 것을 침묵 속에서 지켜보아야 합니다! 그것이 만약 우리에게 주어진 최후의 몫이라면 우리는 그렇게 해야 합니다. 바로 그때, 우리가 살다가는 시대의 증인으로서의 우리 사명은 완수되는 것입니다.

우리가 그렇게 할 수 있을까요? 아마도 쉽지 않을 것입니다. 기억하십시오. 이것은 우리가 결코 도전한 적이 없는 정상입니다. 우리는 성경적 정의正義를 주장하는 사람들, 고대로부터 논쟁의 한복판에서 자신의 정체성을 찾았던 그 사람들의 십자가와는 비교할 수도 없는 참혹한 십자가를 짊어지게 될 것입니다. 하나님께서는 신령한 방식으로 살아갈 사람을 찾고 계십니다. 하나님나라의 사역이 위기에 처한 그 순간마저도 묵묵히 십자가로 발걸음을 옮기는 사람, 모든 사역이 산산이 조각나도록 내어줄 사람! 이것은 이 세상에 속한 선택이 아닙니다. 하늘에 뿌리를 둔 새 사람이 내리는 선택입니다. 그러한 거룩한 선택이 한번 더 이 지구 위에서 성취되는 것을 보는 것, 그것이 우리에게 주어진 미션입니다.

제4장

해결책

그리스도. 우리가 원하는 모든 것.

그리스도. 우리에게 필요한 모든 것.

나는 이제 여러분에게 위기 가운데서 살아남는다는 것이 무엇을 말하는지, 아니 그보다는 **어떻게** 위기 가운데서 살아남을 수 있을지에 대해 말씀드리고 싶습니다.

위기는 필연적이다

위기의 그날은 옵니다. 예수 그리스도의 교회는 불 시험을 겪게 되어 있습니다. 여러분은 불 시험이 찾아오는 그날, 그 자리에 있을 것입니다. 그날은 여러분의 생각보다 훨씬 빨리 올 수도 있습니다. 어둠의 날에 여러분이 무엇을 할 수 있을까요? 주님의 일군들^{사역자들}은 또 무엇을 할 수 있을까요? 장로라면 무엇을 해야 할까요? 불 시험은 찾아오고야 맙니다. 그렇지만 왜? 대답은 명확합니다. 시험하기 위해서! 무엇을? 우리의 모임이 무엇으로 이루어졌는지, 우리의 집이 금으로 지어졌는지 아니면 타버릴 풀로 지어졌는지 발견하기 위해서! 형제 여러분, 그리고 자매 여러분. 주님의 백성들 안에서 일어나리라고는 믿을 수조차 없는 갈등, 험담과 분쟁, 꿈에도 생각지 못했던 일들이 찾아오는 날이 있습니다. 문제는 그날이 올 것인가 그렇지 않을 것인가에 있지 않습니다. 그 위기의 순간이 왔을 때 여러분이 어떤 반응을 보일 것인가에 있습니다. 다시 한번 반복하는 것을 용서하십시오. 그 시간은 오고야 말 것입니다. 역사가 그 사실을 말해줍니다. 이 산에 오르기로 결정한 모든 사람은 그 심각한 위기의 시간과 마주합니다. 이런 일이 **일어나고야 만다**는 사실은 우주의 생성 속에 이미 새겨져 있는 원리입니다. 위기가 찾아왔을 때, 사람들은 우선 둘러앉아 위기에 대해 대화할 것입니다. 곧 토론이 이어질 것입니다. 몇몇 사람들이 중대한 결정을 내릴 시간이라고 말할 것입니다. 그리고 언성이 높아질 시간이 됩니다. 그때쯤 여러분은 그들의 결정이 **옳다**고 판단할 수밖에 없을 것입니다.

문제

그렇다면 여기 있는 우리 중에 "다른 누군가에게 어떤 조치를 취해도 좋을 적절한 시간은 언제일까요?"하는 질문에 답할 만큼 지혜로운 사람이 누구일까요? 또 동료 신자에게 어떤 조치를 취해서라도 방어해야만 할 **그 신념**은 또 무엇일까요? 우리 중 누가 그토록 중요한 신념을 가지고 있는 것일까요? 역으로, 짓밟혀도 괜찮을 신념을 가진 사람은 또 누구일까요? 우리 중 그런 **신념**을 소유하려는 사람이 있을까요? 피 비린내를 불러도 좋을 때를 결정할 **권리**는 또 누가 가지고 있는 것일까요? 우리 중 '분명한 하나님의 가르침'으로 다른 형제에게 어떤 조치를 취할 만큼 신령한 사람이 누구일까요?

나는 지금까지 많은 위기를 목격해왔습니다. 그때마다 위기의 두 당사자가(언제나 서로에게 거의 정반대의 주장을 하고 있는!) '분명한 하나님의 가르침'을 깨달아야 한다고 서로에게 요구한다는 사실을 알게 되었습니다. 어느 편이 '분명한 하나님의 말씀'을 갖고 있는지 어떻게 알 수 있을까요? 앞서 말씀드렸듯이 이 지구 위에 살아가는 각 사람들은 저마다 **다른** 신념 체계를 가지고 있습니다. 우리는 대체 어떤 사람의 신념 체계를 따라야 할까요? 한 사람이 격노하는 것에 다른 사람은 아무렇지 않을 수 있고, 또 다른 사람은 전혀 다른 부분이 거룩함의 근본을 뒤흔든다고 느낄 수 있습니다. 우리 각 사람은 폭발하는 지점이 다릅니다. 각 사람마다 분노하는 기준이 있습니다.

내가 여러분에게 묻고 싶은 것은 이것입니다. 대체 무엇이 그리도 중대한 사안입니까?

예수 그리스도께서(정의가 철저히 무시되는 상태에서) 십자가에 못 박히던 그날보다 더 큰 소리로 울부짖어야 할 역사적 순간이 우리에게 있었습니까? 그 결정적인 날에도 침묵을 지켰던 두 분의 이름을 나는 알고 있습니다. 한 분은 하나님, 다른 한 분은 예수 그리스도. 이 두 분은 아무 말씀도 없으셨습니다. 다시 한번 묻고 싶습니다. **무엇**이 그토록 사생결단할 논제란 말입니까?

자, 우리에게 정작 필요한 것이 무엇인지, 주님의 몸 된 교회에 진실로 절박한 것이 무엇인지를 말해줄 형제가 저기 있습니다. 지난 1800여 년 동안 우리 안에 존재해왔던 이 분열의 해결방안을 우리에게 말해줄 형제가 저기 저 교회 한 구석에 앉아 있습니다. 그는 이렇게 말하고 있습니다. 아니 주장하고 있습니다. "우리 모두는 서로에게 열려있어야 합니다. 우리는 솔직해질 필요가 있습니다. 우리는 서로에게 있는 그대로 다가가야 합니다." 그리고 그는 한 마디를 덧붙입니다. "물론, 우리는 서로에게 진실되게 말할 수 있어야 합니다. 사랑 안에서 말입니다." 이 형제의 말이 해결책이 될 수 있을까요? 교회가 지난 1800여 년 동안 몸살을 앓아온 이 지독한 문제를 이 형제의 주장으로 극복해나갈 수 있을까요? 그토록 **단순**한 제안이 우리의 절박한 해결책이 될 수 있을까요? 이 형제를 유심히 살펴보십시오. 그는 본디 직설적이고 고집 세고 자기주장이 강한 사람입니다. 그가 정말로 '명백한 하나님의 말씀'을 지키기 위해 그렇게 이야기하는 게 아닐 수도 있습니다. 그는 원래 강하고 인내심이 부족한 사람입니다. 자신도 모르게 자신의 내적 성향(다른 말로 하면 타락한 본성)을 그의 주장 속에 드러내고 있습니다. 우리가 그 형제를 따라야 할까요? 그 형제의 주장을 실제로 실천에 옮기기 전에 그 방의 다른 한 구석에 겁이 많고 조용하고 속마음을 잘 털어놓지 않는 또 다른 형제가 있다는 사실을 기억해야 합니다. **그에게** 있는 그대로의 모습을 솔직하게 터놓고 얘기해보라고 요구해보십시오. 사랑 안에서 진실되게 이야기하라고 요청해보십시오. 정신 차리십시오! 그 소심한 영혼은 그렇게 못합니다. 그것은 그의 존재 자체를 흔들어놓을 것입니다. 모두가 '솔직하고 꾸밈없이 자신을 드러내며 서로에게 열려있고 사랑 안에서 진실을 말하는 그런 환경'에서 그 형제는 도저히 버틸 수 없습니다. 그 압박감이 그만 그를 죽이고야 말 것입니다. 그는 그런 분위기를 견딜 수 없는 사람입니다. 결국 어느 날, 그 형제는 그 '정직한 모임'에서 홀연히 자취를 감추고 말 것입니다.

실제로, 그 '솔직하고 있는 그대로 자신을 오픈하며 언제나 사랑 안에서 진실을 말하기로 결정한 그룹'을 여러분이 1~2년 후에 다시 방문한다면 거기엔 믿음으로 정제되었기 때문에 살아남은 사람이 아니라! 역주 그저 '성품상' 솔직하고 직설적이고 강하고 예의 없는 사람들만 남아 있을 것입니다. 아, 우리의 **타락한** 본성이라니! 그럼에도 그 남은 사람들에게 더 충분한 시간을 준 다음 어느 날 다시 방문한다면? 거기엔 부러진 도낏자루, 서로를 할퀸 사나운 발톱과 손톱만 남아 있을 것입니다.

해결책

우리는 1800년 이상 된 문제와 씨름하고 있습니다. 그러나 어디엔가 해결책은 분명 존재할 것입니다. 우리가 솔직해지면 될까요? 교회가 민주적으로 발전한다면? 관계를 더 능숙하게 맺는다면? 모든 시대의 구호였던, '명백한 하나님의 말씀'을 붙들면? 그 구호 때문에 죽어나간 수많은 시체를 밟고서?

불행하게도, '명백한 하나님의 말씀'을 주장하는 그 사람들, 그 신념에 대한 강철 의지를 가진 사람들은 그 '명백한 말씀'이 무엇인지에 대해 아직 일치조차 이루지 못하고 있습니다. 교회 역사를 다룬 문서들로 다시 돌아가 보십시오. 어떤 페이지든 열어보십시오. 여러분은 그 '명백한 말씀'의 결과가 무엇인지를 명백히 확인할 수 있을 것입니다. 그것은 피로 얼룩져 있습니다. 분노와 눈물로 기록되어 있습니다. 우리 선조들의 고통이 그 안에 녹아 있습니다.

틀림없이 그 구호 밖 어딘가에 기준이 있을 것입니다. 그 기준이 뭘까요? 우리의 기준은 대체 무엇일까요? 도대체 어느 시점에 떨쳐 일어나야 하는 것일까요? 우리를 인도할 북극성은 정말 존재하지 않는 것일까요?

아닙니다. 그 해결책은 분명 존재해왔습니다.

지금도 존재합니다. 하지만, 대체 어디에?

그 대답을 듣기 위해, 느닷없지만 잠시 다른 주제로 넘어갈 필요가 있습니다.

나는 믿지 않는 사람들, 즉 구원받지 못한 사람들에 대해 잠시 이야기해보고 싶습니다. 그리고 우리가 복음을 전하는 일과 관련하여 한 가지 질문을 던지고 싶습니다. 세상 사람들, 즉 이 구원받지 못한 사람들에게 가장 필요한 것이 무엇일까요? 기독교가 경험한 그 깊고 오랜 분열의 **해결책**이 사실 이 단순한 **질문** 속에 들어 있습니다! 복음을 전해본 경험이 있다면 주님께로 사람들을 이끄는 일이 얼마나 어려운지 여러분도 잘 알고 있을 것입니다. 젊은 시절, 나는 어떻게 하면 사람들을 그리스도께 인도할 수 있을지를 다루고 있는 많은 책을 읽어보았습니다. 그 대부분의 책들이 말하는 요지는, "세상 사람들의 문제가 무엇인지를 발견하라. 그다음 그들이 겪고 있는 그 결핍을 '명백한 하나님의 말씀'으로 답변하라"였습니다. 그 책들이 제시하는 또 하나의 비결은, "논쟁에서 우위를 점하라! **그가 틀렸다는 사실을 성경말씀으로 증명하라!** 성경말씀을 사용하라!"로 요약될 수 있습니다.

그래서 나는 그렇게 했습니다. 그런데도 사람들을 주님께로 인도하는 일은 무척 힘들었습니다. 성경을 열고 사람들 면전에 대고 단도직입적으로 성경 구절을 쏟아냈습니다. 그러나 내가 기억하는 한 그런 방식의 복음증거로 내가 그리스도께 인도한 사람은 한 사람도 없었습니다. 나만 그런 게 아니었습니다. 그런 방식으로 복음을 전하는 거의 모든 사람이 비슷한 결과를 맞고 있었습니다.

여러분에겐 이런 경험이 없었습니까? 여러분이 이런 방식으로 성경말씀을 사용한다면 불신자는 구원받을 가능성이 없습니다. 유감스런 말씀이지만 사실입니다.

어느 날 중요한 것을 깨달았습니다. 참으로 혁명적인 깨달음이었습니다. 그 깨달음 이후로 나는 믿지 않는 사람들을 주님께로 인도할 수 있었습니다.

믿지 않는 사람들의 결핍이 무엇인지 찾아냈습니다. 그들이 원하는 것을 발견했습니다. 그것은 내 삶을 바꾸어놓았습니다.

믿지 않는 사람들이 원하는 것이 무엇일까요? 그들에게 **정말로** 결핍된 것이 무엇일까요? 그렇습니다. **여러분**은 구원받은 사람들로서 그

답을 알고 있습니다. 그들에게 정작 필요한 것은 성경이 아니라는 사실을 여러분은 알고 있습니다. 그들에게 진정 결핍된 것은 그들의 삶이 잘못되어 있음을 증명할 성경말씀이 아닙니다. **그들에겐 예수 그리스도가 필요합니다.** 그들이 원하는 것도 예수 그리스도입니다. 물론 그 사실을 인지하지 못하는 사람도 있습니다. 그들이 그 사실을 알든 모르든 그들이 원하는 건, 그리고 그들이 필요한 건 오직 예수 그리스도입니다. 그것이 바로 내게 임한 계시였고 혁명이었습니다. 믿지 않는 사람과 만나 대화할 때 **여러분**은 그에게 무엇을 줍니까? 불신자들에게 주님 예수 그리스도가 아닌 다른 어떤 것을 주려고 시도한 적은 없습니까? 그에게 수십 절의 성경말씀을 인용해보십시오. 그 말씀을 사용하여 그를 궁지로 몰아넣어 보십시오. 그와 논쟁해서 그를 압도해보십시오. 말씀으로 그를 위협해보십시오. 끔찍한 논쟁으로 끝날 뿐 여러분이 얻는 것은 아무것도 없을 것입니다.

한번 시도해보십시오! 그에게 지옥을 말해보십시오! 그가 처한 영적인 상태를 묘사해보십시오. 그가 타락한 상태에 있다는 사실을 **증명**해보십시오. 시끄러워질지는 몰라도 얻을 것은 하나도 없습니다. 그 방법은 효과가 없습니다. 왜 그렇습니까? 상대방이 필요하지도 않고 원하지도 않는 걸 주려고 하기 때문입니다. 그가 진정 원하는 것, 진정 필요로 하는 것은 예수 그리스도입니다.

예수 그리스도 이외에 다른 것을 주었을 때 여러분이 맺은 결과는 무엇이었습니까? 믿는 사람과 믿지 않는 사람 사이의 신학적 말다툼, 바로 그것이 여러분이 얻은 결과였을 것입니다. 자, 불신자의 경우엔 그렇다 치고, 그렇다면 이제 여러분이 대화하는(혹은 논쟁하는) **사람**이 성경을 잘 알고 있는(혹은 알고 있다고 생각하는!) 그리스도인일 경우엔 어떨까요?

이제 관점을 조금 바꿔봅시다. 그리고 거기서 출발합시다. 믿지 않는 사람들의 경우, 그들에게 결핍된 것 그리고 원하는 것은 오직 예수 그리스도였습니다. 그것은 이론의 여지가 없습니다. 그렇다면 이제 또다른 질문을 던지고 싶습니다. 그렇다면 믿는 사람들에게 필요한 것은 무엇이겠습니까?

내가 이 질문을 여러분에게 적용하면 이해가 빠를 것 같습니다. 지금 당장, 이 순간에, 여러분 중에도 위기 가운데 처한 사람이 있을 것입니다. 즉, 여러분에게도 어떤 결핍이 있고 채워져야 할 부분이 있습니다. 지금 당장 말입니다. 여러분이 맞이한 그 위기의 해결책은 무엇입니까? 여러분은 무엇이 절실히 필요합니까? **여러분**에게 절박한 것은 무엇입니까? 여러분이 **원하는 것**은 무엇입니까? 여러분 각 사람의 답은 매우 다양할 것입니다. 그런데 여러분, 정말로 그럴까요? 여러분에게 절박한 것은 정말로 서로 다를까요? 여러분이 정말로 필요로 하는 것, 그리고 정말로 원하는 것은 … 역시 그리스도입니다. 그 밖에 다른 어떤 것이 여러분에게 절박합니까? **여러분**이 원하는 것, 그리고 여러분이 필요로 하는 것, 내가 원하는 것, 그리고 내가 필요로 하는 것은 오직 주 예수 그리스도뿐입니다. 그밖에 다른 어떤 것은 우리에게 필요할까요?

그분을 만지십시오. 우리가 소중히 여기는 성경말씀은 "그분[him]", 즉 인격이 아니라 그것, 즉 'it'이다. 역주 그 하나로 충분합니다!!!

좋습니다. 우리 각자에 대한 내용은 여기까지 합시다. 교회는 어떻습니까? 나는 지금까지 이 사실을 교회와 관련해선 적용하지 않았습니다. 교회는 어떨까요? 특별히 위기를 맞고 있는 교회일 경우에 말입니다! 이때, 교회에 필요한 것은 무엇일까요? 때때로 교회가 어려운 시기를 지나는 것을 보게 됩니다. 문제가 발생했을 그때, 교회가 진정 필요로 하는 것은 무엇일까요? 교회의 사활이 걸린 중대한 갈등(교회 안팎에, 혹은 사역자들 간)에 정작 필요한 건 무엇일까요?

믿지 않는 사람들에게 절박한 것은 무엇입니까? 그리스도입니다. 그리스도인 한 개인에게 결핍된 것은 무엇입니까? 그리스도입니다. 그가 진실로 원하는 것은 무엇입니까? 그리스도입니다. 그렇다면 몸된 그리스도인 모임으로서, 즉, 한 '교회'로서 우리에게 **절박**한 것은 무엇입니까? 교회는 무엇을 **원하고 있습니까?** 교회에게 **진실로** 필요한 것은 무엇일까요?

천년을 두 번 지나는 동안 주님께서는 그분이 머무시는 정상으로 그분의 백성들을 초청해오셨습니다. 만약 우리가 이 부르심의 여정을 완주하더라도 그것을 완성하는 주체는 **우리**가 아닐 것입니다. 왜냐하면, 시작하신 분이 그분이기에 **성취**하시는 분 또한, **그리스도**이기 때문입니다. 이 여정은 그리스도 **안에서** 끝날 것입니다. 그분으로 **인해** 완성될 것입니다. 다른 말로 하면 예수 그리스도께서 이 일의 중심이라는 말씀입니다.

잃어버린 것들의 회복과정은 창조의 과정과 아주 흡사합니다. 첫 창조 시에, 모든 것은 **그분**에 의해 창조되었고, 그분에 의해 창조되지 않은 것은 아무것도 없습니다. 주 예수 그리스도가 창조 세계의 모든 존재를 서로 연결하고 계십니다. 모든 피조물을 하나되게 합니다. 그리스도는 우주의 접착제와도 같습니다. 덕분에 이 우주는 잘못되거나 부서지지 않습니다. 그분이 없다면 모든 것들은 산산이 조각날 것입니다. 창조과정이 그러하다면 교회는 어떻겠습니까? 교회는 새로운 피조물입니다. 모든 것이 그분에 의해, 그리고 그분을 위해 창조되었으며, 그분을 **통하여**through 서로 연결되어 있다면 새 창조에 속한 예수 그리스도의 **교회야말로** 더욱더 절박한 필요를 가지고 있습니다. 우리를 향한 그분의 부르심은 결국, 회복이란 하나의 방향성을 가지고 나아가고 있는 것입니다. 하지만, 무엇이 회복되어야 한다는 말입니까? 바로 예수 그리스도가 회복되어야 합니다. 예수 그리스도가 타락한 만물의 해결책이 될 때 그 회복이 완성됩니다. 우리가 지금껏 회복하려고 애썼던 것은 그 대상이 무엇이든 결국, "그것"-it이었다. "그것"이 부흥이든, 성장이든, 경건이든, 도덕성이든, 평화이든, 교회의 일치든, 심지어 성경말씀이든! 분명한 것은 이 모든 것들이 "인격"이 아니라 "그것"에 속한 것들의 회복이었다는 사실이다. 그러나 주님은 '그것'이 아니다. 주님은 "그분"-Him이다. 우리에겐 "그것"이 부족한 것이 아니다. "그분"이 부족하다. "그분"이 결핍되어 있다. 그분이 결핍되어 있다면 회복되어야 하는 것 역시 "그분"이 맞다. 그분을 통해, 그분을 위해, 그분에 의해, 그분이 우리 가운데 회복되어야 한다. 역주

이게 무슨 의미입니까? 예수 그리스도는 만물의 으뜸이십니다. 예수 그리스도께서는 먼저, 만물을 창조하셨습니다. 그다음, 그 만물을 붙들어 유지하고 계십니다. 예수 그리스도가 으뜸되는 자리에 계실 뿐만 아니라, 유일한 자리에 계신 것입니다. 어느 영역에서 그렇다는 말입니

까? 모든 영역, 모든 만물 안에서 그렇습니다! 무엇보다 우리가 지금까지 말해왔던 바로 그 장소들, 특히나 결핍된 그 영역들에서 예수 그리스도는 꼭 그분의 자리로 돌아오셔야 합니다. 그분이 특히나 결핍된 그 자리란 구체적으로 어디를 말합니까? 우리 한 사람 한 사람 안에 그분이 결핍되어 있습니다. 또, 교회 안에 그분이 결핍되어 있습니다. 우리의 사역 안에도 그분이 결핍되어 있습니다. 무엇보다 사역자들 사이에 그분은 절대적으로 결핍되어 있습니다. 교회와 교회들 사이에도 그분이 필요합니다. 내 안에도, 여러분 안에도, 내가 처한 상황 안에도, 여러분이 처한 상황 안에도, 사역 안에도, 사역자들 사이에도, 교회 안에도, 교회들 사이에도, 이 모든 곳에 예수 그리스도가 결핍되어 있고 예수 그리스도가 회복될 필요가 있습니다. 예수 그리스도여야 합니다. 다른 그 어떤 것도 안 됩니다!

이제 우리는 새로운 지평을 열었습니다. 자, 보십시오. 우리에게 주어진 **최고봉**이 저 위에 있습니다. 저기까지는 길이 나있지 않습니다. **그곳**은 새로운 영역이기 때문입니다! 봉우리 아래쪽 땅바닥을 살펴보십시오. 발자국이 눈에 띄지 않을 것입니다. 여기서부터는 지도 없이 행군해야 합니다! 우리가 의존할 것은 오래전 이 신령한 길을 개척했던 고대인들에 대한 간략한 기록뿐입니다.

좀 전에 나는 여러분 각 사람의 환경에 대해 언급한 바 있습니다. 여러분 중 어떤 사람은 개인적으로 매우 어려운 시간을 보내고 있을지도 모릅니다. 그런 일들은 우리 인생 가운데 반드시 찾아옵니다. 그리스도인들의 삶 역시 때때로 혼란 가운데 접어들 때가 있습니다. 그러나 여러분 개인이 처한 상황이 얼마나 열악하든 간에 이와는 비교도 할 수 없을 만큼 심각한 위기가 가까운 미래에 여러분 모두를 기다리고 있습니다.

왜 그렇습니까? 이유가 있습니다. 주님께서 우리들 안에 그분 자신을 확장해 들어오실 때 주님은 그분의 사역 범위 또한, 넓혀 가십니다. 그분이 우리 안에서 깊어지고 넓어지는 만큼 자연히 우리 안에서 깨어져 나가는 영역이 있을 수밖에 없습니다. 그래야 주님이 이 땅에서 필요한 것을 얻습니다. 여러분 각 사람 안에서 그분의 일이 시작될 때, 여러분은 숨 막히는 상황에 직면할 것입니다. 여러분을 그 어려운 상황에 두시는 분은 주님이십니다. 이유가 있습니다. 그분이 원하시는 것을 얻을 수 있는 자리가 **그곳**이기 때문입니다. 그리고 주님은 여러분이 원하는 것이 아닌 그분이 원하시는 그것을 여러분 **안에** 들여오실 것입니다. 장담컨대 최악의 상황은 아직 오지 않았습니다!

이 문제를 좀 더 생각해볼 필요가 있습니다. 그 상황에서 어떻게 반응해야할지 여러분이 알기를 바라기 때문입니다. 여러분은 아마 이렇게 탄원할 것입니다. "주님, 이 일들을 어떻게 다뤄야 할까요? 대체 어떻게 행동해야 할까요? 이런 상황은 교회가 처음 직면하는 시련입니다. 저도 이러한 상황에 직면해본 경험이 없습니다. 무엇을 하면 좋을까요? 주님, 어떻게 해야 할지 도무지 갈피를 잡을 수 없습니다." 개인이 맞이하는 위기, 교회가 맞이하는 위기, 사역 한복판에서, 또 사역자들 사이에서, 이러한 새로운 위기와 마주하게 될 때, 여러분의 반응은, "**내가** 어떻게 하면 좋을까요?"일 것입니다.(그리고 그때 어떤 속 시원한 해결책을 얻게 될 것이라고 도무지 장담할 수 없습니다.)

한 가지는 확신해도 좋습니다. 위기의 그때, 여러분 안에 있는 졸장부는 샘솟는 아이디어를 내어놓을 것입니다. 결코, 여러분 안에 아이디어의 빈곤을 겪는 일은 없을 것입니다. 불길이 맹렬할수록 여러분은 '더많은, 그리고 더 좋은 아이디어'를 떠올릴 것입니다. 그리고 그 생각들은 아마도 지난 1700년 동안 비슷한 위기 가운데 처했던 대부분의 사람들 안에 떠올랐던 그것들과 매우 유사할 것입니다. 직접 확인해보십시오. 그 훌륭한 아이디어들이 그들을 어디로 이끌고 갔는지! 우리는 이짙은 안개 속을 뚫고 저 봉우리들 너머의 고지에 올라야 합니다. '좋은 아이디어'를 모조리 **잊으십시오**. 과거 수없이 많은 사람들이 같은 생각을 했다는 사실을 확신해도 좋습니다. 그리고 그 결과가 어땠는지도 여러분은 이미 알고 있습니다.

그렇다면 그 훌륭한 아이디어들을 모두 내다 버린다면 대체 무엇을할 수 있다는 말입니까? 우리가 따라갈 **북극성이 있습니다**. 그 북극성이 바로 우리의 선택이 될 것입니다.

여러분이 어떤 상황을 맞이하든 여러분이 원하는 것은 오직 주님 예수 그리스도입니다. 다른 모든 사람이 원하는 것 역시 예수 그리스도입니다. 우리에게 절박한 것은 오직 예수 그리스도입니다. 우리는 완전히 생소한 상황과 처음 경험하는 세계에 직면할 것입니다. 그 어둠의 시간이 얼마나 지독하고 독특하든 그것은 중요치 않습니다. 사람들이 원하는 모든 것, 사람들이 실제로 필요로 하는 모든 것, 우리에게 정말로 절박한 것은 예수 그리스도입니다. 혹 다른 사람들에겐 아닐지라도 여러분에겐 그렇습니다. 이 땅의 다른 어떤 이들에겐 그렇지 않을지라도 적어도 여러분에겐 엄연한 사실입니다.

여러분은 이 사실을 새롭게 발견해야 합니다. 이 모범을 **회복**해야 합니다. 이제 여러분은 앞으로 나아갈 길에 있어 완전히 새로운 이정표를 세우게 될 것입니다. "지금부터 나는 어떤 상황에 부닥치든 오직 예수 그리스도라는 한 길만을 발견할 것이다!" 오늘 이 자리에 있는 여러분 중 누구도 지금 내가 드리는 말씀의 온전한 의미를 이해하지 못할 것입니다. 그래도 **여러분은 시작해야 합니다.**

향후 몇 년 안에 여러분은 머리가 쭈뼛 설 만한 상황을 교회 안에서 맞게 될 것입니다. 아주 끔찍한 유혹, 도저히 믿을 수 없는 유혹에 직면하게 될 것입니다. 교회가 헤쳐 나가야 할 중대한 문제들도 있을 것입니다. 그때 믿지 않는 이들의 결핍이 무엇인지 상기하십시오. 그리스도 아닌 다른 어떤 것을 불신자들에게 주었을 경우 여러분이 맞이할 결과가 무엇이었는지를 기억하십시오. 그것은 효과가 없었습니다. 형제 여러분. 거기에 바로 중요한 원리가 있습니다. 믿지 않는 사람에게 그리스도 아닌 다른 어떤 것을 제공할 때 그 사람의 상황이나 환경이 어떠하든, 해결책이 얼마나 훌륭하든, 얼마나 그럴듯해 보이든, **그리스도보다 하위下位에 있는 것으론 생명의 역사가 일어나지 않습니다.** 이것은 여러분이 향후 직면할 모든 다른 일들에도 동일한 진리로 작동합니다. 나는 여러분에게 강권합니다. 여러분이 곤경에 처하게 된다면, 그리스도를 얻기까지, 아니 그리스도만 남을 때까지 **아무것도 하지 마십시오.** 그리스도가 해결책입니다. 실제로 그분만이 답을 이끌어내십니다. 그분에 못 미치는 다른 것들은 답을 이끌어내지 못합니다. 그것들 안에는 그런 힘이 없을뿐더러 그렇게 되지도 않을 것입니다. 여러분의 손으로 확실히 그리스도를 붙잡았다고 느끼기까지 가만히 앉아 계십시오. 아무것도 하지 마십시오. 실제로 그분을 붙잡기까지 **다른 어떤 것도** 하지 마십시오. 여러분이 그리스도를 소유하기까지, 그리스도 외엔 아무것도 남아 있지 않을 때까지, 그래서 그리스도를 나눌 수 있기까지, 단지 그리스도만 나눌 수 있을 때까지 거기 가만히 앉아 계십시오. 모든 것이 산산조각나도록 그냥 내버려 두십시오.

바로 이것이 우리의 부르심입니다.

여러분 앞에 놓인 그날을 어떻게 준비할지에 대해 조금 더 말씀드리고 싶습니다. 그날은 여러분 개인에게도, 또 우리 모두에게도, 그리고 교회에게도 도래할 것입니다. 어떤 방식이든, 지금 여러분이 여기서 생각하는 것보다 훨씬 더 혹독한 상황이 될 것입니다. 그리고 그에 대한 여러분의 첫 반응은 "해결책을 찾아라!", "문제를 풀어내라!"가 될 것입니다. 여러분에게 진심으로 충고합니다. 그날을 맞을 즈음, 매일의 생활 속에서 이미 그리스도를 얻어왔던 충분한 경험이 여러분 안에 축적되어 있어야 합니다. 그 혹독한 순간에 그리스도를 중심에 두기 위해선 **지금**, 여러분이 매일 맞이하는 사소한 사건들 속에서 그분만을 중심에 두고 그분만을 전부로 여겨나가는 경험이 내재되어 있어야 합니다.

그러니 지금 시작하십시오! 그러면 궁극적인 불 시험이 다가왔을 때, 그 경험을 가지고 그 시험에 직면할 수 있게 될 것입니다. 우리에게 무엇이 결핍되어 있습니까? 그리스도! 우리가 무엇을 원하고 있습니까? 그리스도! 무엇이 실제 생명으로 작동할 수 있습니까? 그리스도! 그분 외엔 아무것도 없습니다.

우리는 **믿지 않는 사람들**에게 무엇이 필요한지 배웠습니다. **여러분**에게 무엇이 결핍되어 있는지도 살펴보았습니다. 그렇다면 이제 **또 다른 사람들**의 결핍에 대해 잠시 살펴볼 필요가 있습니다.

한 형제가 여러분의 조언을 구하며 대화를 요청한다고 가정해봅시다. 만약 여러분이 그리스도보다 못한 어떤 것을 준다면 여러분은 그의 필요를 채워주지 못할 것입니다. 그가 조언을 요청한 일에 대해 여러분이 어떤 의견을 제시했고, 그에게 나름의 도움을 주었을지라도 실제로는 그에게 손해를 끼친 것입니다. 그리스도에 못 미치는 어떤 것을 그에게 주었기 때문입니다. 상황이 어떠하든, 그것이 무엇이든, 어디에서나 여러분은 그에게 줄 그리스도를 찾아낼 수 있어야 합니다. 여러분은 그리스도를 발견할 수 있어야 하고, 그분을 나눠줄 수 있어야 하며, 그분 외에는 아무것도 건네지 않기로 작정해야 합니다.

여러분이 불 시험 속으로 들어갈 시기가 되면 여러분 안에서는 먼저 "이곳에서 벗어나고 싶다"는 반응이 나타날 것입니다. 만약 그 상황에서 벗어난다면 여러분은 여러분 자신의 문제를 풀지 못한 것입니다. 여러분은 그저 그 문제를 에둘러가는_{회피하는} 선택을 한 것뿐입니다. 불 시험과 맞닥뜨렸을 때, 다른 그리스도인들이 보이는 반응 역시 다르지 않습니다. 자동으로 그들이 먼저 선택하는 것은 그 상황 **밖으로 나가는** 것입니다. "나는 이 상황에서 벗어나고 싶습니다!"라는 외침이 그들의 반응입니다. 만약 나 자신이 그리스도 이외의 어떤 것으로 다른 그리스도인을 돕거나 그것에 대해 말하고자 한다면, 그리고 그리스도가 아닌 어떤 것을 해결책으로 제시하려 시도한다면 그것은 나에게도, 또 그에게도, 결국은 우리 모두에게 큰 손해를 끼치는 것입니다.

나는 지금 숭고한 목표에 대해 말씀드리는 중입니다. 우리가 그렇게 높이 올라갈 수 있을까요? 솔직히 말씀드리면 쉽지 않습니다. 그곳은 극히 험준합니다. 사정이 그렇기에 타락한 인간에게 그런 100%의 완전함을 기대한다는건 무리한 요구입니다. 따라서 교회는 간혹 '그리스도에 못 미치는 어떤 것'으로도 살아남을 수 있는 장소가 되어야 합니다. 그러기 위해서는 '그리스도에 못 미치는 것'이 극히 예외적인 경우가 되어야 합니다.(주님께서 70년이라는 세월을 우리에게 허락하신 이유가 거기 있는지도 모릅니다. 그 기간 동안 우리는 여러번의 실패를 경험하게 될 것입니다.) 자주 방향을 상실하겠지만 그로 인한 교훈을 배워야 합니다.(이에 대해 주님을 찬양하십시오.) 그리스도를 배우고 그분을 나누는 것을 성적으로 환산할 때, 우리는 B학점이나 A학점으로 시작하지 못할 것입니다. 아마도 C학점이나 D학점을 받게 될 것입니다.(물론 첫 시작은 거의 F학점으로 시작할 것입니다.) 여러분이 처음 받아들 성적표는 초라할 것입니다. 그럴지라도 주님께서는 여러분의 성적표 위에, "이가봇"이스라엘 백성이 하나님의 언약궤를 빼앗긴 후, "하나님의 영광이 이스라엘에서 떠났다"고 슬퍼하던 탄식. 역주이라고는 쓰지 않으실 것입니다. 하지만, 그분의 거룩한 종들인 우리가 상습적으로 낮은 점수를 받을 수는 없는 노릇입니다. 교회가 얼마간은 낮은 점수로 버틸 수 있을 것입니다. 하지만, 그 기간이 오래갈 수는 없습니다. 그리스도에 못 미치는 식단으로 잠시는 생존할 수 있겠지만, 지속적으로 살아남지는 못할 것입니다. 그래서 우리는 지금 시작해야 합니다. 우리는 오늘, 지금 여기서, 그분이 우리 안에 들어와, 우리의 모든 영역에서, 그리고 우리의 모든 위기와 문제들 안에서, 그분 자신을 드러내시며, 그분 자신의 일을 행하시도록 허락해드리는 것으로 출발해야 합니다. 십자가가 언제든 다가오도록 우리 자신을 열어두어야 합니다. 아직도 그리스도에 못 미치고 있는 우리의 **전 영역**에 십자가를 **적용해야** 합니다.

그렇게, 우리가 피할 수 없는 그날을 대비하는 것으로 다시 시작해 봅시다. **그러한** 경험을 축적해나가는 것으로 시작해봅시다. 교회는 현재의 수준을 뛰어넘어야 합니다. 주님이 여기까지 우리를 데려오셨지만, 이걸 넘어서야 합니다. 우리가 그분을 알고, 그 분을 선택해나갈 때에만 지금 이곳을 넘어설 수 있습니다.

이제 조금 더 실질적인 이야기에 접근해보겠습니다. 우리가 주님을 안다는 것은 무엇을 말합니까? 분명히 말씀드리지만, 종교적인 어떤 신비체험을 말씀드리는 것이 아닙니다. "주님이 내 입장이라면 어떻게 하실까?"와 같은 오래되고 진부한 질문을 던지라고 요청하는 것도 아닙니다. 그런 것들은 쓸데없는 종교적 속박 덩어리입니다. 그렇다면 "여러분 자신이 먼저 그리스도를 소유하고 다른 사람에게도 그리스도 외엔 주지 않기로 결정"하는 것은 무엇을 말합니까? 과거 모든 시대, 모든 이들 안에 숨겨져 있던 그 인간적 동기들을 넘어서서 여러분 내면의 동기들이 정화된 상태, 즉 여러분 내면의 숨은 동기들이 모두 처리되고 주님으로부터 흘러오는 그것을 다른 사람에게 흘려보내는 것 외엔 다른 아무것도 여러분에게서 흘러나오지 않게 되는 상태를 말합니다.(그것은 실제로 여러분 속에 주님이 사시며 여러분을 통치하는 상태를 의미합니다.) 여러분의 심령 안에 깃들어있던 모든 것, 그리고 모든 동기가 낱낱이 드러나고 여러분이 품고 있던 모든 소망이 십자가로 향하며 여러분이 가지고 있던 '좋은 아이디어'들이 십자가에 못 박히는 것, 그리고 여러분의 가장 깊은 바로 그곳에서 하나님 그분 자신이 흘러나오는 것을 의미하는 것입니다. 여러분 안에 유일하게 살아계신 분이 그분이기에 실제로 여러분 속에서 말씀하시는 것도 그분인 상태를 의미하는 것입니다. 그렇게 되기 전엔 아는 것이 아닙니다. 진실로 **그곳**에 이르기 전에는 아직 아닙니다.

그곳에 이르기까지 A지점, B지점, C지점이 있다고도 말씀드릴 수 있습니다. A지점은 위기가 시작되는 지점입니다. B지점은 여러분이 갖가지 아이디어를 생산해내는 지점입니다.(이곳은, 그동안 수많은 사람이 문제해결을 위해 반응해왔던 그 지점이고 '좋은 아이디어'들이 난무하는 지점이며, 교회 역사 속의 대부분의 사람이 어떤 조치를 취했던 바로 그 지점입니다.)

이 B지점이 발생하는 것을 항상 예방할 수는 없어도 그 지점에서 일어나는 모든 것들을 십자가로 가져갈 수는 있습니다. 그다음 C지점을 허락하신 주여 영광 받으소서! C지점은 여러분이 주님을 발견하는 지점이고, 그 사실을 **여러분 자신이 알게 되는 지점**입니다. 그런 지점에 이르는 것이 가능합니다! 주님 외에 모든 것이 제거되는 바로 그 지점입니다. B지점에서 일어날 수 있는 모든 것들이 하나님에 의해 소멸되고 제거됩니다. 이제 여러분은 기꺼이 **모든 것**을 잃을 수 있는 지점에 이른 것입니다. 여러분은 주님의 마음을 갖게 됩니다. 그리고 그것을 말할 수 있게 됩니다.(아니군요! 이 말은 정확한 표현이 아니군요. 종종 여러분은 오히려 그런 표현을 여러분의 입으로 발설할 수 없다는 사실을 알게 될 것입니다. 그것을 입으로 발설하는 것은 주님 그분보다 더 작은 일이니 말입니다. 여러분에게는 단지 침묵하고, 십자가로 걸어가서 죽는 선택지 밖에 없을 것입니다.) 여러분에게 알려주고 싶은 것은 바로 이것입니다. A지점과 C지점 사이에는 엄청난 고통, 그리고 번민과 아픔이 존재한다는 사실입니다. 순전한 고통이!

우리가 나누었던 말씀을 돌아봅시다. 저는 그리스도가 필요합니다. 여러분도 그리스도가 필요합니다. 믿지 않는 사람도 그리스도가 필요합니다. 교회도 그리스도가 필요합니다. 심각한 문제에 봉착한 여러분의 형제들도 그리스도가 필요합니다. 이제 우리에게 한 부류만 남아있습니다. 바로 사역자들입니다.

교회 역사를 살펴보라고 여러분에게 권면해왔습니다. 이제 여러분에게 사도행전 속의 기록들을 주의 깊게 들여다보라고 제안해야 할 것 같습니다. 여러분이 사도행전을 찬찬히 읽다 보면 교회 안에서 일어났던 일련의 심각한 문제들을 찾아낼 수 있을 것입니다. 구성원들 사이에 있었던 문제들. 사적으로 일어났던 문제들. 교회와 교회 사이에 있었던 갈등과 사역자들 사이에 벌어졌던 갈등들입니다. 교회 안에서 맨 먼저 표출되었던 가장 큰 갈등은 예루살렘교회 안에서 일어났습니다. 한 지역교회 안에서 일어났던 문제였지만 사역자들에 의해 촉발된 갈등은 아니었습니다. 즉 교회안의 과부들과 음식을 배분하는 문제로 빚어진 사건이었습니다. 하지만, 그 다음의 심각한 갈등을 보십시오. 그다음 문제는 안디옥에서 일어났습니다. **이 문제**는 예루살렘에서 내려온 사역자들로 인해 불거졌습니다. 아주 심각한 갈등은 주로 사역자들 때문에 일어납니다. 이 문제는 대단히 심각하여 결국, 최초의 교회 공의회인. 역주예루살렘 공의회가 소집되었습니다. 그 후에도 지속적인 갈등들이 연이어 일어났습니다. 그리고 그때마다 거의 초인적인 고통을 감내했던 몇몇 사람들이 있었다고 확신해도 좋습니다. 그들은 모두 주님의 몸 된 교회의 연합을 위해 아픔을 감내했습니다. 그것이 바로 초기 그리스도인들이 남긴 흔적이며 그들이 가지고 있던 특징 중 하나였습니다.

여러분은 1세기 **이후**, 그런 훌륭한 사례들을 더 이상 찾아볼 수 없을 것입니다. 나는 325년 이후 전개된 대부분의 갈등과 논란이 성경에서 표출된 갈등이 **아니었다**는 점을 여러분께 상기시켜드리고 싶습니다. 그것들은 1세기 교회들 안에서 표출되었던 그런 유형의 갈등들이 아니라, 이를테면 교회건물과 관련된 문제들이었습니다.(당연히 성경적인 문제가 아닙니다.) 우리가 겪는 문제들이 최소한 성경 속의 교회들이 겪었던 그런 갈등이었으면 좋겠습니다. 즉 초기 성도들의 **교회생활** 안에서 실제로 일어났던 그런 문제들 말입니다. 만약 우리가 주님의 길을 따른다면 그렇게 되지 않겠습니까?

A.D. 300년 이후의 기록들을 읽어보면 대부분의 갈등이 사역자들에 의해 촉발되었다고 말해도 절대로 지나치지 않습니다. 그리고 이제 **우리가** 바로 그 교회 역사 속으로 걸어 들어가야 할 차례가 되었습니다. 우리에게 얼마나 높은 믿음의 기준이 세워질 필요가 있는지요! 그렇지

못하면 우리는 실패할 것입니다.

　여러분 대부분은 지금 매우 젊습니다. 하지만, 항상 그 자리에 있는 것은 아닙니다. 여러분도 나이를 먹게 될 것이고 여러분 중 몇몇은 주님 그분의 은사로 초대받게 될 것입니다. 여러분 중 어떤 사람은 주님의 사역으로 부름 받을 것입니다. 그렇습니다. 사랑하는 성도 여러분, 여러분은 바로 지금부터 그리스도를 여러분의 모든 것으로 받아들이기 시작해야 합니다. 여러분은 '상실'과 '거절'로 부름을 받는다는 것이 무엇인지를 지금 알 필요가 있습니다. 여러분이 사역자가 되기까지 기다린다면 그때는 이미 너무 늦게 될 것입니다.(사랑하는 독자 여러분. 어러분 중에 사역자가 있다면, 여러분에게 주어진 직책이 무엇이든 그 신분증을 반납하는 것이 지혜로울 것입니다. 모든 것을 다시 시작하십시오. 여러분은 교회라고 부르는 주님의 몸을 구성하기에 위험스러운 재료입니다. 오늘날 사역자들은 교회생활이 뭔지, 거절이 뭔지도 모를 뿐 아니라 하나님의 깊은 일들에 대해 아는 바가 없습니다. 우리가 사는 이 시대는 여러분이 주님의 사역자로 준비되기에 매우 적당치 않은 시대입니다.) 주님께서는 매우 작은 일들, 이를테면 여러분이 룸메이트와 함께 지낼 때 겪게 되는 그런 소소한 일들을 통해 여러분을 이 숭고한 도전으로 안내할 것입니다! 그분은 성실하십니다. 여러분이 일상 속에서 겪게 되는 그런 작은 위기들을 통해 끊임없이 여러분을 가르치실 것입니다. 그리고 위기가 커질수록 점점 더 많은 걸 요구하실 것입니다. 작은 일에서 그리스도를 택하시겠습니까? 부디 그렇게 하시기를. 그 거대한 불 시험과 직면하기까지 여러분은 수많은 실습을 통해 경험을 쌓아야 할 것입니다. 지금 여기서부터 여러분의 전 존재로 그분을 구하는 실습을 충분히 해나간다면 이후, 여러분이 사역이나 사역자들과 관련된 문제를 처리하게 될 그 때, 거기서 끌어올 경험들이 분명히 존재할 거란 사실을 확신해도 좋습니다. 무지막지하고 심각한 상황이 닥칠 것입니다! 한발 한발 디딜수록 더 높은 단계의 위기에 직면할 뿐 아니라 더욱 힘겨운 상태에 이를 것입니다. 매번 그럴 것입니다. 실패의 가능성은 매번 더욱 커지고 그때마다 **더 큰 상실**이 여러분에게 요구될 것입니다! '그리스도에 못 미치는 어떤 것'으로 만족하려는 유혹 역시도 더욱 커질 것입니다. 주님의 이름에 어울리지 않는 연장들을 집어 들어 사용하고 싶은 유혹 역시도 해를 거듭할수록 커질 것입니다. 그렇습니다. 여러분에겐 많은 실습이 필요합니다. 그러니 **지금** 그 실습을 시작하십시오.

그 어려운 부르심을 오늘 여기서부터 기꺼이 경험하기 위한 동기부여가 필요할지도 모르겠습니다. 눈을 들어 여러분 앞에 펼쳐질 일들을 보십시오. 하나님께서 이 땅 위에 펼쳐놓을 새 일들을 그려보십시오. 패배와 상실을 배워보십시오. 고난을 경험해보십시오. 단순하고 복잡하지 않은 지금 배우십시오. 고난, 고통과 상실 등으로 매일의 삶의 기초를 놓으십시오. 지금 여기서부터 말입니다!

내가 말씀드리고 싶은 요점은 이것입니다. 만일 여러분이 **그렇게 하지 않으면** 어떻게 될까요? 여러분은 영혼을 갉아먹는 일련의 경험들, 즉, 자기성찰을 계속하게 될 것입니다. 자기성찰, 혹 묵상은 우리에게 권장되는 신앙덕목 중의 하나이다. 그러나 그 자기성찰이나 묵상을 가만히 들여다보라. … 하는 나, … 하지 못한 나/ … 인 나, … 이지 못한 나/ … 할 수 있는 나, … 할 수 없는 나/ 사람들이 보는 나, 하나님이 보는 **나**/ ⋯ **나** ⋯ **나** ⋯ **나**. 결국, 자신을 책망하고 자신을 긍정하고 자신을 학대하고 자신을 위로하며 급기야 **자신**이 할 일을 묵상한다. 물론 **성경구절**을 동반하여! 비록 성경말씀을 기초로 자신을 성찰하더라도 여기서 우리 묵상의 대상이 무엇인지를 보라. 분명 '나'이다. 하지만, 우리 묵상의 대상은 '**내**'가 아니다. 우리 묵상의 대상은 **주님**이다. 역주 여러분이 '그리스도에 못 미치는 어떤 것'으로 문제를 해결하려 든다면 여러분은 결국, 다음 두 가지의 길을 걷게 될 것입니다. 첫째, 지난 1700년 동안 많은 사람이 해왔던 그 일을 되풀이할 것입니다! 그것은 너무도 자명한 일입니다. 둘째, 매우 숭고하고 영적이며 고귀해 보이는 방법을 **선택할 것입니다**. 불행하게도 그 방법은 성경적으로 보이기조차 합니다! 무엇보다도 **지극히** 합리적입니다. 어찌나 **합리적**인지 여러분은 그 방법에 매료될 것입니다. 여러분은 거기에서 여러분의 행동에 대한 변명거리 또한 **확보**할 수 있습니다. 심지어 여러분의 처신을 정당화할만한 성경구절도 발견할 수 있습니다.

지금 제가 드리는 말씀을 여러분이 이해하고 있는지 모르겠습니다. 여러분이 사용할만한 도구들이 있다는 말씀을 드리고 있습니다. 좋은 도구들입니다. '그리스도에 못 미칠뿐!'

"훌륭하지만, 그리스도에 못 미치는 것들과 그리스도 그분 자신"을 분별할 수 있는 **그날을 여러분이 맞이해야** 합니다. 여러분에겐 강인한 영과 축적된 경험이 필요합니다! 하지만, 그 경험은 오직 십자가에 **매달려서만** 얻을 수 있습니다. 그곳은 지구상의 어떤 장소와도 다른 곳입니다. 그곳에서 보면 모든 것들이 다르게 보입니다. 세상에서 보는 것과 그곳에서 보는 것은 분명한 차이가 있습니다. 모든 대상을 십자가 위에서 보기 전까지 여러분은 영적으로 맹인이나 다름없습니다. 십자가 위에 못 박힌 상태에서만 볼 수 있는 것들이 있습니다. 이 땅과 하나님 나라 사이에 놓여있는 십자가! 거기서 못 박히기 전까지는 여러분이 결코 알지 못할, 또 보지 못할 것들이 있습니다. 주님께서는 그분의 종들, 한 사람 한 사람을 **어쩔 수 없이** 그 경험 속으로 이끄셔야 합니다. 여러분을 십자가에 못 박아야만 합니다. 여러분을 기다리는 어떤 경험들은 말할 수 없이 끔찍한 것들입니다. 그것을 경험하기에 앞서 그보다 강도가 '살짝 덜한 체험'과 그와 매우 '유사한 체험'을 미리 하지 않는다면 누구도 견뎌내지 못할 것입니다. 왜 그렇습니까? 사전경험 없이 그 강력한 경험 속에 들어갈 경우, 그것이 여러분을 파괴할 것이기 때문입니다!

여러분 중의 적지 않은 사람들이 사역자가 되기를 원할 것입니다. 사역자가 될 사람들의 자격조건을 한마디로 간략히 정의해드릴 수는 없습니다. 하지만, 사역자가 되기 전에 준비해야 하는 것들에 대해선 말씀드릴 수 있습니다. 필수적인 준비 목록을 말씀드리겠습니다. 만약 그 사람이 하나님께서 원하시는 사역자가 되기를 원할 경우의 **필수 준비** 목록입니다. 간단합니다. 바로 **빈번히** 십자가에 못 박히는 경험입니다. 그의 모든 것을 상실하는 잦은 경험! 다시 한번 말씀드리지만 다른 무엇도 아닌 바로 이 시련 속에서만 배울 수 있는 것들이 있습니다.

십자가 위에 매달린 채 여러분은 무엇을 보아야 할까요? 여러분이 보아야 할 대상은 단 한 가지입니다. 그 어두운 시간, 그 심각한 갈등, 그 엄중한 위기의 한복판에서 여러분이 필요로 하는 것은 오직 그리스도입니다. 십자가 위에서조차 말입니다! 모든 상황에서 여러분이 바라볼 대상은 그리스도 그분이어야 합니다. 그것이 십자가에 못 박히는 동안 여러분이 취할 행동입니다! 절대로 그것을 잊지 마십시오.

이제 우리의 목표는 정해졌습니다. 우리가 오를 정상 그 아래 산기슭에서 한번 위를 올려다보십시오! 저기 정상을 바라보십시오! 우리는 높이를 가늠할 수조차 없습니다. 이 산을 올라야 합니다. 부디 하나님께서 이 지구상에 십자가의 사람들, 그리스도의 사람들, 오직 그분의 사람들을 확보하실 수 있기를!

오, 주님! 이것이 우리의 미션이 되게 하소서.

제5장

쉽게 치유되지 않는 후유증

우리는 지금까지 위기의 시간, 즉 우리가 맞이하게 될 그 끔찍한 날에 관해 이야기해왔습니다. 또 그날에 어떻게 처신해야 할지, 그 해결책은 무엇인지에 대해서도 말씀드렸습니다.(그 해결책이란 오직 그리스도를 아는 것임을 공유했습니다.) 그런데, 위기가 지나가고 난 다음엔? 그 혹독한 시련이 모두 끝나고 나면? 그때 여러분은 여러분이 견뎌낸 그 위기의 시간들만큼이나 혹독한 날들과 마주하게 됩니다. 위기는 언제나처럼 수많은 탈락자를 양산해냅니다. 적잖은 사람들이 그 과정에서 낙오합니다. 그런데 아이러니하게도 위기를 겪으며 무너져 내린 사람들만큼이나 많은 사람이 패배하는 시간이 또 있습니다. 간신히 그 과정을 뚫고나온 사람들이 자신들이 겪었던 위기의 후유증으로 파멸하는 것입니다. 위기가 임박해온다고 가정합시다. 그것을 감지한 여러분은 자신의 생명을 내려놓습니다. 상대를 공격하지 않습니다. 공격을 받아도 응전하지 않습니다. 여러분의 권리를 뒷받침할만한 성경구절을 애써 찾지도 않습니다. 여러분은 아무것도 하지 않을 것입니다. 그 결과는 무엇일까요?

여러분 중의 일부는, "잘했어, 이제 주님이 개입하셔서 우리를 이 어둠 가운데서 건져 내실 거야"라고 기대할지도 모릅니다. 물론 그럴 수도 있을 것입니다. 하지만, 나는 "과연 그럴까?"하는 의문을 갖습니다. 만약 그분께서 그렇게 해주신다면, 여러분은 아주 예외적인 결과를 맞이한 것이라고 확신해도 좋습니다. 여러분은 그 어둠의 밤이 얼마나 혹독한지, 해가 뜨기까지 얼마나 오랜 시간을 보내야 할지에 대해 아직 충분히 알지 못하는 것 같습니다. 그날이 여러분의 인생을 얼마나 피로 얼룩지게 할지 여러분 중 많은 사람이 상상도 못 할 것입니다. 여러분은 무참히 짓밟힐 것입니다. 그리고 매도당할 것입니다. 중상모략의 한복판에 서게 될 것입니다. 정말 십자가에 못 박힐 것입니다. 이것이 여러분의 몫이 될 것입니다. 무엇보다 그 혹독한 시련을 그토록 품위 있게 통과하는 여러분을 주변에서 아무도 알아보는 사람이 없을 것입니다. 오히려 그 침묵 또한 공격받을 뿐입니다. 무얼 해도 욕먹는 그런 상황입니다. 여러분의 그 아름답고 고귀한 처신은 **주목받지 못할 뿐** 아니라 오히려 공격의 대상이 될 것입니다. 그리고 이 모든 과정 속에서 여러분의 인생은 심각한 타격을 입을 것입니다. 여러분의 꿈은 산산조각날 것입니다. 공들인 일들이 치명적인 타격을 입고 애써 이룬 사역들은 망가질 것입니다. 평판은 땅에 떨어질 것이고 모든 것이 백지상태로 돌아가거나 거의 그에 준하는 상태가 될 것입니다.

▨▨▨ 후유증 역시 파괴적이다

여기서 다음 질문을 살펴봅시다. 자, 상황이 종료되었습니다. 불에 탄 겉옷에서는 아직도 연기가 나고 있습니다. 심각한 정신적 타격을 입었고, 영혼이 나간 상태입니다. 이제 어떻게 하시겠습니까? 교회 안의 위기, 교회 간 위기, 사역자들 사이의 갈등, 아주 심각한 개인적 문제 등에 대해 이야기하는 중입니다.

이 시련과 비극을 직접 경험했을 뿐 아니라 그것들이 일으키는 대격변을 몸소 겪었던 이들 가운데 실제로 일어났던 일들을 바탕으로 정확히 어떤 일이 벌어질지 말씀드리겠습니다. 난파선처럼 망가진 인생을 평생 안고 간다고 생각하시는 게 맞습니다. 사실입니다! 영적으로 파괴된다는 것은! 뭔가를 떨쳐버리지 못한 채 그것에 깊이 사로잡혀, 쓰린 속을 부여잡고 멍하게 안개 낀 미래를 향해 걸어가고 있을 것입니다. 영원히 그 지독했던 기억에 파묻혀 살아가는, 그래서 **회복도 불가능해진!** 그런 삶 말입니다.

그것만이 여러분이 맞을 유일한 결과일까요? 꼭 그렇게 끝나야만 할까요? 그것이 자신의 모든 것을 내어준 사람에게 준비된 유일한 길일까요? 어쩌면 그럴지도 모릅니다. 하지만, 그보다 더 나은 길도 있어야 하지 않겠습니까? 왜? 그 길이 바로 **이제 막** 여러분이 걸어갈 그 길이기 때문입니다! 대부분의 사람들은 이 길에서 살아남지 못합니다. 그것이 현실입니다. 하지만, 현실이 그렇다 할지라도, 또 다른 생존의 길이 있어야 하지 않겠습니까? 하나님께 감사드립시다. 그런 길이 존재합니다! 하지만, 안타깝게도 그 길은 저기 언덕 한참 위에 있습니다.

그럴지라도 그 길을 알고 있는 것이 여러분에게 유익합니다. 그 길로 걸어가 살아남아야 합니다. 여러분의 유일한 희망이 **거기에** 있습니다! 십자가에 못 박힌 이후 살아남는 방법은 여러분이 배워야 할 가장 중요한 것들 중 하나입니다.

▨ **여러분의 과거**

여러분 대부분은 아직 젊습니다. 내가 말씀드린 그런 깊은 위기를 경험하진 못했을 것입니다. 하지만, 한편으론, 여러분 각자가 깊이 낙담하거나 절망했던 적은 있었으리라 생각합니다. 그렇지 않습니까? 아니면 어떤 날카로운 상처? 인생의 절망은 여러분을 무너뜨릴 수 있습니다. 그래서 여러분에게 요청할 것이 있습니다. 여러분의 과거를 한번 떠올려보십시오. 여러분이 지금까지 겪었던 가장 어두운 시간, 그때 여러분은 여러분 자신을 어떻게 대했습니까? 그 대답이 지금까지 말씀드린 그 위기의 시간을 여러분이 어떻게 통과할지에 대한 실마리를 줄 수 있습니다.

이 자리에 참석한 여러분 대부분이 어리다는 사실은 여러 측면에서 고무적입니다. 여러분이 젊다는 것은 그만큼 과거가 많지 않다는 것을 의미하기 때문입니다. 이 말의 의미를 새겨보십시오. 이제 말씀드리고자 하는 것은 바로 여러분의 "과거"입니다. 지금까지 말씀드린 불 시험에서 살아남기 위해서는 과거가 존재해선 안 됩니다! 부디 하나님께서 여러분의 과거를 모두 거둬 가시는 은총을 베푸시길!

내가 지금 무슨 말씀을 드리는 것입니까? 그렇습니다. 살아온 시간만큼 여러분들은 과거를 간직하게 됩니다. 긍정적인 부분과 부정적인 경험이 병존할 것입니다. 어떤 과거는 여러분들을 거의 파멸로 몰고 갈 수 있습니다. 그 피해가 너무 커서 믿을 수 없을 정도입니다. 여러분이 어릴수록 이런 경험들은 더 적겠지만 그럼에도 불구하고 각 사람에겐 과거가 존재합니다. 내가 말씀드리는 것을 충분히 인지하셨으면 좋겠습니다. 어두운 과거는 여러분을 파멸시킬 수 있습니다.

자신에게 일어났던 일로 인해 망가지는 수많은 사람을 지켜보았습니다. 그들은 결국, **한 가지** 때문에 무너집니다. 혹독했던 과거를 떨쳐내지 못하는 것입니다. 그 경험이 그들을 계속 따라다닙니다. 그것은 밤낮으로 그들을 몰아붙이고 있습니다. 누군가에 의해 상처받았던 그 장소로 말입니다. 오늘, 이 순간까지도 그들은 그 상처에서 벗어나지 못하고 있습니다. 그 기억이 그들 가운데 머물고 있습니다. 그 기억은 심령 한복판에서 계속 그들을 할퀴고 있습니다. 확고부동하게 자리 잡은 그 기억을 치워버려야 합니다!

그 과거를 제공하는 사람들이 있습니다. 누가 주로 그 역할을 맡는지 아십니까? 여러분의 윗사람상사들이 그 역할을 담당하기도 합니다. 아니면 여러분과 친밀했던 어떤 사람일 수도 있습니다. 하지만, 그 역할에 정말로 **잘 어울리는 사람들**이 따로 있습니다. 그들이 누구이겠습니까? 바로 그리스도인입니다! 믿을 수 없겠지만, 그리스도인만큼 여러분에게 깊은 상처를 주는 사람은 없습니다. 여러분에게 대부분의 끔찍한 기억을 제공하는 장본인은 바로 그들입니다. 한번 더 강조하지만, 이것은 기독교 역사가 증언하는 사실입니다.(그리스도인 중에서도 그 역할을 가장 충실히 이행하는 자들은 아마도 사역자들일 가능성이 높습니다.) 상황이 그러하니 혹 여러분 가운데 그런 일이 발생하더라도 너무 놀라지 마시기 바랍니다.

신약성경 히브리서에 바로 이 엄중한 말씀이 나오고 있습니다. 히브리서 기자의 입을 통해 주님께서 하시는 말씀입니다. "너희 안에서 쓴 뿌리가 자라나지 않도록 조심하라." 여러분에게 상처와 쓰라림을 안긴 장본인이 그리스도인일지라도 이 말씀은 그대로 적용됩니다.

나는 우리가 오르려는 이 산의 정상으로 나아가던 중 중도에 포기한 많은 사람들을 보았습니다. 도덕적인 문제와 노골적인 이단시비로 쓰러지는 경우도 있었지만, 이들을 중도에 무너뜨린 대부분의 요인은 **쓴 뿌리**였습니다. **쓴 뿌리!** 이것은 우리의 여정에 놓인 어떤 장애물보다도 더 많은 이들을 무너뜨려왔습니다.

쓴 뿌리라는 것이 대체 무엇일까요? 그것들은 언제 여러분을 장악하는 것일까요? 여러분이 여러분의 과거를 이리저리 끌고 다닐 바로 그때 쓴 뿌리는 여러분의 삶을 헤집고 들어옵니다. **과거를 현재** 가운데로 끌고 들어오는 순간, 그 쓴 뿌리는 자벌레처럼 여러분의 영혼 속에 기어 들어옵니다. 그리고 여러분뿐만 아니라 곧 여러분 주변의 모든 사람에게도 영향을 미치기 시작합니다. 영향을 미치되 쓴 뿌리에서 나오는 영향을 미치는 것입니다. 먼저는 여러분 자신이 쓴 뿌리에 의해 파괴되지만, 이후엔 여러분이 다른 사람을 파괴하기에 이릅니다.

다시 한번 말씀드립니다. 여러분 앞에 분명 어려움이 찾아옵니다!

내면에 쓴 뿌리를 키우며 거기에서 벗어날 사람은 없습니다. 지금까지 받은 상처는 상처 축에도 못 낍니다. 지금 바로 짐을 싸서 떠난다면, 그리고 돌아오지 않는다면 여러분은 앞으로 겪어야할 괴로움을 피할 수 있습니다. 나는 성경적 관점으로 말씀드리고 있습니다. **그리고** 경험을 기반으로 말씀드리고 있습니다.

우리는 이 문제에 대한 입장을 분명히 해야 합니다. 머잖아 세상과 세상에 속한 모든 것들이 우리를 대항해 일어날 것입니다. 여러분의 과거를 현재 속으로 끌고 들어오면, 즉, 그리스도가 여러분의 과거가 되게 하지 않는다면 미래가 여러분을 파괴하기 시작할 것입니다. 과거의 비통함이 여러분의 현재에 뿌리를 내린다면 여러분의 미래는 살아남기 어렵습니다. 쓴 뿌리는 그것에 접촉된 사람들을 조용히 파괴해나갑니다. 여러분에게 분명히 말씀드립니다. 여러분의 어제가 여러분의 오늘 속으로 침입하는 것을 허락지 마십시오. 여러분의 오늘 속으로 들어올 유일한 대상은 오직 한 분, 그리스도뿐입니다. 그리스도 외엔 없습니다. 그리스도만이 과거를 누르고 여러분을 앞으로 나아가게 하실 수 있습니다.(나는 십자가에 못 박힌 이후의 삶에 대해 지금 말씀드리고 있습니다.)

그렇다면 '안 좋은 과거를 갖지 말라'는 말은 무슨 의미입니까? 우리 모두가 과거를 가지고 있다는 것은 공공연한 사실이 아닙니까? 그렇지 않습니다. 그것은 사실이 아닙니다. 우리가 과거의 어두운 경험을 현재의 삶 속으로 끌어들일 **그때에만** 우리에겐 과거가 존재하는 것입니다. 그렇다면 과거의 어두운 경험이 현재 속으로 파고드는 것을 어떻게 차단할 수 있습니까? 주 그리스도만이 내 현재임을 인지함으로써 가능합니다. 그분이 과거의 인물이 아님을 여러분은 잘 알고 계실 것입니다. 그렇다고 현재의 시간에 속한 분도 아닙니다. 미래에 속하지도 않았습니다. 그분은 시간과 공간을 초월하여 존재하십니다. 그분은 어두운 기억들을 덮어나가실 수 있습니다. 그분에 대한 경험을 **여러분의** 현재로 삼으십시오. 여러분이 살아남을 수 있는 희망이 거기에 있습니다.

내가 '과거'라고 말할 때, 그 말이 의미하는 바가 무엇인지 아무래도 분명히 정의하고 넘어가는 것이 좋을 것 같습니다. 내가 말씀드리는 '과거'란 여러분의 어두운 경험을 의미합니다. 이 정의에 의해서라면 사실 이 방 안에 있는 여러분 모두가 과거를 가지고 있는 셈입니다. 하지만, 여러분이 앞으로 나아가길 원한다면 여러분의 과거는 **오늘** 여기서 끝나야 합니다. 여러분의 과거는 곧 주님이어야 합니다. 그렇지 않으면 여러분은 여러분의 과거에 의해 소멸하고 말 것입니다. 어두운 기억은 분명히 청산되어야만 합니다.

실례를 들어 조금 더 설명해 드려야 할 것 같습니다. : 저는 며칠 전 미국 중서부 여행을 마치고 돌아왔습니다. 여행이 어땠을까요? 감사하게도 아주 즐거웠습니다. 약 한 주간 그곳에 머물렀습니다. 그곳에서 머무는 동안 어떤 상처를 받았을까요? 전혀 없었습니다! 나의 고향 방문 여정은 너무 훌륭했습니다. 어제를 기억하며 내가 주시하는 것은 오직 그리스도 그분이기 때문입니다. 그제는 어떨까요? 그 역시 훌륭한 날이었습니다. 실제로 그날을 돌아보며 내가 발견하는 대상은 오직 그리스도이기 때문입니다. 여러분도 그 지점에 머물러 계셨으면 좋겠습니다.

더 이전의 과거는? 마찬가지입니다. 달력을 계속 뒤로 넘기다가 별로 좋지 않았던 날들이 있다면 그리스도께서 거기 계시지 않기 때문입니다. 그날의 일들이 불쾌한 기억으로 현재의 나를 채우고 있기 때문입니다. 내가 그 끔찍했던 날을 처리할 수 있을까요? 그렇습니다. 그날을 내 현재의 일부로 삼은 것은 나의 선택이었기 때문입니다. 그날에 대해 떠올리는 것도 나입니다. 그날에 대해 말하는 것도 나입니다. 조목조목 그날을 분석해서 누군가에게, 아니면 모든 사람에게 설명하는 것도 나입니다. 그날의 내 정당성을 강변하는 것도 나입니다. 그날을 되돌릴 수 있는 것도 나입니다. 그날을 더욱 생생하게 만드는 것도 나입니다. 내가 그날에 깃들어 사는 것입니다. 즉 그것을 내가 선택하는 것입니다! 그날이 내 속에 살아남도록 영양분을 공급하는 것도 나입니다! 그것을 끌어들이는 것도 나입니다! 그날을 내 인생의 영원한 한 부분으로 삼으려는 것도 나입니다. 내가 그날을 내 역사책에 기록한 것입니다. 그것에 대해 말할 수 있고 기억할 수 있는 것도 나입니다. 확실한 사실은 이것입니다. 만약 과거의 어느 한 날이 지독히 좋지 않다면, 소름 끼치도록 끔찍한 상황이라면, 그게 내 과거가 됩니다.

나에게 정말 그 끔찍한 날이 있었을까요? 형제 여러분, **그것은 경우에 따라 그럴 수도 있고 아닐 수도** 있습니다. 내가 허락하면, 그날은 존재하는 것입니다. 내 인생 가운데 매우 끔찍한 날로 존재하는 것입니다. 그날을 오늘 나의 삶속에 들어오도록 허락한다면, 그래서 그 안에 머물러 있다면, 그날은 나를 망가뜨릴 것입니다. 그날을 돌아보며, "그것은 내가 살아온 날들 중에 가장 끔찍한 날이었어. 너무 억울했어. 나는 이

용당했고 그들은 쓰레기 같은 작자들이었어" 등등. 만약 내가 **이런 입장**을 취한다면, 이렇게 대처한다면, 그렇습니다. 그땐 내 인생에 끔찍한 일들과 내 인생을 망가뜨린 그날이 존재하는 것입니다. 그날 일어난 일로 밥벌이를 할 수도 있습니다. 어떻습니까? 여러분 인생 가운데 그런 날이 있었습니까? 너무 억울해서 여러분을 파괴할 수도 있고 괴롭힐 수도 있는 그런 날, 텐트를 치고 그 아래서 밥을 빌어먹을만한 그런 날 말입니다. 여러분은 그것에 대해 말할 수도 있고 그 안에 머물 수도 있고, 그 경험을 잘 키울 수도 있습니다. 어떻습니까? 그렇게 깊이 상처받은 적이 있으십니까? 너무 참담해서 그것으로 책이라도 한 권 쓰고 싶을 지경입니까? 한 권으로는 부족합니까? 매월 잡지라도 만들어 돌리고 싶으십니까? 너무 기가 막혀 그 악당들을 멈추기 위한 전 국민적인 운동이라도 일으켜야 할 것 같은 그런 일이었습니까? 그렇습니다. 그런 경험이야말로 여러분의 영혼 깊숙이 스며들어 집을 짓고 여러분을 파괴합니다. 그리고 많은 사람이 정확히 이런 과정을 겪었습니다.

나에게 그런 날이 있었을까요? 대답은 분명합니다. **단지** 내가 그것을 집으로 불러들이고 잠자리로 불러들일 그때에만 존재합니다.

그런 일들이 발생했을 때, 너무 끔찍하고 억울해서 주님의 백성들 중 많은 이들이 그날에서 벗어나지 못합니다. 만약 그와 같은 날들을 겪었고 떨쳐버릴 수 없다면 그것은 나의 현재 삶 속으로 파고들어 옵니다. 더 이상 나의 과거 속에만 머물지 않습니다. 그것은 쓰라린 현재가 됩니다! 지금도 피해를 주는 것입니다. 즉시 어떤 조치를 취하지 않는다면, 그래서 그것이 나의 속사람까지 파괴하기 시작한다면, 그리고 그로 인해 나의 미래까지 영향을 받는다면, 나는 파멸되고 말 것입니다! 중요한 것은 여기 계신 **여러분들이 앞으로 그와 같은 상황에 직면해야 한다는 사실입니다!** 내 눈에 저 멀리 그날이 들어옵니다. 아니, "보세요. 저기 있습니다!"라고 말해야 할지도 모르겠습니다. 여러분이 정복할 저 산봉우리 밑 어딘가에 그날이 기다리고 있습니다! 그날은 그 봉우리에 도전하는 모든 순례자를 기다리고 있습니다.

어떻습니까? 그래도 여전히 이 정상에 도전하실 작정입니까? 만약 그렇다면 과거에 속한 것들을 옆으로 치워야만 합니다. 앞으로 언제든 그런 쓰라린 하루를 보내게 된다면, 여러분은 즉시 그 기억들을 여러분 안에서 밀어내야 합니다. 그날의 모든 기억을 여러분 안에서 내보내야 합니다.

한 조각의 과거도 여러분의 현실 속으로, 그리고 미래 가운데 파고들지 못하도록 하십시오. 그것은 과거일 뿐입니다. 결코 그리스도가 아닙니다. 다 지나갔습니다! 하나님을 찬양합시다. 그것은 여러분의 기억에서 사라질 수 있습니다. 그날은 영광으로 대체될 수 있습니다.

나는 정말로 그날에 대해 기억하지 못합니다. 나에게 무슨 일이 있었냐고요? 미안하지만, 기억하지 못합니다. 그 날은 내게서 사라졌습니다! 지난 주에 그 일이 일어났을까요? 아니면 지난해? 몇 년 몇 월 며칠? 정당한 일이었을까요? 아니면 억울한 일이었을까요? 미안합니다. 나는 그날을 소환할 수 없습니다. 내 마음 속에 자리를 잡은 적이 없습니다.

물론, 여러분은 내 과거에 있었던 일들에 호기심을 가질 수 있습니다.

그 날에 무슨 일이 있었는지 정말로 알고 싶습니까?(그럴 것입니다! 고양이 같은 호기심은 타락한 인간들 속에 거하는 자연스러운 감정입니다!)

물론 나는 여러분마저도 분노케 할 이야기를 들려드릴 수 있습니다! 보십시오! 내 나이를 먹은 사람이라면 누구나 그런 일들이 있을 수 있습니다. 안타깝게도 어떤 사람들은 여전히 그 일에서 벗어나지 못한 채 만나는 모든 사람에게 그 이야기를 들려주고 있습니다. 조심하십시오. 여러분이 앞으로 20년이란 세월을 더 살았을 때쯤, 여러분 인생의 상당 부분을 불쾌한 경험들로 채우게 될지도 모릅니다. 하지만, 그 경험들은 여러분이 애지중지할만한 대상들이 못됩니다. 많은 주님의 종들이 끔찍한 경험들을 품고 살아갑니다. 하지만, 그런 쓰라린 경험들을 거의 모르고 살아가는 사람들도 있습니다. 왜 그럴까요? 그들은 그 날에 대해 절대로 말하지 않기 때문입니다. 결과적으로 피로 얼룩진 그 날은 그들 안에서 곧 사라졌습니다. 그럼에도 어떤 이들은 평생동안 그 일들에 대해 말하며 살아갑니다. 결국, 그 끔찍한 경험들이 심령 가운데 집을 짓고 거주하게 됩니다.

다른 한편, 여러분이 비통함을 안고 살아가고 있을 그때, 어디선가 괴로운 밤을 보내는 또 다른 성도들이 눈에 들어올지도 모릅니다. 조심하십시오. 여러분 자신도 모르게 그들과 '불평 클럽'을 결성하고 싶은 마음이 들지도 모릅니다. 비통함을 가진 이들은 서로에 대한 연대감을 품기 쉽습니다. 그들은 서로 둘러서서 무슨 일이 있었는지를 거듭거듭, 인생이 다 가도록 서로에게 털어놓고 싶을 것입니다. 그때는 차라리 가

방을 싸들고 **여러분이** 그들을 떠나는 편이 훨씬 낫습니다. 그 일들을 떨쳐버릴 수 없더라도, 최소한 그들과 함께 머물지는 마십시오. 그들의 상처는 곧 여러분의 상처를 고착시킬 것이고 여러분의 상처는 그들의 상처를 고착시킬 것이며 여러분의 관점이 곧 그들의 관점이 되고 그들의 관점이 곧 여러분의 관점이 될 것입니다. 뿐만 아니라 그들이 입은 손실이 여러분을 손상시킬 것이고 여러분의 편견은 그들의 편견으로 옮아갈 것입니다. 많은 해로움이 여러분에게 전염되어 여러분 자신도 해로움을 입겠지만 여러분 또한, 다른 사람들에게 해악을 끼칠 것입니다. 여러분의 비통함이 다른 사람의 심령에 뿌리를 내리지 않도록 주의하십시오.

지금 말씀드린 내용은 교회사의 한 부분이라 해도 무방합니다. 그것을 요약해보면 이렇습니다. 누군가 상처를 입습니다. 그는 자신에게 위해를 가한 사람에게 반격을 가합니다. 그때 옆에 있던 사람들이 화가 나서 일제히 상대편을 공격하면 이번엔 공격을 받은 사람들이 다시 반격을 가합니다. 처음 상처를 유발한 그 말이 부당할 수 있습니다. 하지만, 그에 격노하여 반격을 도모하는 일 역시 부당합니다. 그들의 합법적인 권리는 짓밟혔고 평판은 땅에 떨어졌으며 가해진 소문들은 부당했습니다. 하지만, 상황이 종료되었을 때 양쪽 모두 영원한 파멸을 맞았습니다. 다시 말씀드리면, 어느 누구도 십자가로 향하지 않았습니다.

그러한 처신은 '그리스도에 못 미치는 것'입니다. 그렇다면 어느 쪽도 그런 처신으로 반응해선 안 됩니다. 피해를 당한 쪽이기 때문에 '나는 정당하다'는 입장을 가질 수 있습니다. 그럴 수 있습니다. 그 사실을 크게 외치는 것도 정당할 수 있습니다. 예, 분명 그럴 수 있습니다. 하지만, 그것이 그리스도는 아닙니다. 비록 정당하더라도 그 사실을 크게 외칠 때 여러분은 **누군가**를 무너뜨릴 수 있습니다.

결국, 여러분에게 드리고자 하는 말씀이 있습니다. 이제는 교회 역사 속에 지금껏 기록되어왔던 내용들보다 더 나은 페이지를 써넣을 때가 되었습니다. 과거에 반복된 일들은 여기서 오늘 우리와 함께 끝나야 합니다.

만약 여러분이 겪은 어두운 경험들이 여러분 인생의 중요한 부분을 차지한다면, 아! 여러분에게 주어진 깃발은 결코 앞으로 나아가지 못할 것입니다. 만약 여러분이 과거의 경험에 붙들려 사는데도 깃발이 앞으로 나아간다면, 그것은 하나님께서 과거를 소유할 권리를 포기한 (여러분이 아닌)다른 한 무리의 백성들을 발견하셨고, 그들이 깃발을 들고 전진하기 때문일 것입니다. 자신의 정당한 권리를 주장하지 않는 사람들, 다른 사람들의 공격을 못 들은척 하고 억울함을 당해도 갚아주려 하지 않는 사람들, 이 지구상 어딘가에 그런 사람들이 존재해야 합니다.

만약 깃발이 앞으로 움직이기 시작한다면 그것은 과거가 소멸되었기 때문입니다. 그건 여러분에게 일어난 온갖 부당한 일이 일어나지 않았다는 뜻입니다.

호기심

조금 전에 사람들의 호기심에 대해 잠깐 언급한 바가 있습니다. 여러분의 호기심이 예수 그리스도로 바뀌어야 합니다. 우리는 호기심으로 채워진 피조물입니다. 누군가에게 무슨 일이 일어난 단서를 포착하면, 특별히 그것이 부정적인 어떤 일일 경우 우리는 즉시로 그 모든 일에 대해 알고 싶어 몸 둘 바를 모릅니다. 자, 여기에 한 무리의 사람들이 있습니다. 지금 그들이 여러분의 방문 앞에 몰려와 여러분에게 간청하며 여러분이 나오기를 기다리고 있습니다. 그들이 애원하는 소리가 여러분의 귀에 들립니다. "내게 편견을 심어주세요!", "제발 내 눈에 색안경을 씌워주세요", "어서 상처입은 이야기들을 들려주세요. 나는 당신 편에 설 거예요. 제가 기분이 상할정도로 누추한 사건을 빼놓지 말고 다 이야기해 주세요. 궁금해서 더 이상 기다릴 수가 없군요! 불평불만을 자세히 들려주세요. 그 내용이 무엇이든 상관없답니다. 당신이 어떤 이야기를 하더라도 우린 당신 편을 들 거예요. 약속합니다!"

세상은 이런 종류의 사람들로 가득 차 있습니다. 실상 여러분들도 그들 중의 한 사람인지 모릅니다. 그럴 수 있습니다. 사랑하는 형제 여러분, 여러분의 과거를 치워버리는 한편 다른 사람들에게도 퍼뜨리지 마십시오. 여러분이 누군가의 주체할 수 없는 호기심을 누그러뜨려 줄 사람이 될 필요는 없습니다.(결국, 여러분은 생각하고 행동하고 살아가는 데 있어 전혀 새로운 방식의 삶으로 초대받고 있는 것입니다. 여러분에게 익숙한 문화적 관습과 여러분 내면의 옛 사람과도 상반된 방식으로!)

여러분의 호기심을 놔주어야 합니다. 다른 사람들의 누추한 일들을 알려고 애쓰지 마십시오. 그렇습니다. 그런 이야기들은 듣기에 솔깃합니다. 맞습니다. 솔직히 매우 흥미롭습니다! 즐겁기까지 합니다! 어린아이가 생일 케이크에 만족하는 것처럼 여러분 안의 옛사람은 그 이야기들을 들으며 만족할지도 모릅니다! 그럴지라도 여러분은 듣지 말아야 하고 말하지 말아야 합니다. 그리스도인이 잘못을 저지른 이야기를 들으며 이 밤을 보내는 것보다 더 즐거운 일은 사실 많지 않습니다. 내일도, 모레도 마찬가지입니다! 여러분의 모든 그리스도인 친구들과 그것을 화제로 맘껏 이야기할 수 있을 것입니다. 내 말을 잘 들으십시오. 주님의 사람들이 달고 있는 귀는 그러한 이야기들을 듣기 위해 창조되지 않았습니다. 우리는 그리스도인들이 잘못한 이야기들을 에써 들으려 해선 안 됩니다. 그것이 교회 역사에 기록될 때까지는 그저 내버려 두십시오! 백 년 혹은 이백 년 전에 일어났던 일들을 우리가 글로 읽는다면 그것은 우리에게 교훈을 줄 수 있습니다. 하지만, 지금 일어나는 어두운 이야기들은 우리의 영혼에 그늘을 드리웁니다. 귀에 즐거운 달콤함은 우리에게 그에 합당한 대가를 요구합니다. 우리 앞서 이 길을 걸어갔던 사람들이 그러했습니다. 우리 역시 그들과 같다면 그들의 전철을 밟을 수밖에 없습니다. 재미? 좋습니다. 즐거움? 좋습니다. 다들 그렇게 해왔는데? 맞습니다. 하지만, 그것이 그리스도는 아닙니다.

그리스도가 아니라면 우리에게는 사치입니다.

교회의 문제, 사역자의 문제, 개인의 문제 등등 이 모든 일이 듣기에 흥미롭고 재미있으며 여러분의 호기심을 채워줄 만한 것들입니다. 하지만, 끔찍한 갈등을 반복재생하는 것이 주님을 대신할만큼 가치있는 것들은 아닙니다. 많은 사람이 귀의 즐거움을 위해 깃발의 전진을 포기해왔습니다! 여러분의 호기심을 충족시키기 위한 저녁 만찬을 즐길 수는 있습니다. 그리고 그를 통해 누군가에게 전해줄 흥미로운 이야깃거리를 얻을 수도 있습니다. 하지만 그것은 비싼 대가를 요구할 것입니다. 그것이 불러올 참사란 실로 어마어마합니다.(여러분은 그 참사를 다음과 같이 합리화하며 변명할지도 모릅니다. "내가 그들에게 그 이야기를 들려준 것은 오직 그들이 같은 실패를 반복하지 않기를 바라서였어요." 예, 그럴 수 있습니다. 그것이 그들에게 작은 도움이 됐을 수도 있고 여러분의 아픈 감정이 완화되는 효과를 가져왔을지도 모릅니다. 어쩌면 도움이 되었을 거란 사실을 인정합니다. 하지만 주목하십시오. 꼭 필요한 일은 아니었습니다. 언제나 그렇습니다! 그 대신 우리에게 꼭 필요한 것이 있습니다. 바로 그리스도입니다.)

이미 말씀드렸지만, 다시 한번 말씀드리겠습니다. 오늘날 기꺼이 고통을 감수하려는 하나님의 사람들은 어디 있습니까?

제가 좋은 소식을 전해드립니다. 우리는 우리의 과거에 대해 말하지 않아도 괜찮습니다. 여러분이 겪은 어두운 밤을 다른 사람들에게 드리우지 않아도 됩니다. 아, 물론 굳이 그렇게 하겠다면 어쩔 수 없습니다. 하지만 꼭 그렇게 하실 필요는 없습니다! 여러분의 과거를 여러분의 인생에서 내려놓으셔도 됩니다. 우리 모두에게 절실한 것은 오직 그리스도입니다. 여러분 앞에 있는 형제가 얼마나 호기심이 많은 사람인지, 얼마나 그 이야기를 듣기 원하는지는 개의치 마십시오. 사실, **그가 정말로 원하는 것**은 주님입니다. 그에게 주님을 주십시오. 그에게 정말로 **절실한 것**은 주님입니다. 여러분 내면 어딘가에 '혹시나'하면서 뭔가를 간절히 사모하는 속 사람이 있습니다. 여러분과 절친한 동료 그리스도인 내면에도 마찬가지로 뭔가를 간절히 사모하는 **누군가**가 있습니다. 그 **사람**은 여러분으로부터 그리스도를 듣게 되진 않을까 고대하고 있습니다. 그가 기대하는 것은 오직 그리스도입니다. 만약 그가 여러분으로부터 그리스도를 얻을 수 있다면 그는 곧게 일어설 힘을 얻게 될 것입니다. 그렇게 된다면 어쩌면, 어쩌면, 그의 남은 삶 전체가 변할 수도 있습니다. 어쩌면 그로 인해 거의 운명이 영원히 달라질 수도 있습니다.

사용치 말아야 할 도구

여러분에게 비밀을 하나 말씀드리겠습니다. 내가 말씀드리지 않아도 여러분이 언젠가는 **배우게 될** 비밀입니다. 일단 이 비밀을 발견하면 누구나 그렇듯이 여러분도 이 비밀을 사용하고 싶은 유혹을 받게 될 것입니다.

그 비밀이란 이것입니다. 여러분은 자신의 과거를 자신에게 유리한 쪽으로 사용할 수 있습니다. 무슨 의미일까요? 여러분의 과거로 주변 사람들을 결속하고 여러분 자신의 사역을 강화할 수 있다는 의미입니다.(주님의 사역이 아닌 여러분 자신의 사역 말입니다.) 여러분이 겪은 불편한 경험 모두가 이를 위한 도구가 될 수 있습니다. 기억하고 계시지요? 여러분은 그 경험들을 꺼내 들어 다른 **누군가**를 경계하도록 만들 수 있습니다. 그렇게 함으로써 여러분은 주변 사람들을 한 몸으로 결속시키고 여러분이 품고 있는 같은 선입견을 그들도 품게 만들 수 있는 것입니다. 이것이 바로 어떤 운동-movement이 시작되고 유지되는 가장 큰 비밀 중의 하나입니다! 누군가 이렇게 말하는 것을 들은 적이 있습니다. "만약 당신이 어떤 운동을 전개하고 싶다면 한 그룹의 사람들을 일으키고 그들에게 공동의 적을 만든 후 그를 혐오하게 하라." 불행하지만 이것은 사실입니다. 이러한 사실은 폭로되어야 합니다.

실례를 들어 설명해보겠습니다. 어느 날 여러분이 누군가에 의해 피해를 보게 됩니다. 그러면 여러분 안에 억울함이 생길 것입니다. 어쩌면 전혀 다른 상황일 수도 있습니다. 사실은 여러분의 사역이 그룹 안에 있는 누군가로 인해 위협받고 있을 수도 있습니다. 뭐가 되었든 여러분은 이제 큰 문제 앞에 직면했습니다. 그래서 둘러보며 상황을 극복할만한 도구를 찾기 시작합니다. 그때 여러분이 찾는 것은 상대를 제압할만한 실제 사례입니다. 여러분은 현재의 위험에 맞닥뜨린 나머지 이제 과거로 손을 뻗습니다. 그리고 **현재의** 위기를 제대로 설명하기 위해 과거의 경험을 꺼내 듭니다. 할 수만 있으면 거기 있는 모든 이들의 머리가 쭈뼛 서도록 그 경험을 각색합니다. 그야말로 으스스한 공포소설입니다. 두려움이 크면 클수록 효과는 더 좋습니다. 많은 그리스도인 사역자들이 자신들의 적에 대해 성토하는 것을 근간으로 평생의 사역을 끌어가고 있습니다. 자신을 추종하는 사람들에게 같은 편견을 심어줌으로써 공동의 적을 만들거나 공동의 두려움을 조성하여 그들을 하나로 규합하려는 것입니다. 여러분 주변을 둘러보십시오. 오늘날 대부분의 기독교 사역은 어떤 사람이나 일을 적대시하고 두려워하게 만듦으로 유지되고 있습니다. 두려움과 적대감, 또는 마음을 확 사로잡는 단순 비전

single-shot vision에 기반을 둔 사역, 아니면 그 두 가지를 적절히 결합한 사역! 대부분의 그룹들을 결속시키는 것은 그리스도가 아닙니다. 그들을 결속시키는 것은 공동의 적입니다. 여러분의 과거를 그런 용도로 사용할 작정입니까? 사랑하는 형제여, 내 말을 잘 들어보십시오. **여러분에겐 어떤 적도 존재하지 않습니다.** 그것을 기억하십시오. 여러분이 사는 날 동안 여러분에겐 적이 존재하지 않습니다! 여러분에겐 단지 한 가지만 존재할 뿐입니다. 바로 주님입니다.

여러분이 더 오래 살면 살수록 여러분 주변에 집어들 도구가 더 많아진다는 사실을 알게 될 것입니다. 몇 년 안 있어 여러분은 상당수의 도구를 발견하게 될 것이고 실제로 그것들 중 몇 가지를 집어 들어 사용하는 것에 스릴을 느낄 수도 있습니다. 도구들 중 어떤 것들은 여러분이 위기를 벗어나는데 안성맞춤인 것들도 있습니다. 특별히 **여러분의** 자리가 위협당할 땐! 연장을 꺼내들고 앞으로 걸어 나가 여러분은 세력을 규합할 수도 있고, 임박한 위기를 타개해나갈 수도 있습니다. 여러분이 더 오래 살수록 꺼내 쓸 연장은 더 많아질 것입니다. 그리고 그것들 중 어떤 것들은 매우 고상해 보이기까지 할 것입니다. 그러나 다시 한번 자세히 살펴보십시오. 그것들은 '그리스도에 **못 미치는 것들**'입니다.

연장들이 사라지지 않는다는 것이 유감입니다. 때때로, 연장을 꺼내 사용하지 않고서는 도저히 하나님께서 여러분에게 주신 임무를 완성할 수 없을 것 같다는 느낌이 들 것입니다. 그 연장들을 꺼내 쓰지 않는 한, **여러분의 사역 전체가 공중분해 될 것**이 눈에 선할 순간이 올 것입니다.(그때쯤 되면 마침내 여러분 안에서 꼬마 도깨비가 속삭일 것입니다. "몇 년 전에 무시무시한 경험을 했잖아. 그 경험을 꺼내 휘두를 시간이야. 어서! 그 경험으로 모든 이들을 얼어붙게 만들어. 그 경험은 제대로 힘을 발휘해 모든 사람의 눈을 가리고 이 현재의 위기 속에서 너를 건져낼 거야.") 여러분, 사정이 정 그렇게 급하다면 그냥 여러분의 사역이 무너지도록 놔두십시오. 주님의 백성들에게 필요한 것은 오직 그리스도입니다. 만약 예수 그리스도로 충분하지 않다면, 만약 그리스도께서 그 위기로부터 여러분을 구할 수 없다면, 그땐 모든 것이 파괴되도록 놔두십시오.

그렇다면 여러분의 과거를 어떻게 다루는 것이 좋겠습니까? 그냥 놔두시면 됩니다. 나의 과거 가운데 나의 현재로 끌어올 필요가 있는 유일한 경험, 그리고 미래로 가져갈 필요가 있는 유일한 경험이 있습니다. 그리스도 한 분뿐입니다. 내가 경험해온 그리스도. 그 외 나머지 모든 경험으로부터 **떠나십시오**. 만약 내가 그리스도 외에 어떤 것, 또는 그리스도가 아닌 어떤 것을 다른 이에게 말한다면 나는 나의 현재와 내가 맞이한 위기 한복판에 다른 무언가를 초청한 것이나 다름없습니다. 만약 내가 A지점출발지점. 역주에서 B지점사람의 좋은 생각. 역주을 통째로 생략하고 C지점예수 그리스도. 역주까지 곧장 건너갈 수 없다면 차라리 어떤 말도 하지 마십시오. C지점에 도달할 수 없다면 차라리 아무 말도 하지 마십시오. 만약 무슨 말이라도 해야 할 상황이라면 차라리 짐을 싸서 그곳을 떠나십시오.

이 땅에서 내게 주어진 몇십 년을 살아오면서 나는 다만 그리스도 그분을 아주 조금 갖게 되었습니다. 주님 찬양받으소서! 나는 그 부분을 나의 과거로부터 데리고 올 수 있습니다. 그 밖에 다른 어떤 과거는 존재하지 않습니다. 만약 내가 그리스도 아닌 과거의 어떤 것을 행하거나 말하려 한다면 나는 아직도 그분에게 이르지 못한 것입니다. 여러분이 찾은 그리스도를 미래로 모셔 가십시오.

우리가 지금 여기서 다루고 있는 일들은 그렇게 재빨리 손에 잡히는 것들은 아닙니다. 하지만 이런 것들로 인해 우리가 큰 교훈을 얻을 수 있다고 믿습니다. 온통 그리스도뿐인 과거를 갖고 있든지, 아니면 과거가 아예 존재하지 않아야 합니다. 우리는 그러한 기준에 닿을 수 있습니다. 우리는 분명 **그럴 수 있습니다.**

여러분의 현재

우리는 십자가로 통과하는 것에 대한 말씀을 나누었고, 이젠 십자가의 후유증을 어떻게 이겨내고 살아남을지에 대해 다루고 있습니다. 과거를 살펴보았으니 이제 현재적 측면에 대해 말씀드리겠습니다. 십자가를 경험한 이후에 맞이하는 시간은 완전히 새로운 영역입니다. 지금껏 경험해보지 못했던 영역일 것입니다.

여러분이 그 끔찍한 십자가를 시간을 통과했습니다. 그리고 이후에 찾아오는 악몽을 어떻게든 떨쳐냈다고 가정해봅시다. 이제 여러분은 더 이상 과거에 지배받지 않고 현재만 살고 있습니다. 자, 보십시오. 이제 막 새로운 여정을 시작하려 하는데 다시 십자가와 마주칩니다. 그 상황에서 여러분은 무엇을 찾게 될까요? 아마도 여러분이 과거에 찾았던 바로 그것을 원할 것입니다. 여러분 깊은 곳에 있는 그 졸장부 녀석을 기억하십니까? 녀석은 역시나 갖가지 대안들(사람의 좋은 생각)을 여러분에게 제공하려고 덤빌 것입니다. 여전히 녀석은 여러분이 십자가로 향하는 것을 반대하고 있습니다.(그리고 그에겐 십자가 이외의 여러 대안이 존재합니다. 하지만 그가 태생적으로 부정직한 녀석임을 기억하십시오. 사실대로 말한다면 그 녀석은 사기꾼입니다.) 더욱이, 녀석은 예민한 겁쟁이입니다. 여러분이 과거에 짊어졌던 십자가의 후유증을 이겨내고 다시 현재의 십자가로 뚜벅뚜벅 걸어갈 때, 녀석은 그 길에서 벗어날 새로운 길이 있다고 꾸며대기 시작할 것입니다.

여러분은 아직 젊습니다. 여러분의 인생 중, 그리스도인으로 살기에 그래도 가장 쉬운 시간대인지도 모릅니다. 여러분은 교회 안에 있습니다. 아직 결혼도 하지 않았습니다. 여러분의 룸메이트가 여러분을 힘들게 할 수는 있겠지만 그땐 흑과 백 중 하나를 선택하면 그만입니다. 장차 여러분에게 다가오는 십자가도 그렇게 단순하다면 얼마나 좋을까요. 십자가 앞에서 골을 내고 조용히 돌아서든지, 아니면 십자가에 달리든지! 그러나 여러분이 더 나이를 먹게 되었을 때는 이 흑과 백의 색깔이 점점 바랩니다. 색이 점점 옅어져서 파스텔톤이 됩니다. 이쯤 되면 여러분 내면에서 속삭이는 사기꾼의 음성을 구별해내는 일이 훨씬 더 어려워집니다. 문제는 더욱 커지고 위기는 고조되는데, 그리고 분쟁은 더욱 깊어지는데 명암은 차차 흐려집니다. 경계가 불분명해지고 색은 옅어집니다. 여러분은 답답한 상태에 빠지게 됩니다. 그때 여러분은 스스로에게 질문할 것입니다. "대체 무엇이 바른길이지?" 그 상황에서 여러분이 답을 찾기란 솔직히 쉽지 않습니다.

조심하십시오. 그때 여러분 안의 사기꾼이 다시 여러분에게 다가옵니다. 충분한 나이에 들어선 그때조차도 녀석은 여전히 여러분에게 속삭일 것입니다. "살면서 한 번은 말해야 할 때가 있다면 지금이야말로 그때가 아닐까?" 내가 여러분에게 하고 싶은 말은 이것입니다. 문제가 무엇이든 간에 녀석이 속삭이는 모든 아이디어는 **주님이 아닙니다.** 녀석이 내놓는 아이디어도 주님이 아니지만, 그 녀석 또한 주님이 아닙니다. 과거 가운데서 주님과 주님 아닌 것을 구별할 필요가 있는 것처럼. 역주 현재의 상황 속에서 주님과 그 녀석의 속삭임을 구별하는 경험이 절실합니다.

지금쯤 여러분 안에서 막 올라오고 있을 질문이 무엇인지 나는 알고 있습니다. "진 형제님, 그렇다면 우리의 남은 인생 전체가 남에게 짓밟히도록 내버려 둬야 한다는 말씀인가요?" 그것은 한 번쯤은 꼭 제기해야 할 질문입니다. 우리가 수동적인 사람들, 내성적인 사람들, 의지가 약해서 당하기만 하는 사람들, 뭔가 말하기 두려워하고 앞으로 나아가는 것을 두려워하는 그런 사람들이 되어야 하는 걸까요? 오래된 속담처럼, 예수 그리스도를 따르는 것이 고작, "점잖은 사람들이, 점잖은 사람들에 의해, 더 점잖은 사람이 되도록 가르침 받는 것"일까요?

우리를 더 강한 사람으로 만들어달라고, 그리고 담대하고 두려움 없는 사람으로 만들어달라고 주님께 요청하면 안 될까요? 여러분! 기꺼이 십자가에 못 박히려고 뚜벅뚜벅 걸어가는 사람보다 더 용기 있고 강하고 두려움 없는 사람은 아무도 없다는 사실을 모르십니까? 지금까지 이 땅에 살았던 사람들 중 가장 강한 사람은 기꺼이 십자가로 걸어갔던 바로 그들이었습니다.

우리는 강하고 두려움 없는 사람이 될 것입니다. 하지만 자신의 힘에 굴레를 씌우고 가만히 앉아 기다리는 그 사람보다 더 강한 사람은 존재하지 않습니다. 소멸해가는 세상 한복판에서 아무것도 할 수 없는 사람, 바로 그 사람이 힘의 서열 가장 꼭대기에 올라 있습니다. 그것은 **신령한** 힘입니다. 부당하고 근거 없는 십자가형에 말없이 순종했던 그분보다 더 높은 지점에 오르거나 더 용감했던 사람은 인류 가운데 없었습니다. 그 사실은 2천 년 전에 이미 입증되었습니다.

하지만 이러한 결정이 잘못된 일들에 언제나 항복해버리는 실수로 우리를 이끌진 않겠습니까? 교회 안에서 잘못된 일들이 발생할 때, 모든 사람이 뻔히 잘못된 일들에 굴복해버리면 누가 이 잘못을 멈추게 한단 말입니까? 누가 우리들이 나아갈 방향을 바로잡아주겠습니까? 부당한 일들에 누가 목소리를 내겠습니까? 우리 가운데 스며든 이단자들이 우리를 잘못된 길로 이끌 때 누가 우리를 되돌릴 수 있겠습니까?

좋은 질문입니다. 그리고 사람들은 수 세기 동안 수도 없이 이런 질문들을 제기했습니다. 사실 이런 문제 제기는 대단히 중요하고, 또 대답할 수 없는 것들입니다. 하지만 역사를 통틀어 수많은 사람이 오직 **한 가지** 생각에 사로잡혀 있었다는 사실을 여러분들이 알았으면 좋겠습니다. 바로 "우리가 우리 믿음의 수호자들이 되어야 한다! 어둠의 시간에 목소리를 내라!"

각 시대마다 사람들은 지금 우리가 제기하고 있는 이 질문들을 던져왔습니다. 그리고 그때마다 같은 답을 얻었습니다. 진리 수호를 외치는 고결한 사람들은 이 거창한 원칙들을 부여잡았고 그때마다 주님의 지상 사역은 사정없이 찢겨나갔습니다.

오늘날 주님께선 한 그룹의 사람들, 즉, "우리는 주님 외엔 어떤 것도 알지 않기로 작정합니다. 모쪼록 주님, 오직 당신만이 이제 우리가 직면할 그 두려운 시간 속에서 우리를 살아남게 하시고 우리를 바르게 이끄실 분입니다"라고 고백하는 무리를 찾고 계십니다.

이것이 십자가를 지나, 그 후유증을 떨쳐버린 후, 새 시간과 직면하게 될, 역주 우리가 선택할 삶의 방식입니다.

하나님이 보내시는 말벌

그런 방식으로 움직이자는 제안이 우리에게 미숙하고 어리숙한 소리로 들릴 수 있다는 것을 잘 알고 있습니다. 하지만 다음과 같은 이야기를 여러분과 나누고 싶습니다. 여러분은 모세가 약 백만 명의 사람들을 데리고 이집트를 떠나는 이야기에 익숙할 것입니다. 그들은 약속의 땅을 눈앞에 두고 있었습니다. 마침내 40년 후, 약속의 땅의 경계에 다다랐습니다. 그런데 거기까지 온 것이 벌써 **두 번째**였다는 사실을 여러분은 알고 있습니까? 그들이 그 땅에 진격할 준비태세에 돌입한 것은 이번이 **두 번째**였습니다. 그들이 처음 이집트에서 탈출했을 때를 돌이켜보십시오. 그들은 그곳에서 나오자마자 즉시로 그 약속의 땅에 닿았습니다. 하지만 결코 그곳에 들어가지 않았습니다. 왜 그런지 여러분은 알고 있습니까? 주님께선 그때 분명 그들에게 들어가라고 말씀하셨습니다. 기억하십니까? 그들은 열두 명의 정탐꾼을 보냈습니다. 그들은 질문하기 시작했습니다. "우리가 어떻게 이미 그곳에 정착한 사람들을 몰아낼 수 있습니까? 그들은 강한 적입니다, 주님. 그들이 우리를 몰살시킬 것입니다. 우리가 살아남을 승산이 있습니까?"

이스라엘에게 있어 절체절명의 순간이었습니다. 주님은 흥미로운 대답을 하셨습니다. 그분의 말씀은 단순합니다. "들어가라. 그러면 내가 너희 앞에서 너희의 적을 몰아내겠다." 그래도 그들은 그분을 믿지 않았습니다.

그런데, 주님께선 출애굽기23:28에서, 당시 어떻게 직접 그 땅에 사는 대적들을 몰아내실 작정이었는지 설명하십니다.

사람들은 싸울 필요조차 없었습니다! 그렇다면 어떻게? 하나님께서 말씀하십니다. "거기에 말벌이 있을 것이다." 주님께서는 사람의 힘을 사용하지 않을 작정이셨습니다. 주님은 그분의 백성을 패배가 확실해 보이는 현장으로 행진케 하신 다음 그분의 주권으로 그들을 구하실 작정이었습니다. 이것이 주님께서 품고 계신 신령한 방법이었습니다. 38~40년 이후 그들이 그 지경地境에 다시 이르렀을 때 하나님께서는 그들에게 한 발자국 한 발자국마다 전쟁을 치르며 그 땅에 들어가도록 만드셨습니다. 그들보다 먼저 그곳에 닿았던 그들의 아버지들이 주님을 믿지 않았기 때문에 벌어진 상황이었습니다. 그들은 하나님이 보내시는 말벌을 신뢰할 수 없었습니다.

주님께서는 그분의 방식을 그들에게 설명해주셨습니다. "너희가 나아갈 때, 한 번에 한 도시씩, 너희에게 그곳이 절실할 때, 그들이 너희를 만나러 나올 그때, 말벌을 보낼 것이다. 하지만 너희가 앞으로 나아갈 그때 그 일을 할 것이다. 그곳이 너희에게 절실할 때에만 그 일을 할 것이다. 정복된 그 땅들을 한꺼번에 너희에게 넘기지 않을 것이다. 만약 내가 그렇게 한다면 그 땅은 황폐해질 것이다. 나는 거대하고 완전한 승리를 한꺼번에 주지 **않을** 것이다." 주님께서는 그분의 백성들이 그 땅을 절실히 요구할 때 말벌에 의해 대적을 몰아내실 계획을 갖고 계셨습니다. 말벌들은 그들이 맞은 그 위기의 시간에 날아와 대적들을 몰아낼 것이었습니다. 그들은 믿을 수 없었습니다. 그것은 그들이 맞이한 위기를 극복하기엔, 그리고 그 큰 문제를 해결하기엔 너무 단순한 답이었습니다. 그들은 지나치게 성숙했고 지나치게 사리 분별에 밝았으며 지나치게 지혜로웠습니다. 거의 40년 후, 하나님께서는 새로운 젊은이들을 불러 세우셔야 했습니다. 오직 아이들만 말벌을 믿으니까요!

당시 그들은 그분이 보내시는 말벌을 믿는 자리로 초청받았습니다. 하나님께서 직접 그 싸움을 담당하실 작정이셨습니다. 그것이 가장 고귀한 길이었습니다.

그것이 여러분의 질문에 썩 잘 와 닿는 해답이 아니라는 사실을 알고 있습니다. 누가 이단에 미혹되는 것으로부터 우리를 지켜줄 수 있을까요? 모릅니다. 여러분이 애써 일군 사역을 누가 지켜줄 수 있을까요? 모릅니다. 아마도 파괴될 것입니다! 누구도 다른 사람의 사역을 파괴하려고 시도해선 안 되지만 누구도 지켜내기 위해 어떤 조치를 취해서도 안 됩니다. 하지만 누군가 실제로 파괴하기 시작한다면? 여러분이 할 수 있는 일이란 아무것도 없습니다. 다만 자욱한 연기가 걷혔을 때,

불타버린 그 자리에, 불타지 않은 돌들은 여전히 남아있을 것입니다. 타버린 것은 나무, 건초, 짚뿐입니다. 하나님은 불타지 않은 재료를 모아 그분의 집을 지어 올릴 것입니다. 그러니, 불이 오도록 내버려두십시오. 돌과 금은 불타지 않습니다. 아무리 혹독한 불구덩이 속에서도 말입니다.

솔직히 말씀드리면, **이런 방식**으로 지는 것이 다른 방법으로 **이기는 것**보다 더 낫습니다! 패배하는 사람이 되십시오. 잃을 수 있는 사람이 되십시오. 여러분 평생의 사역이 무너지는 것을 그냥 바라볼 수 있는 사람이 되십시오. 우리와 우리의 사역을 지키시는 분은 하나님이십니다. 모든 비합리적인 방식으로 공격받을 때, 도저히 일어날 수 없는 일들이 일어나고 있을 때 **하나님의 말벌을 신뢰하십시오.** 만약 여러분이 이런 방식으로 구원받지 못한다면 **그땐 파멸 당하십시오.** 어떤 대가를 치르더라도 교회 역사 속에 계속되어온 그 방식들만큼은 **취하지 맙시다.**

제가 여러분에게 몹시 어려운 시험을 내보겠습니다. 그리고 여러분이 그것을 통과하는지 보겠습니다. 자, 여러분에게 절친한 동료 그리스도인이 있습니다. 여러분과 그 친구, 두 사람 사이에 어떤 일이 일어나고 있다고 가정해봅시다. 그리스도인으로서 할 수 없는 어떤 일을 그 친구가 도모하고 있습니다. 불신자조차 감히 하지 않는 일입니다. 귀에 들리는 바로는, 그 친구가 여러분을 대적하여 최악의 일을 도모하고 있습니다. 여러분은 그 친구가 그 일을 멈추지 **않을** 것을 알게 됩니다. 그는 여러분을 이용해 그의 경력을 쌓고자 합니다. 갑자기 여러분은 최고 난

이도의 위기 가운데 접어들었습니다. 거대한 홍수가 여러분에게 밀려옵니다. 연이어 몰아닥치는 파도가 여러분의 심장을 강타합니다. 상황은 매우 안 좋습니다. 너무도 부당합니다. 여러분이 어떤 조치를 취하더라도 사람들이 수긍할만한 상황입니다.

너그럽고 훌륭한 여러분은 한동안 견뎌낼 것입니다. 종교적이고 영적인 모든 일을 시도해봅니다. 그때 전혀 새로운 보고가 들어옵니다. 그가 더욱 패악해진다는 소식입니다. 그가 여러분에게 무슨 일을 도모하고 있는지 말씀드리겠습니다. 여러분을 속이고 있습니다. 막대한 손실을 입히고 있습니다. 여러분의 친구들은 더 이상 여러분을 믿지 않습니다. 실제로 여러분은 모든 친구를 잃어가고 있습니다. 상황은 더욱 암담해져 갑니다. 만약 여러분이 큰소리로 대응하지 않는다면 모든 것을 잃을 판입니다. 여러분은 거짓말쟁이, 사기꾼, 이단, 광신자, 사단의 종, 거짓 예언자와 가룟유다 같은 사람으로 여겨지고 있습니다. 이 모든 일이 한때 여러분을 친구라고 부르던 한 사람에 의해 야기되고 있습니다. 그리고 모든 사람은 그가 말하는 모든 것을 사실로 알고 있습니다. 여러분의 인생 전체가 무너질 지경입니다. 여러분은 정서적으로 이미 녹초가 되어 있습니다. 여러분의 가족들도 견딜 수 없는 압박감 속에 살아갑니다. 여러분의 평판은 파괴되고 있고 아마도 영원히 그 상태로 남게 될지도 모릅니다. 전 세계적으로 노출된 상태에서 말입니다. 여러분의 삶, 목회, 사역, 모든 것들이 송두리째 영원히 끝날 지경에 다다랐습니다. 지금까지 듣고 읽었던 모든 시대와 장소를 아울러 가장 사악한 공격의 희생양이 된 것처럼 여겨집니다.

그 모든 상황 한복판에서 잠시 시간을 갖고 숨을 들이켜십시오. 여러분의 마음을 추스르십시오. 그 사람에 대한 안 좋은 생각을 전개하지 마십시오. 여러분 안에서 들려오는 졸장부 녀석의 속삭임을 들으려고 귀 기울이지 마십시오. 대신, 잠시 산에 올라 예수 그리스도의 눈으로 바라보십시오. 거기서 하늘의 관점을 얻으십시오.(지금까지 위기에 처했던 어떤 사람도 그의 대적에게 감히 품어본 적이 없었던 그분의 관점!) 여기서 **그분의** 관점이란 무엇을 말하는 것일까요? 그것이 여러분을 깜짝 놀라게 만들지도 모릅니다. 그 친구의 잘못을 지적하기 위해 신구약 성경에서 여러분이 끌어올 수 있는 수많은 성경구절에도 불구하고 **주님께서** 그를 어떻게 여기시는지, 여러분에겐 최악의 대적인 그를 주님은 어떻게 생각하는지 알게 된다면 여러분은 깜짝 놀랄 수밖에 없을 것입니다. 여러분이 최악의 시간을 맞이하고 최악의 대접을 받는 그 시간, 사악한 대적과 마주한 그때 주님의 눈에는 무엇이 들어올까요? **그분**은 매우 사랑하는 한 사람을 보고 계십니다. 그분이 죽음을 불사하고 건져내려 했던 한 사람. 주님은 이 형제에게 화조차 내지 않습니다. 사실 주님은 이 형제를 참아내고 계십니다. 그를 사랑하고 용서하고 계십니다. 심지어 주님은 그를 돌보고 계시며 그의 필요를 채워주고 계십니다! 주님은 그의 환경들을 붙들어주고 계십니다. 그리고 여러분이 믿든 말든 주님은 그의 기도를 듣고 계십니다! 주님께선 그의 모든 자녀와 그의 아내, 그리고 그가 사랑하는 사람들을 돌보고 계십니다. 예수 그리스도께서는 그 형제에게 성을 내지 않습니다. 여러분은 그렇게 할지 모르지만, 주님은 그렇게 하지 않으십니다. 주님은 그 사람에게 역병을 내리지도 않습니다. 그를 지옥으로 보내기로 결정하지 않습니다. 주님은 여전히 그에게 친절하십니다. 주님은 여전히 그의 인생 가운데서 일하고 계십니다. 더 깊이 그를 그분께로 초청하시며, 심지어 그가 여러분에게 저지른 그 짓들을 비난조차 하지 않으십니다.

제가 지금 말씀드리는 것들은 모두 사실입니다. 이 사실을 믿을 수 없다면 믿을 수 없는 그 분량만큼 여러분은 여러분 주변의 상황에 휘둘리며 파괴되어 갈 것입니다. 바로 저기서 여러분을 기다리는 그 상황들에 의해 말입니다.

주님의 입장이 그러시다면 여러분은 뭘 해야 합니까? 그 참혹한 날, 여러분의 모든 것은 산산이 조각날 것입니다. 여러분은 어떻게 반응하시겠습니까? '그리스도에 못 미치는 것'으로 반응하시겠습니까? 기억하십시오. 그리스도만이 여러분에게 절실한 모든 것입니다. 기억하십시오. 여러분이 원하는 모든 것은 오직 그리스도입니다. 여러분이 궁극적으로 얻어야 할 것도 그리스도입니다. 주님께선 그분의 산에 올라 **그분의** 관점으로 바라볼 백성들을 찾고 계십니다. 누가 무슨 짓을 하든지, 상황이 어떻든지, 그리스도를 소유할 사람들, 그분을 알고자 하는 사람들, 오직 그리스도를 공급할 한 무리의 백성들을 찾고 계신 것입니다.

지금까지 내가 말씀드린 그런 위기에 직면할 날이 올 것입니다. 그때, 여러분은 상당히 희생적이고 고결한 무언가를 선택해야 할 것입니다. 그럼에도 여러분 스스로를 점검하십시오. "이것이 혹 '그리스도에 못 미치는 것'은 아닌가?" 여러분의 얼굴을 저 높은 고지로 돌려보십시오. 저 위를 바라보십시오. 여러분의 주님, 그분의 길을 포착하십시오.

누구의 발자국도 아직 남아 있지 않은 그 미지의 땅을 확인하십시오. 지난 2천 년 동안 사람의 발자국이 닿은 적 없는 저 정상을 바라보십시오.

이제 깃발을 잡으십시오.

제2부

제6장

다른 이들과의 관계

"… 동족同族의 위험과 … 이방인의 위험과 … 거짓 형제
중의 위험을 당하고 …" 고린도후서 11:26

바울은 사람이 살 수 있는 한 가장 모험적이고 위험한 삶을 살아간
사람입니다. 우리가 평생 한 차례 정도 부딪힐까 말까 한 종류의 상황들
을 그가 모조리 경험했던 까닭은 주님의 백성들을 위해 부름을 받은 그
의 소명 때문이었습니다. 그런데 그가 만났던 위험 중에 '유대인들'과
'이방인들'이 거론됩니다. 그들은 때때로 바울의 생명까지 노렸습니다!
그로부터 2천 년이 지났습니다. 하지만 우리 역시 여전히 '유대인들'
과 '이방인들'을 직면하게 됩니다. 물론 상황이 바뀌었기에 예루살렘에

서 파견한 유대인이나 회당출신의 유대인이 우리를 위협할 일은 없습니다. 우리와 대립하는 이방 로마제국이 있는 것도 아닙니다. 그럼에도, 본질상, 이 두 가지 요소는 여전히 세상 안에 존재하고 있습니다. 그것들은 언제나 존재해왔고 주님이 오시는 그날까지 그럴 것입니다. 바울이 맞닥뜨린 '유대인들'과 '이방인들'이 어떤 존재들인지 살펴봅시다. 그러면 우리 시대의 '유대인들'과 '이방인들'이 누군지에 대한 단서를 얻게 될 것입니다. 바울이 겪었던 상황을 우리가 직면하는 일은 없을 것입니다. 하지만 우리 역시 그에 필적하는 상황을 맞이할 것은 의심의 여지가 없습니다. 그렇게 됐을 때, 우리 또한 우리에게 주어진 그 미션을 완수해 나갑시다.

여기서 바울이 말하는 '**이방인**'이란 로마제국이었습니다. 하지만 좀 더 정확히 말하면 그를 대적했던 로마 치하의 지방정부라고 보는 것이 타당할 것입니다. 그렇다면 그가 말하는 '**유대인**'이란 누구일까요? 물론 유대인 종족 전체를 의미하는 것은 **아닐 것입니다!** 바울 자신도 유대인이었습니다! 그가 이 기록을 남길 당시, 그리스도인 중의 90%가 유대인이었습니다! 그가 말하는 '유대인'이란 유대교의 **지도자들**을 의미하는 것으로 봐야 합니다. 그들은 바울 당시의 종교시스템을 관장하던 지도자들이었습니다! '거짓 형제들'은 그리스도인이면서 유대인이었던 사람들의 한 부류를 말합니다.(믿는 유대인으로 표현하는 것이 나을 것입니다.) 믿는 형제들이었지만 바울을 적대시했습니다. 바울이 유대교 전통을 뒤흔들고 있다고 보았기 때문입니다.

이 세 그룹 모두, 바울로 하여금 그의 사역을 완수하는데 생명을 걸도록 위협하는 요인들이었습니다.

　이 목록에 추가할 한 그룹이 더 있습니다. 그 당시 바울은 만난 적이 없지만, 오늘 우리는 무수히 그들에 둘러싸여 있습니다. 내가 누구를 말하고 있는 것일까요? 종교라는 조직 가운데 머무는 헌신 된 기독교인들! 종교조직 안에 머물면서 '교회 생활'이 무엇인지에 대해 아예 생각조차 없는 사람들이 있습니다. 그들과 기독교와의 관련성을 우리는 고민해보지 않을 수 없습니다. 바울은 그들과 조우하지 않았습니다. 그 시대엔 그런 류의 종교조직이 없었습니다. 혹 존재했더라도 최소한 '기독교'라는 이름이 붙어있지는 않았습니다.

제 7 장

첫 번째 위험: 종교조직

바울이 "유대인들에게서 오는 위험"을 말했을 때 그것이 무엇을 의미하는 것이었는지 살펴봅시다. "유대인들"은 누구였을까요? 그들이 바울을 어떤 위험에 빠뜨렸던 것일까요?

그렇습니다. 사실 바울이 위험에 처한 **횟수 자체**가 압도적입니다. 바울은 수도 없이 유대인들의 손, 즉 **그가 살았던 그 시대의** 종교조직에 넘겨졌습니다.

제도권 종교조직이 바울에게 무슨 짓을 했나

유대 종교지도자들이 야기한 위험 상황에 따라 바울의 생애를 요약해봅시다. 그것은 결코 간단한 목록이 아닙니다.

1. 초기

(1) 회심한 직후, 바울은 다메섹의 유대인 회당에서 유대인들에게 복음을 전했습니다. 유대인들은 바울과 그의 회심, 그리고 그의 메시지에 격렬히 대적했습니다. 그가 처음으로 서른아홉대의 채찍을 맞은 곳이 다메섹이었음이 분명해 보입니다. 당시에는 새로 그리스도인이 된 사람에게 주어진 "신고식"이나 다름없었습니다.

(2) 몇 년 후, 그가 다시 다메섹으로 복귀했을 때 유대인들은 그곳의 지방정부^{이방인들}와 공모하여 바울을 제거하려는 음모를 꾸몄습니다. 그는 바구니를 타고 성벽을 내려와 다메섹을 빠져나갔습니다.

(3) 바울은 예루살렘으로 도망갔습니다. 거기서 두 주간 머문 후에, 다시 피신해야 했습니다. 유대인들이 그를 암살하려고 기획하고 있었기 때문입니다.

2. 1차 교회 개척 여정

1차 교회 개척 여정에서 바울은 네 개의 교회를 세웠습니다. 유대인들은 모두 **세 도시**에서 그를 대적했습니다.

(1) **비시디아 안디옥**: 유대인들은 그 도시의 남자와 여자들을 격동시켰고 그들은 바울을 도시 밖으로 몰아내었습니다.

(2) **이고니온**: 유대인들은 이방인과 공모하여 돌로 바울을 치려 했습니다.

(3) **루스드라**: 루스드라 시민들로 하여금 바울을 대적하도록 격동시키려고 이고니온과 비시디아 안디옥의 유대인들이 루스드라까

지 바울을 따라왔습니다. 그 결과 바울은 돌에 맞아 죽을 뻔했습니다.

3. 2차 교회 개척 여정

2차 교회 개척 여정을 통해 바울은 네 개 교회를 더 세웠습니다. 그리고 또 다시 세 도시에서 유대인들은 바울을 대적했습니다.

(1) **데살로니가:** 유대인들은 도시 전체를 소동 가운데 몰아넣었고 지방정부가 바울을 대적하게 만드는 데 성공했습니다. 바울은 데살로니가에서 추방되었습니다.

(2) **베뢰아:** 데살로니가에서 베뢰아까지 바울을 추격한 유대인들은 바울을 대적하도록 군중들을 선동했고, 바울은 또 다시 도망쳐야 했습니다.

(3) **고린도:** 바울은 여기서 두 번이나 유대인들과 직면했습니다. 한 번은 고린도를 처음 방문했을 때, 다른 한 번은 18개월 후, 유대인들이 일심동체가 되어 그를 도시에서 내몰았을 때입니다.

4. 3차 교회 개척 여정

3차 교회 개척 여정 동안 바울은 단 한 곳의 도시만을 방문했습니다. 여기서 유대인들이 바울을 어떻게 대적했는지 살펴보기 위해선 여정을 잠시 중단하고 쉬어가는 것이 필요할 것 같습니다. 왜냐면 바울이 새로운 목표를 세운 곳, 즉 깃발을 꽂을 새 정상을 탐색하기 시작한 곳이 바로 여기 에베소이기 때문입니다! 자신을 대적하는 사람들을 대하는 태도에 있어 바울은 타의 추종을 불허하는 높은 기준을 자신에게 적용했습니다.

여러분은 위에서, 회심 직후부터 세 번째 교회 개척 여정에 나서기까지 바울이 유대인들로부터 겪어야 했던 핍박을 살펴보았습니다. 그것은 실로 엄청난 분량이었습니다. 사실 여러분들은 그가 유대인들로부터 당했던 다섯 차례의 태형을 이 목록에 추가해야 합니다. 그 일이 언제 어디서 일어났는지 알 수 없어서 이 목록에선 제외했기 때문입니다

이제 우리는 한 가지 질문을 제기할 때가 되었습니다. 자신을 대적하는 이 사람들에 대하여 바울은 어떤 태도를 견지했습니까? 그토록 혹독하게 자신을 압박해 들어오는 그 시대의 제도권 종교에 대한 바울의 반응은 무엇이었습니까?

에베소 이야기

바울이 3차 교회 개척 여정을 마무리할 당시로 돌아가 봅시다. 그는 지금 에베소에 있습니다. 그의 계획은 이제 고린도교회를 방문하는 것입니다. 바울은 고린도를 방문한 후 예루살렘으로 올라갈 작정이었습니다. 계획대로 될지는 알 수 없었지만, 최소한 바울은 그렇게 마음먹고 있었습니다. 하지만 당장은 에베소를 벗어날 수 없었습니다. 그는 심사숙고하며 상황을 주시했습니다. 주변에 그를 암살하기 위해 기회를 엿보는 골수 유대인들이 포진해 있었습니다.(이 사람들에 대해서는 추후 좀 더 살펴보겠습니다.)

목숨이 위협당하는 이 새로운 상황은 사실 갑작스럽다기보다는, 지난 20년 동안 바울이 유대인들의 손에 겪어왔던 핍박이 절정에 이른 것뿐이었습니다. 이제 저들은 총력을 기울여 전쟁 선포를 한 셈이었습니다. 에베소는 스파이, 정보원, 계략과 음모가 가득한 장소였던 것 같습니다. 일촉즉발의 전운이 소아시아를 감돌고 있었습니다. 이 모두가 오직 한 가지 목적, 곧 바울을 살해하는 데 있었습니다.

이 모두가 세 번째 교회 개척 여정 가운데 유대인들이 바울을 대하는 방식이었습니다. 여기에 더해서 우리가 좀 전에 읽었던 내용 중, 유대인들의 박해를 기억해 보십시오. 어떤 기분이 드십니까? **여러분이라면**, 20년 동안 이런 식의 대접을 받은 다음, 여러분을 그렇게 대접한 종교조직에 어떤 반응을 보이시겠습니까? 이제 우리는 이에 대한 바울의 태도를 살펴볼 것입니다. 그리고 거의 이즈음에 바울은 한 편의 서신을 작성하게 됩니다. 바로 이 편지 안에서, 그 사악한 이들에 대한 바울의 태도를 우리가 정확히 확인할 수 있습니다.

제도권 종교조직에 대한 바울의 태도

"바울, 당신은 20년 동안이나 당했어요! 그들에게 돌을 맞았고, 매를 맞았고, 중상모략을 당했고, 추격당했고, 습격당했어요. 그들은 당신을 죽이려고까지 했다고요. 그뿐이 아니잖아요. 그들은 당신의 평판을 손상했고 당신이 일으켜 세운 9~10개의 교회마저 무너뜨리려 했어요. 당신의 몸은 그들의 손에 비틀리고 찢기고 고통에 패여 거의 파괴되

다시피 했어요. 만약 그들이 당신의 삶에서 좀 벗어나 있기만 했어도 당신의 사역은 훨씬 쉬웠을 것이고 더 커졌을 거예요. **무엇보다 당신은 단 한 마디도 그들을 비판하지 않았어요.** 하지만, 그들은 당신에게 위해를 가했어요. 만약 당신을 죽이는 데 성공했다면 그들은 거의 틀림없이 당신이 개척한 교회들마저 모두 찾아내 파괴했을 거예요. 그들은 그렇게 하고도 남을 사람들이에요."

이것이 바로 세 번째 교회 개척 여정이 끝날 당시 바울을 둘러싸고 있었고 에베소에서의 사역을 급히 마무리할 수밖에 없었던 **배경**이었습니다. 나는 이제 그 후 무슨 일이 있었는지를 여러분에게 보여주고 싶습니다. 우여곡절 끝에 바울은 에베소를 **빠져나갔고** 고린도에 닿았습니다. 고린도에 있는 동안 바울은 거기서 멀리 떨어져 있는 다른 한 도시의 신자공동체에 한 편의 서신을 작성합니다. 그는 그 도시를 가본 적도 없었고 그 신자공동체를 방문한 적도 없었습니다. 그 교회가 이제 막 출발한 어린 공동체이고 그들을 방문할 만큼 자신이 오래 살지도 못할 거라고 여겼던 바울은 할 수 있는 한 단순하고 완전한 편지, 즉 그들이 앞으로 직면하게 될 모든 일을 다루는 편지를 보냈습니다. 그 교회는 정말로 많은 조언과 도움, 그리고 가능한 모든 **교훈**이 필요한 그런 공동체였습니다. 그들의 수는 매우 적었고 홀로 떨어져있는 그들의 상황은 위태로웠습니다. 언제라도 소멸할 수 있을 것처럼 보이는 그 교회는 한 조각의 갈등과 위기만으로도 위협당할 수 있었습니다. 그런 상황에서 기록된 이 편지는 바울이 그들을 방문하는 대신 보내게 된 편지였습니다.

그들이 머무는 그 도시는 어디였을까요? 로마입니다! 언젠가는 그 도시를 방문(네 번째 교회 개척 여정)하고 싶었지만, 바울은 언제 죽을지 모르는 처지에 놓여 있었습니다.

이 편지가 자신의 방문을 대신해야 했기에 한 가지 사실만큼은 분명히 다뤄야 했습니다. "바울, 그들에게 유대인들에 대해 경고해주세요! 그들이 거의 20년간 당신에게 무슨 짓을 했는지 말해주라고요. 바울! 그 교회는 앞으로 직면할지도 모를 상황들에 대비해야해요. 당신이 펜과 잉크를 준비하는 지금조차도 유대인들은 당신의 목숨을 노리고 있다고요. 그들을 날카롭게 비난할 필요가 있어요, 바울. 최소한 로마의 신자들에게 그 유대인들에 대해서만큼은 **경고**해줘야 해요. 어쩌면 이 편지는 유대인들의 정체에 대해 그들에게 말해 줄 마지막 기회, 아니 **유일한** 기회일지도 몰라요. 유대인들이 로마에 있는 그리스도인들을 찾아가 대적할 그날에 대비해야 해요."

바울은 펜을 집어 들어 잉크를 찍었습니다. 아니나 다를까, 그는 유대인들에 대해 **언급했습니다**. 등을 벽에 기댄 채, 언제라도 칼에 찔려 죽을지 모른다는 생각에 한쪽 눈은 방문을 응시하면서 머리가 쭈뼛서고 피가 거꾸로 솟을 듯 생생한 지난 20년 동안의 경험을 떠올립니다. **유대인들**에 의해 비틀리고 찢겨온 그 몸을 곧추세우고 바울은 드디어 그 유대인들, 즉, 종교조직에 속한 그들에 대해 써 내려가기 시작합니다.

실제로 바울은 약 세 페이지에 걸쳐 유대인들을 언급하고 있습니다. 아마도 그는 방문을 걸어 잠그고 이 세 페이지를 써 내려갔을 것입니다. 그 내용을 읽어보십시오! 여러분이 그것을 읽을 때, 적어도 15년 이상은 그들에 의해 학대당하고 언제라도 살해당할 수 있었던 한 사람에 의해 그 편지가 기록되고 있다는 사실을 기억하시기 바랍니다. 주의 깊게 그 편지를 읽어 내려가십시오. 단 **한 마디**의 증오나 비통함, 부정적인 단어라도 그곳에 있는지 찾아보십시오! 그들이 자신에게 가했던 일들과 퍼부었던 말들에 대해 바울은 일체의 언급도 하고 있지 않습니다! 그들이 자신을 공격하고 중상 모략했던 내용들에 대해 반박조차 하지 않습니다. 바울은 자신을 방어하지 않습니다. 가장 믿을 수 없는 것은 그 편지 안에 유대인들에 대한 경고가 **없다**는 사실입니다. 그가 현재 놓여있는 위기에 대한 언급도 역시 없습니다. 아니 그에 대한 어떤 암시조차 주고 있지 않습니다.

자신의 인생에서 유대인들과의 갈등이란 아예 존재하지도 않았던 것처럼 바울은 그렇게 이 편지를 써 내려가고 있습니다. 거기에 어떤 억울함이나 비난이 들어있는지 찾아보십시오. 발견할 수 없을 것입니다. 그렇다면 무슨 내용이 담겨있습니까? 자세히 들여다보십시오. 신약성경을 통틀어 가장 영광스러운 진술 중 하나가 그 안에서 빛나고 있음을 여러분은 알아차릴 수 있을 것입니다.

거룩한 영감으로 기록된 문서들성경. 역주중, 지옥에 빠질 사람들을 대신해 기꺼이 지옥으로 들어가겠다고 고백한 세 사람이 있습니다. 첫 번째 사람은 모세입니다. 물론 두 번째 사람은 예수님이십니다.(그리고 그분은 실제로 그렇게 우리를 대신해 죽으셨습니다.) 그렇다면 세 번째 사람은? 그렇습니다. 우리의 형제, 바울입니다. 그런데 그가 언제 그리고 어디서 그 고백을 하고 있는지 아십니까? 누구를 언급하며 이 고백을 하고 있습니까? 그가 보냈던 가장 어두운 시간 중 한 지점, 그들이 자신을 죽이려고 혈안이 되어있을 그 무렵, 바로 그들을 언급하면서 그는 이 고백을 쏟아내고 있습니다. 그 사람들의 구원을 위해서라면 기꺼이 자신이 멸망하겠다고 고백하면서!

그렇다면 그는 자신이 처해있던 이 총체적인 위기를 어떻게 인식하고 있었던 것일까요? 그는 화를 내거나 원한에 차 있지 않습니다. 그는 비통해 했습니다. 바로 그들을 걱정하면서 말입니다!

상상도 못할만한 압박 속에서 산산이 조각난 삶을 살아내고 있던 바울은 활화산 같은 분노를 매일같이 받아냈습니다. 그는 하나님의 사역이 완전히 중단되는 경우를 수도 없이 지켜봐야 했고 그의 동족 유대인들의 손에 여러 번이나 죽음의 문턱을 오가야 했습니다. 그런데 로마에 보내는 편지 안에서 바로 그 유대인들을 언급하며 이런 믿을 수 없는 진술을 하고 있습니다.

> "내가 그리스도 안에서 참말을 하고 거짓말을 아니 하노라. 나에게 큰 근심이 있는 것과 마음에 그치지 않는 고통이 있는 것을 내 양심이 성령 안에서 나와 더불어 증언하노니, 나의 형제곧 골육의 친척을 위하여 내 자신이 저주를 받아 그리스도에게서 끊어질지라도 원하는 바로라." 로마서 9:1-3 개역개정

바울은 거의 20년간 말할 수 없는 고통을 자신에게 안겨준 그들을 언급하고 있지만 정작 그가 쏟아놓은 것은 그들을 향한 실로 믿을 수 없

는 기도였습니다.

그렇다면 사랑하는 형제 여러분. 이제 내가 무슨 말씀을 드리고 있는지 여러분은 알고 계시리라 믿습니다. 이 지구상에 마지막으로 깃발이 심겨진 곳은 바로 거기, 바울이 꽂아놓은 바로 **그 지점**입니다. 그 정도로 높은 곳에서 깃발은 나부끼고 있습니다. 그렇습니다. **한 사람이** 실제로 그 깃발을 **그 높이**까지 옮겨놓았습니다! 실로 놀라운 기준이 아닐 수 없습니다.

여러분과 저는 이 모든 사실을 늘 의식하는 것이 필요합니다. 하나님의 백성들로서 우리는 어느 지점을 기준으로 삼아야 할지 알고 있어야 하고, 장차 우리가 얼마나 심한 폭력에 노출될 수 있는지를 인식해야 하며(제도권 종교조직에 의해!) 그때 우리가 어떻게 처신해야 할지를 분명히 알고 있어야 합니다.

그들이 누구일지는 문제가 되지 않습니다. 유대인, 그리스인, 무슬림, 불교도, 기독교인, 누구든 될 수 있습니다. 그들이 여러분에게 **무슨 말**을 할지, **무슨 행동**을 할지도 중요하지 않습니다. 그들로 인해 여러분이 치러야 할 대가가 어느 정도일지, 감당해야 할 상황이 얼마나 혹독할지, 얼마나 많이 파괴당할지도 고려사항이 아닙니다. 다만 여러분은 그 시대의 종교조직에 대해 바울이 견지했던 그 태도를 기억하셔야 합니다. "나는 말할 수 없는 슬픔을 갖고 있습니다. **내가** 차라리 저주를 받겠습니다."

형제 여러분! 그리고 자매 여러분! 이제 여러분은 여러분 자신의 부르심이 무엇인지 알았습니다. 우리는 우리에게 이와 같은 일을 할 사람들을 견뎌내야 합니다. 그것을 견뎌내되 바울만큼 잘, **그만큼** 오래, **그만큼** 많이 견뎌내야 합니다. 그 대상이 **누구든** 말입니다.

이것이 거의 2천 년 전에 바울이라고 불리는 한 사람이 깃발을 꽂았던 바로 그 지점입니다. 그 깃발을 다시 그곳에, 그리고 그 높이로 가져가 꽂을 사람이 이 땅 어딘가에 존재해야만 합니다. 우리에게 주어진 임무가 바로 **이것**입니다.

제8장

종교조직

우리는 바울이 그 시대의 종교체계를 대하는 놀라운 태도를 얼마간 살펴보았습니다. 그렇다면 이제 우리가 우리시대의 종교조직과 어떤 관계를 맺어야 할지를 살펴볼 필요가 있습니다.

왜 그렇습니까? 이와 관련한 '위험'을 바울이 토로하고 있기 때문입니다. 주님의 부르심을 위해 여러분이 굳이 먼 곳으로 나아갈 필요는 없을 것입니다. 반면, 지구 끝으로 부름을 받을 수도 있습니다. 그곳이 어디든 **한 가지** 사실만은 확신해도 좋습니다. 여러분의 발길이 닿는 곳마다, 그곳이 한 국가든, 대륙이든, 가깝든 멀든, 거기에는 여러분이 만나게 될 종교조직이 있을 것입니다. 지구상 어떤 도시를 가더라도 여러분은 거기서 **그곳의** 종교조직과 조우할 것입니다. 그것은 기정사실입니다.

네팔에선 불교도들에 의해 형성된 종교조직과 만날 것입니다. 아프

가니스탄에선 무슬림에 의해 형성된 종교조직, 로마에선 가톨릭에 의
해 구성된 종교조직, 텍사스 동부에선 침례교도들 때문에 형성된 종교
조직, 그리고 아일라비스타에선 초교파 선교단체들에 의해 뿌리내린
종교조직과 접하게 될 것입니다. 그것이 불편하면 그 옆 도시로 가보십
시오. 아니면 다른 대륙으로 가보십시오. 거기에도 여전히 종교가 있고
그 종교에 의해 형성된 **어떤** 조직이 분명히 존재할 것입니다.

　　과거의 역사로 미래의 역사를 예단할 수 있다면, 이 종교조직은 분
명 여러분들을 대적하여 일어날 것입니다. 왜냐하면 어느 시대에나 일
어났던 일이기 때문입니다.

　　여러분이 어디를 가든지, 언젠가는 이 종교조직이 여러분을 대적하
는 날이 올 것이라고 말씀 드렸습니다. 나는 또 여러분에게 "이 종교조
직과 어떤 관계도 맺지 말라"는 이야기도 했습니다. 이 두 가지 모두 강
하고 충격적인 이야기입니다. 내가 여러분에게 이런 말씀을 드렸다면
그에 합당한 근거, 실로 분명한 근거가 있어야 할 것입니다. 이제 여러분
들의 눈으로 종교조직이 무엇인지를 분명히 보게 될 것입니다.

　　첫째, "종교조직과 관계를 맺지 말라"고 말하는 것과 "다른 그리스
도인들과 관계를 맺지 말라"고 말하는 것 사이엔 큰 차이가 있습니다.
우리가 만약, "다른 그리스도인들과 관계를 맺지 말라"고 말한다면 문
제가 아주 심각해집니다. 우리가 그렇게 말하고 행동한다면 우리는 편
협하고 배타적인 사람들이 될 수밖에 없을 것입니다. 우리는 필연코 모
든 그리스도인에게 열려 있어야 합니다. 지구상 어떤 사람들보다도 더
개방적이어야 합니다. 그리스도께서 돌아가신 것은 우리 모두를 위해

서였기 때문입니다. 어떤 믿는 사람들과의 교제에도 선을 그어선 안 됩니다. 그건 있을 수 없는 일입니다!(물론, 한 가지 예외의 경우는 있겠습니다. 공개적으로 지독한 부도덕을 일삼으면서 그에 대해 회개하지도 않을 경우!) 어디에서나 모든 그리스도인에게 우리는 열려 있어야 합니다. 어떤 장벽도 두어선 안 됩니다. 늘 빗장을 열어두고 있어야 합니다.

하지만, 종교제도와 관련해서는 사정이 달라집니다. 그것은 성격이 다른 문제입니다. 만약 우리가 종교조직에 다시 결부된다면 문제가 심각해질 것입니다. 왜 그렇습니까? 그 이유는 너무나 분명하고 한이 없지만, 그중에서 몇 가지를 살펴볼 것입니다. 우리는 종교조직과 관계를 맺지 말아야 합니다! 무엇 때문에? 그 대답은 여러분에게 실로 놀라운 발견이 될 것입니다. 한번 살펴보겠습니다.

먼저 우리 시대에 이르기까지 종교조직의 기원을 역사적으로 추적해보는 것으로 시작할 것입니다. 이를 통해 **누가** 우리 시대의 종교조직을 형성해내고 있는지, 그뿐만 아니라 본질적으로 종교조직이란 **무엇인지**를 간파할 수 있게 될 것입니다.

나는 지금 종교조직이라는 용어를 사용하고 있습니다. 대체 무엇을 의미하는 것일까요? 내가 이 종교조직이라는 말을 사용할 때 그것이 의미하는 바가 무엇인지를 분명하게 말씀드리겠습니다. 이 용어의 의미를 파악하는 가장 좋은 방법은 (1) '조직'의 기원과 (2) '종교'의 기원을 추적하는 것입니다. 아마도 거기서 선명한 정의가 도출될 것입니다.

조직의 역사

'체계화'한다는 말과 '조직'이라는 말은 아주 유사한 용어들입니다. '조직화된 종교'라고 말할 수도 있고 '종교 체계'라고 말할 수도 있을 것입니다. 이 '체계' 그리고 '조직'이라는 말의 기원은 무엇일까요? 그렇습니다. 그 대답은 충격적입니다!

조직을 구성하신 분이 있습니다. 바로 하나님이십니다. 실제로 우리 생활의 한 조각마다 깊이 파고들고 스며든 체계적인 구조, 즉 의학, 교육, 정치, 사업, 노동, 시민 활동, 사회적인 업무 등 그것이 무엇이든 서구 문명의 조직적인 양상은 하나님에 의해 만들어진 것들입니다.

놀랍지 않습니까! 하나님께서 조직을 처음 만드셨다니 말입니다! 그렇다면 어째서 교회 생활 가운데 그 조직이 파고드는 것에 대해 그렇게도 결사반대하는 것입니까? 이유는 단순합니다. 조직은 인류 전제의 활동을 관리할 수 있습니다. 하나님이 조직을 만드신 것은 맞습니다. 그렇지만, 그것은 사람을 위해 만드신 것이 결코 아니었습니다. 사람은 조직이나 체계화와 아무런 상관없이 창조되었습니다. 사람이 조직의 일부가 되는 것은 전혀 다른 생명체의 방식에 자기자신을 예속시키는 것이나 다름 없습니다. 다른 말로 하면, 사람이 체계화 된 질서 속의 일부가 된다는 것은 외계 생명체가 살아가는 방식에 스스로 노예가 되기로 결정하는 것과 같습니다. 그것을 조금 더 실제적으로 말한다면, 하나님께서는 사람이 아니라 천사를 위해 조직을 만들어내셨습니다. 믿기 어려우시겠지만 천사들이 체계화, 조직화된 자신들의 문명을 사람에게 강제하였습니다. 자기들의 본성에 맞는 작동 방식을 온 우주에서 가장 자유로운 존재여야 할 사람에게 적용해온 것입니다.

　사람은 천사들이 살아가는 방식과는 전혀 맞지 않습니다. 천사들의 문명과 체계는 그들에게는 자연스럽지만 우리와는 동떨어져 있습니다. 사람은 절대적인 자유를 향유하도록 창조되었습니다. 그런데, 한 무리의 천사들이 사람들을 섬기라고 부여한. 히1:14. 역주 자신들의 조직을 사람들을 노예로 삼는 데 이용했습니다. 사람을 노예 삼음으로써 그들은 하나님의 본래 창조목적을 훼손하였습니다. 만약 어떤 '사람', 특히 지도자가 어떤 조직력을 사용하거나 이용하여 '사람'을 장악하고 그 조직력이 그 지도자를 위해 작동한다면 그는 우리가 '사단'이라고 부르는 그 천사가 예선에 행했던 그 일을 '현재' 추종하는 것이나 다름없다. 역주 스타트랙Star Trek ; 미국TV의 공상 과학 연속극. 역주에 나오는 어떤 내용 같지 않습니까? 사람을 노예로 삼기 위해 또 다른 우주에서 온 외계생명체라니요.

　사랑하는 형제 여러분, 여러분은 이제 내가 왜 기독교 신앙 안에서, 특히 교회 생활 안에서 체계나 조직을 극구 반대하는지 조금은 이해하실 것입니다.

조직組織 속에 숨어있는 영적인 역사

　조직의 기원과 관련한 말씀을 좀 더 드려야 할 것 같습니다. 기록된 역사를 거슬러 올라가 그 영적인 역사를 살펴보겠습니다. 그렇게 영적인 역사 속에서 조직의 기원과 그 추이를 살펴본 다음, 세속 역사로 넘어가 그것이 오늘 우리에게 무엇을 의미하는지를 말씀드리고 싶습니다. 여러분은 그 두 가지가 서로 맞물리는 것을 발견할 수 있을 것입니다.

창조 첫째 날에, 하나님이 하늘을 창조하셨습니다. 그분은 이 하늘의 영역에서 살아갈 존재들을 만드셨습니다. 하나님께서 이 천상의 존재들을 만드신 이유는 무엇일까요? 그들은 두 목적을 갖고 창조되었습니다. 하나는 하나님을 섬기는 것이고 다른 하나는 사람들을 섬기는 것이었습니다. 성별로 보았을 때 그들은 중성 혹은 무성無性이라고 말씀드릴 수 있습니다. 그들은 남자가 아닙니다. 그렇다고 여자도 아닙니다. 그들은 번식하거나 아이를 낳는 존재가 아니었습니다. 창조된 그 날부터 오늘날까지 그들은 정확히 동일한 숫자를 유지하고 있습니다. 더 많아지거나 적어지지 않았습니다. 그들 안에는 영원히 지속되는 생명이 있습니다. 하나님께서는 천사들을 경이로운 존재로, 그리고 수없이 많은 군대로 창조하셨습니다. 실상 그들은 부대 단위로 조직되었습니다.(신약성경은 이 천상의 군대조직과 로마제국의 지상 군대조직이 같은 조직체계인 것으로 암시하는 듯합니다! 여러분 생각엔 누가 누구를 모방한 것 같습니까?)

천상은 다음과 같은 구조를 갖추고 있습니다. 하나님. 그분은 자유로우신 분입니다. 법 없이 살아가십니다. 제한도 없으십니다. 자유 그 이상의 존재이십니다. 창조주로서 그분은 본성상 왕이시고 주이시며 통치자이시고 주권자이십니다. 그 밑에 천사들이 있습니다. 하나님께서는 이 천사들의 무리를 동일한 숫자의 세 부대로 나누셨습니다. 그리고 이 각각의 부대 위에 그분은 영광스러운 대천사천사장를 두셨습니다. 이것을 보면 무엇이 생각나십니까? 하나님께서는 그때 최초의 **지휘계통**을 세우신 것입니다. 이것이 바로 '상부의 명령'이 가장 말단에까지 타고 내려오는 조직체계입니다. 군대를 다녀온 사람이라면 누구나 이런 조직체계에 익숙할 것입니다. 하지만 기억하십시오. 이 발상과 실행은 어떤 고대의 군대에서 시작된 일이 아닙니다. 전혀 그렇지 않습니다. 그것은 천상에서 시작되었습니다. '피라미드 구조', '플로차트flow chart', '서열', '지휘계통' 등이 이 체계를 설명하는 용어들입니다.

이제 이 이야기의 슬픈 대목에 이르렀습니다. 그 세 천사장 중의 하나가 하늘의 영역에서 반란을 이끌었습니다. 이로 인해 그는 하늘에서 땅으로 쫓겨났습니다. 그의 부대도 그를 따라 내려왔습니다. 천사들 중 3분의 1이 천상에서 쫓겨나게 된 것입니다. 그들은 우주 어딘가에 새 거처를 마련해야 했습니다. 루시퍼는 지구 주변으로 내려왔습니다. 그는 타락한 천사들을 이끌었습니다. 그들은 창조 시에 그들 속에 새겨진 그 조직질서를 따랐습니다. 이것을 주목하십시오. 조직이란 **반역**의 결과로 지구 가운데 유입되었습니다. 우리가 조직을 통해 누군가를 '관리'하고 '통제'하고 '조종'하고 '지휘'하는 것은 바로 이 반역을 추종하는 라인에 선 것이나 다름없다. 그것이 아무리 거룩한 이름, 혹 성경, 혹 교회, 혹 선교, 혹 성직이라는 이름으로 자행된다 하더라도! 우리는 관리, 통제, 조정, 지휘의 대상도 아닐뿐더러 그것을 행사할 수 있는 자리에 부름받지도 않았다. 우리는 "함께", "몸"으로, 그리고 "공동체"로 창조주를 기뻐하는 자리에 부름을 받은 존재들이다. 역주 조직은 절대로 이 지구라는 별을 위해 고안된 것이 아니었습니다. 지구와 그 지구 위에 사는 사람들에게 낯선 질서였습니다. 그렇다면 무엇이 사람이 살아가는 사회적 패턴이 되어야 했을까요? 사람은 하나님 그분이 그러하듯이 어떤 체계화의 대상도, 조직화의 대상도, 통제의 대상도 아니었습니다. 하나님 그분이 그러하듯 사람 또한 완전한 자유의 존재로 창조되었습니다. 사람은 통제되거나 다스려지는 대상이 아니었습니다. **사람**은 하나님 그분처럼, **다스리는 존재**였습니다!

이후 음모가 더욱 노골적으로 드러나기 시작했습니다. 여러분은 이 상황이 짐작되십니까? 루시퍼의 출현으로, 사람들과 타락한 천사들은 동일한 영역을 공유하게 된 것입니다. 천상의 부대 중 3분의 1을 거느리는 천사장 루시퍼는 이제 그의 모든 관심을 사람들을 속이는 데 집중하기 시작했습니다. 그는 사람들을 타락으로 이끄는 데 성공했습니다. 사람들 속에 죄가 유입되었습니다. 루시퍼를 천상의 거처에서 거의 내보냈던 것처럼 하나님께선 이제 그분의 동산에서 사람들을 내보낼 수밖에 없었습니다. 타락한 인간은 갑작스레 그 동산에서 쫓겨나와 동산 밖 어딘가에 거주하는 자신을 발견했습니다. 타락한 지구 위 어딘가에서 타락한 인간으로 살 수밖에 없었습니다.

이즈음, 사람들은 하나님의 임재밖에 놓여있었습니다. 또한 벌거벗은 상태였고 구석구석 그 사실을 느끼고 있었습니다. 사람은 보호받고 싶다는 느낌을 갖게 되었습니다. 그래서 가인이란 사람은 에녹이라 불리는 도시를 건설했습니다. 이 일종의 도피처는 사악한 장소가 되었고, 비슷한 또 다른 도시들이 지구 이곳저곳에 우후죽순처럼 자라나기 시작했습니다. 그리고 하나님께서는 이 도피처들을 홍수로 쓸어버리셨습니다. 그런데도 홍수 이후, 사람들은 또다시 같은 짓을 반복했습니다.

이러한 사실들은 결국 바벨이라는 도시가 세워지는 자리로 우리를 안내합니다. 사단이 그가 속한 천상의 조직지휘계통. 역주을 인간들의 활동영역 위에 덮어씌우는데 처음으로 성공을 거둔 곳이 바로 여기였던 것 같습니다. '니므롯'이라 불리는 아주 타락한 한 사람이 바벨이라는 도시를 건설했습니다. 실제로 그가 한 짓이었을까요? 천상의 존재가 건설했던 것은 아닐까요? 바벨에서 시작하여 점차적으로, 하지만 철두철미하게 사탄은 사람의 삶이 체계화되는 양상을 띠도록 유도했습니다. 우리 시대에 이르러 사람들은 체계화된 인간 활동을 좋아하고, 심지어 그것을 자랑하거나 흐뭇해하고 있습니다. 이제 사람이란 존재는, 어느 누가 어떤 방식으로든 이 '체계'를 위협하면 그를 핍박하고 옥에 가두고 죽이는 데까지 이르렀습니다.

바벨이라는 도시에 이르기까지 우리는 성경의 기록에 의지해 그 영적인 역사를 짚어보았습니다. 이것은 하나님께서 써 내려간 역사입니다. 나는 바로 이 시점에 세속역사가 바통을 이어받아 조직이 발전하는 과정을 보여주고 있다는 사실이 너무도 흥미롭습니다.

세속 역사속의 조직組織이야기

세속역사는 4개의 거대한 고대왕국이 순차적으로 발현한 사실이 있었음을 말해줍니다. 이집트B.C. 약 1400년, 앗시리아B.C. 약 700년, 바벨론 B.C. 약 550년 그리고 페르시아B.C. 약 500년입니다.

앗시리아는 인간 속에 스며든 조직의 역사history에서 대부大父격이라 할 수 있습니다. 그들은 최초로 세계적인 정복을 감행했습니다. 백성을 군대식으로 조직했고 그들이 정복한 모든 나라, 도시, 사람들 위에 그 군대적인 조직체계를 강제했습니다. 이후, 옛 도시 바벨의 환생이라 할 수 있는 바벨론이 뒤를 이어 앗시리아를 정복했습니다.

바벨론 역시 군사독재정권이라서 사람들의 삶 구석구석에 명령-복종체계를 적용했습니다. 이것은 천사들에게 부여되었던 지휘계통이 사람들 속에 깊이 스며든 것이었습니다! 그 패턴이 정착된 것은 바로 이때였습니다. 이제 '문명화된' 지구상의 모든 나라에서 사람들은 이 방식대로 배우고 자랐습니다. 그것은 이미 우리들의 핏줄 속에 새겨졌다고도 말씀드릴 수 있습니다. 그것이 우리의 사고방식 속에 요지부동으로 내장된 것은 분명합니다. 사단이 놓은 덫에 잡혔습니다. 너무 깊이 사람들 속에 스며든 나머지 이 조직은 이제 사람들의 전 생활 영역에 존재하며 작은 조직 뒤엔 더 큰 조직이 버티고 선 형태가 되었습니다.

그렇습니다. 덫에 걸린 모든 사람은 위에 있는 누군가를 올려다보며 무언가를 보고하고 있습니다. 이 관계 사슬의 제일 꼭대기에 느브갓네살 왕이 있었습니다. 하지만 그 뒤엔 누가? 실제 고대 히브리 선지자 중의 한 사람은 그 사슬 꼭대기에 **루시퍼**가 있음을 밝혔습니다.

그리고 오늘날, **어떤 조직이든** 그 조직도를 들여다보십시오. 모든 사람이 위에 있는 누군가에게 보고하고 있습니다. 대체 그 가장 꼭대기엔 누가 있습니까?

다리우스 1세

그 후 바벨론은 페르시아에 의해 무너졌고 정복되었습니다. 인류 역사에서 가장 위대하고 거대한 인물 중의 한 사람, 오늘 우리 모두의 삶에 영향을 미치는 한 인물이 곧 등장했습니다. 바로 다리우스 대왕.B. C. 521-486

이 사람은 계속해서 나라들을 정복해 들어갔습니다. 그는 인도에서 그리스에 이르기까지, 역사상 가장 큰 제국 중의 하나를 건설하고 그 위에 획일적인 통치체계를 적용했습니다. 그는 B.C. 약 500년에 이 모든 일을 감행했습니다. 어떻게? 한 역사가가 여러분에게 대답해줍니다.

페르시아는 고대세계에 독보적인 두 가지 공헌을 했다. 그들의 제국과 종교를 조직화한 것이다. 이 두 가지 모두 오늘날 서양 세계에 주목할 만한 영향을 미쳤다. 제국을 운영하는 그들의 조직체계는 알렉산더 대왕에 의해 계승되어 이후 로마제국에 적용되었고, 마침내 현대 유럽사회로 이어졌다.Trueman, *The Pageant of the Past*, 105쪽.

흥미롭지 않습니까? 이제 여러분은 정부가 어떻게 그 구조를 갖추게 되었는지, 여러분의 학교, 대학, 의료업계, 정치, 자동차 공장, 소매점, 경찰, 군대, 여러분이 근무하는 회사, 여러분이 속한 문명이 어떻게 그 구조를 구비하게 되었는지를 알게 되었습니다.

다리우스 1세가 여러분에게 그것을 주었습니다. 그 사실을 잊지 마십시오!

하지만 그것이 오늘 우리가 종교조직 밖에 머물러야 하는 것과 무슨 상관이 있다는 말입니까? 상당한 관련이 있습니다! 여러분과 내가 상속받은 이 종교체계는 신약성경 속의 주님으로부터 온 것이 아니라 역사적으로 손꼽히는 한 군사 천재에게서 온 것입니다. 역사상 가장 위대한 조직가 중의 한 사람으로 알려진 다리우스로부터! 다리우스라는 이름은 역사상 가장 위대한 이름 중의 하나로 남아있습니다. 그는 그 아이디어를 그가 정복한 땅, 곧 바벨론으로부터 얻었습니다. 이 다리우스란 인물은 어떤 사람이었을까요? 시대를 막론하고 모든 서양의 정치와 종교 조직들이 모방하기에 급급했던 이 사람은 대체 누구였을까요?

그렇습니다. 그 사람은 조로아스터교도였습니다. 그는 그가 속한 역사의 페이지마다 피로 적신 가장 잔인한 괴물 중의 하나였습니다. 더구나 그를 가장 잘 모방한 제자가 바로 로마였습니다. 놀라지 마십시오. 두 번째로 훌륭한 그의 제자가 바로 교회였습니다!

아마도 여러분은 이 사실을 믿을 수 없을 것입니다. 그렇지 않습니까?

그렇다면 저는 또 한번 세속역사를 증인으로 부를 수밖에 없습니다. 트루먼D.C. Trueman은 그의 책, 『과거의 향연』*The Pageant of the Past*에서 로마제국이 인류사에 공헌한 바를 이렇게 말하고 있습니다.(이 군대식의 제국이 그 조직의 패턴을 다리우스로부터 얻었고, 다리우스는 그것을 바벨론에서 얻었다는 사실을 기억하라.)

결과적으로, 로마인들로부터 '제국'이라는 하나의 웅장한 조직이 나타났다. 교회는 로마인들의 정치조직을 모델로 삼아 그 운영체계를 모방했다. 성 베드로의 후계자인 로마 주교들은 곧 로마제국처럼 지휘계통과 운영체계를 확립하기 위해 권위를 행사하기에 이르렀다. 어떤 종교도 그렇게 완전하고 효율적인 조직을 뽐낼 수 없었다. Trueman, *The Pageant of the Past*, 311쪽.

교회조직에 대해 이보다 더 선명하게 진술할 순 없습니다. 가톨릭 교회가 실제로는 로마제국의 조직체계를 모방하여 가장 조직적인 종교가 된 사실이 여기 설명되고 있습니다. 로마제국의 충실한 제자인 가톨릭교회. 하지만 로마가톨릭을 흉내 낸 친구들이 더 있습니다. 누구일까요? 오늘날 가장 위대한 거의 모든 개신교 교단들이 정확하게 로마가톨릭의 조직체계를 대신하고 있습니다. 그리고 그 로마의 조직체계는 그리스로부터, 그리스는 페르시아로부터, 페르시아는 바빌론으로부터, 바벨론은 … 천사들로부터! 만약 여러분이 그 조직의 일부가 되기를 원한다면 그렇게 하십시오. 그 속으로 걸어 들어가십시오. 그 황금같은 기회를 걸어차는 저를 용서하십시오. 나는 차라리 집으로 돌아가 세탁실에서 건조기 돌아가는 것이나 구경하고 있겠습니다. 나는 도무지 그 종교조직의 일부가 될 생각이 없습니다.

이제 그 두 개의 스토리, 즉 영적인 역사와 세속역사를 하나의 이야기로 엮어봅시다.

천사들을 창조하시면서, 하나님께서는 조직도 만드셨습니다. 그분은 복잡한 위계질서 가운데 그들을 두셨습니다. 이 지휘계통은 오늘날까지도 **모든** 천사들 가운데 그대로 존속됩니다.

오래전, 루시퍼가 천상의 영역에서 쫓겨나 이 가시적인 영역에 그들의 거처를 정할 수밖에 없었을 때, 그는 천사 중 3분의 1을 거느리고 내려왔습니다. 그는 지휘계통에 의해 부대를 거느렸고, 음모를 갖고 있었습니다. 사람들에게 덫을 놓아 하나님으로부터 사람들의 주의를 빼앗고, 결국은 하나님에 대한 그들의 의존을 깨뜨리고자 했습니다. 이를 위해 그는 '문명'이라 불리는 어떤 것을 사람들 가운데 도입하여 조금씩 맛을 들였습니다. 대체 이 **문명**이라 불리는 것은 무엇이었을까요? 그것은 천사들의 지휘체계에 다름 아니었습니다. 사탄은 점차 사람들로 하여금 **그의 방식**에 익숙하게 만들었습니다. 점차 **자신**이 관장하는 조직 속으로 사람들을 불러들였습니다. 사단의 계략으로 인해 이제 천사들과 사람들 양측 모두가 하나의 문명, 하나의 체계, 한 통치자 밑에 엮여버렸습니다. 문명은 확장된 '도시 생활'입니다. 도시 생활은 팽창하고 대형화되어 복제되었고, 점차 이웃 동네, 그 다음엔 다른 지방, 나라, 대륙, 마침내 전 세계를 삼켜버렸습니다. 그리고 이 모두가 천사들의 질서와 맞물려 돌아갔습니다.

성경은 니므롯이 문명의 설립자라고 말하고 있습니다. 타락한 사람들에게 천사들의 조직체계를 소개한 사람이 바로 니므롯이었던 것 같습니다. 바벨이라는 도시를 세운 것도 바로 이 사람이었습니다.

세속역사는 여기서 이야기를 이어받습니다. 바벨론이라는 도시는 이후에, 한 나라로 다시 부상합니다. 그리고 세속역사 속에 종종 언급되는 이 신新 바벨론의 조직체계를 메디아Medes와 페르시아가 모방하고, 그들에 의해 전 세계에 공급됩니다. 이후 그리스가 메디아로부터 이것을 채용採用하여 그들의 전 생활 영역에 장착했습니다.

그다음 그리스를 정복한 것은 로마였습니다. 여러분은 오늘 우리 세계에 현존하는 모든 조직패턴을 로마가 선사했다는 사실을 알 필요가 있습니다. 이것은 너무나 철저하고 총체적으로 지구 전체에 스며들어 모든 문화와 철학과 정치를 그 안에 쓸어 담았습니다. 이제 사람들은 그 조직체계에 익숙해져 다른 어떤 방식의 삶을 살아볼 엄두조차 내지 못하고 있습니다. 오늘날 인류의 활동 가운데 접하는 **모든 것**들은 고대 로마를 본떠 조직되었습니다!

성경은 이 복잡한 관계망을 '세상조직'이라고 부르고 있습니다. 사탄은 사람을 복잡한 생활양식 가운데 밀어 넣은 다음 이를 조직적으로 체계화하였습니다. 그리하여 사람들이 하나님에게서 멀어지도록 그들의 관심을 빼앗는 데 성공하였습니다. 우리가 문명이라 부르는 것은 실상 사람에게 부여된 천사들의 질서체계에 불과합니다. 결국, 하나의 체계입니다. 더 이상은 없습니다. 딱 하나입니다. 이 체계는 이제 **한 사람 한 사람**의 인간 활동 가운데 강제되고 있습니다. 여러분 스스로를 살펴보십시오. 사회적 접촉이 일어나는 모든 부분이 동일한 패턴으로 작동합니다.

그것은 마치 안쪽의 큰 톱니바퀴와 맞물리는 작은 톱니바퀴와도 같습니다. 물론 그보다 더 안쪽에는 하나의 큰 회전축이 있을 것입니다. 이것을 더 큰 모자이크 무늬 안에 조합된 작은 모자이크 무늬(결국은 하나의 거대한 모자이크를 형성하는!)라고 볼 수도 있습니다. 실례를 들어 설명해보겠습니다.

교육은 바로 그 거대한 모자이크의 한 조각일 뿐입니다. 교육의 안쪽에는 축소된 작은 모형들이 들어있습니다. 교육위원회, 학교, 대학 등. 그리고 한 단계 올라가면 주state교육기관, 그 다음엔 연방 교육기관이 있습니다. 몇 걸음 뒤로 물러나 전체를 조망해보십시오. 하나의 거대한 교육체계가 눈에 들어올 것입니다. 하지만 교육체계라 불리는 이것은 인간 삶의 많은 영역 중 단지 하나의 영역일 뿐입니다. 교육이라는 영역은 많은 톱니바퀴 중의 하나이고 모자이크 중의 한 부분입니다. 의학 분야 역시 마찬가지고, 비즈니스 역시 그러하며 산업의 영역 또한 마찬가지입니다. 뒤로 몇 걸음 물러서서 큰 그림을 보십시오. 여러분의 눈에 무엇이 들어옵니까? 그 모든 것들이 구성하는 하나의 거대한 세계조직이 보일 것입니다. 이 조직은 천사들의 질서체계에 안성맞춤인 조직체계입니다.

좋습니다. 이제 우리 앞에 전개되고 있는 이 이야기의 흐름을 유지하며 그 다음 이야기로 넘어가 보겠습니다.

반反 체제주의자인 교회가 등장하다

교회가 등장했습니다! 때는 A.D, 30년. 장소는 이스라엘, 예루살렘입니다. 로마는 예루살렘에게나 이스라엘에게나 점령군이었습니다. 눈에 들어오는 모든 것이 군대식 조직이었습니다. 그러나 이제 보십시오. 교회가 역사 속에 발을 들여놓습니다. 이 아름답고 어린 소녀는 길고 지난한 이 조직의 역사 속에서 아주 예외적인 존재입니다. 교회는 과거에도 그랬지만 지금 역시도 세상체계에 반합니다. 교회는 하나의 조직이 **아닙니다.** 교회는 반체제적인 생물生物입니다. 그녀는 지휘계통에 따라 작동하지 않습니다. 교회는 루시퍼를 머리로 두지 않습니다. 교회는 매개자를 필요로 하지 않습니다. 역주 교회는 머리 되신 예수 그리스도와 **직접** 교통합니다. 교회는 그분의 몸입니다. 교회는 조직이 아니라 여인입니다! 손목시계와 같은 어떤 무생물이 아닙니다. 살아있습니다. 한 여인입니다. 그녀교회는 예수 그리스도의 약혼녀입니다!(다른 한 편, 교회는 그녀의 전 생애 동안 오직 한 대적으로부터 고통을 겪습니다. 바로 세상조직이 그 장본인입니다! 그 안에서도 가장 심하게 교회를 괴롭혔던 특별한 조직이 있었습니다. 그것은 명백히 종교조직이었습니다. 그렇습니다. 세상조직 안에 속한 정치조직 역시도 가끔은 교회를 압박합니다. 하지만 종교조직만큼 그녀를 괴롭히지는 않습니다.)

교회는 초기 2백 년 동안 그럭저럭 잘 해냈습니다. 천사들이 하나님에게서 비롯된 생활양식을 갖고 있었던 것처럼 그녀도 하나님으로부터 비롯된 그녀만의 생활양식을 갖고 있었습니다. 하지만 그녀의 생활양식은 지휘계통에 의존하지 않았습니다. 교회는 천사들의 조직을 모방하지 않았습니다. 그렇습니다. 그녀 안에도 질서가 있긴 하지만 누군가에 의해 조직되는 대상이 **아닙니다.** 그렇다면 그녀는 어떤 조직으로 분류됩니까? 그녀는 조직으로 분류되지 **않습니다.** 그녀는 살아있는 생물입니다. 조직적으로 분류되는 것은 '물건'에 해당합니다. 교회는 물건이 아니고 한 인간, 여인입니다. 오늘날의 신자들에겐 교회를 어떤 조직_{교단. 역주}으로 분류하지 않는 한, 그 정체성이 쉽게 이해되지 않을 것입니다. 여러분이 그렇게 된 데에는 여러 가지 이유가 있는데 모두 달갑지 않은 이유들입니다.

첫째, '교회'라는 그 용어 자체가 여러분의 머릿속에서는 이미 자기 스스로를 교회라고 부르는 어떤 기관이나 조직으로 저장되어 있습니다. 그렇지만 그것은 사실이 아닙니다. 그것_{건물, 기관, 협회, 조직 등. 역주}을 교회라고 부른다고 해서 그것이 교회가 되는 것은 아닙니다. 그것들은 여전히 그저 조직일 뿐입니다. 바로 **종교조직!** 두 번째, 여러분들 안에 이미 조직적인 사고방식이 배어들었습니다. 그 밖에 다른 어떤 개념을 거의 끌어올 수 없을 만큼 말입니다.

하나님 자신의 생활양식

천사들을 조직하실 때, 하나님께선 그들을 체계 가운데 두셨습니다. 그들은 하나님보다 낮은 형태의 생명체였습니다. 하나님은 당시 홀로 계신 분이셨기에 만약 그분이 신들의 사회를 이루셨다면(이런 표현에 용서를 구합니다!) 조직을 구성하셨을지는 우리가 장담할 수 없습니다. 하지만 오늘, 그분은 혼자가 **아닙니다.** 그분의 자녀가 있고 가족이 있으며 집이 있습니다. 우리가 그분의 집이며 그분의 가족입니다. 그분은 우리의 아버지입니다. 그분이 우리의 머리입니다. 하지만 그분은 우리 각 사람의 머리입니다. 우리에겐 중간매개체가 필요치 않습니다. 역주 그 사실을 분명히 하십시오. 그것은 지휘계통을 근간으로 하는 조직과 완전히 반대입니다. 목사, 사제, 혹은 여타의 성직자를 "통해서" 하나님을 만나는 것이 아니다. "너희는 주께 받은바 기름 부음이 너희 안에 거하나니 아무도 너희를 가르칠 필요가 없고 오직 그의 기름 부음이 모든 것을 너희에게 가르치며 또 참되고 거짓이 없으니 너희를 가르치신 그대로 주 안에 거하라." 요일 2:27. 역주 여러분의 가족을 둘러보십시오. 조직이 아닙니다. 각 사람들이 머리와 직접 말합니다. 여러분의 가족은 살아 있는 생명체입니다.(여기서 교회의 유기적 관계에 대한 주제는 군이 다루지 않을 것입니다. 다만 다시 한번 단호히 밝히는 것은 처음 1세기 교회가 하나님에 의해서도, 천사들에 의해서도, 사람에 의해서도 결코 조직화되지 않았다는 사실입니다.)

핵심은 이것입니다. 하나님께서 홀로 계셨을 때 그분이 천사들처럼 정교한 조직체계를 이루셨는지는 누구도 알 수 없습니다. 다만 그분은 예수 그리스도를 통하여 그분의 종족을 두기 시작하셨습니다. 그렇다면 이 문제는 해결된 것이나 다름없습니다. 하나님의 가족은 조직을 이뤄 살지 않습니다!

교회가 조직의 희생양이 되다

A.D. 200년 즈음, 불행하게도 교회는 실족하기 시작했습니다. 거듭된 핍박이 그 뛰어난 사람들을 빼앗아갔습니다. 그러나 가장 무서운

악당은 핍박이 아니었습니다. 그것은 **시간 그 자체**였습니다. 교회를 둘러싼 환경이 점진적으로 승리를 굳혀가고 있었습니다. 세계조직이 이탈리아와 소아시아의 교회들 속으로 스며들었습니다.(북아프리카의 교회들은 그나마 좀 나았습니다.)

교회 역사에서 이 비극적이고 결정적인 시기에 무슨 일이 있었는지를 이해하기 위해 우리는 먼저 로마제국 안에서 전개되었던 일들을 알 필요가 있습니다. 로마라는 국가조직은 그 장구한 역사 중 세 차례나 최절정의 번영을 누렸습니다. 그 위대한 조직에 찾아온 첫 번째 번영은 율리우스 카이사르와 아우구스투스 시절이었습니다. 이전엔 어느 정도의 견제로마 공화정을 의미. 역주와 균형이 초대형 조직의 등장을 막아섰습니다. 이후, 하드리아누스가 제국의 거대한 지휘계통chain of command을 새로 손보았고, 마침내 콘스탄티누스 황제가 그것을 완성했습니다. 아마 다리우스 1세가 보유했던 그 완벽한 지휘계통 이후로 처음이었을 것입니다. 초기 기독교가 세계체계 가운데 완벽하게 휩쓸려 들어간 것이 바로 이 로마라는 나라가 국가조직으로서 맞이한 최절정의 시기였다는 사실은 실로 놀랍습니다.

통탄할 일이 아닐 수 없습니다.

여기 그 내막이 있습니다. 300년대 초기, 콘스탄티누스가 일종의 회심을 경험했습니다.(그가 어느 정도 깊이로 그리스도를 받아들였는지는 온갖 추측이 난무하는 역사적 사건 중 하나입니다.) 다만 콘스탄티누스가 첫 번째 중세적 그리스도인으로 기록될 것은 분명합니다. 명목상으론 90퍼센트의 그리스도인이지만 내면적으론 90퍼센트의 이교도였던 중세 그리스도인! 어쨌든 그의 개종과 황제 즉위로, 313년 즈음, 이미 수많은 목숨이 희생된 교회 위에 가해지던 가공할 핍박들은 단숨에 모습을 감추었습니다.

그때까지만 해도 콘스탄티누스는 그 이전의 다른 황제들처럼 제국의 수장head일 뿐만 아니라 제국 내부의 모든 중요 조직들의 수장이기도 했습니다.(그런 점에서, 그는 자신이 모든 것의 수장이라고 생각했을 것입니다.) 즉, 그는 자신이 최고 제사장, 즉, 모든 이교도들의 대제사장이라고 생각했을 것입니다. 그렇습니다. 그는 곧 초기 기독교를 그가 장악한 조직 속으로 끌고 들어오기 **시작**했습니다. 그 결과, 다음 75년 동안에 걸쳐, (1) 기독교는 제국 안의 공식적인 종교가 되었습니다. 다른 이교도들을 옆에 거느린 채 말입니다! 이는 세금이 곧 바로 교회로 유입됨을 의미했습니다. 동시에 교회가 로마 제국의 한 부속기관이 되었음을 의미했습니다. (2) 점차적으로 이교도들은 완전히 옆으로 밀려 나갔고 이들에겐 세금지원이 중단됐으며 그들이 보유한 재산들은 기독교로 넘어왔습니다. 그리고 모든 종교세는 오직 교회를 지원하는 데 사용되었습니다. 이런 일들이 일어나자 교회는 점차 로마라는 국가조직 안에 속한 다른 조직들처럼 변해갔습니다. 곧 이 아름다운 소녀는 정교하게 짜인 종교 조직에 무릎을 꿇었고, 그 종교 제도가 그녀교회의 역할을 대신하기 시작했습니다. 초기 교회는 사라졌습니다. 이제 남은 것은 "교회"라는 옛 이름뿐, 그 이름 뒤에 숨어있는 것은 종교 조직이었습니다.

"집사"와 "장로"라는 용어는 여전히 살아남았습니다.(거기에 얼마간의 새로운 용어들이 추가되었습니다. 불과 얼마 전까지만 해도 이교도들이었던 그리스도인들을 배려해 이교도들의 용어인 "추기경(cardinal)("이나 "성직자(clergy)("같은 말들이 교회 안에서 사용되었습니다!) '교회'라는 상표는 그대로 남아 있었을지라도 그 안에 담긴 제품은 순전히 바벨론에서 보내온 것들이었습니다. 이제 최종적으로 그 모습을 드러낸 가톨릭교회의 조직체계를 구경해보십시오. 피라미드구조의 맨 아래엔 신부들이 있습니다. 그 위에는 주교, 주교 위엔 대주교, 대주교 위엔 추기경, 그리고 피라미드의 꼭대기에 황제가 앉아 있습니다. 아! 그렇습니다. 황제 위에 한 자리가 더 있습니다.

이런 상황이 이후 수백 년 동안 계속되었습니다. 그리고 결국 제국은 무너졌습니다. 그러자 그 무너진 폐허 위에서 소규모의 작은 국가들이 솟아올랐습니다. 하나의 제국한 국가 대신에 수많은 작은 국가들이 그 자리에서 자라났습니다. 그 각각의 작은 국가들은 나름의 조직체계를 정비하였습니다. 그들이 어떤 조직체계를 갖추었을지 굳이 말씀드릴 필요는 없을 것입니다. 여러분이 잘 알다시피 그 국가들의 조직과 제도는 로마제국의 축소판이었습니다. 그리고 각 나라들은 예외 없이 로마 가톨릭을 유일한 국가종교로 삼았습니다. 가톨릭은 로마라는 한 제국의 유일한 공식종교였습니다. 이제 그 가톨릭은 무너진 제국 위에 자라난 신생 국가들의 공식종교가 되었습니다. 한때 제국의 종교였던 로마 가톨릭이 이젠 신생 **국가들 사이의 종교**가 된 것입니다. 가톨릭의 조직체계는 여전히 300년대의 그것과 동일한 구조를 유지하고 있습니다. 바로 지휘계통chain of command입니다.

이 모든 것이 그녀교회를 욕보이고 그 자리에 종교조직이 들어서는 동안 벌어졌던 끔찍하고 참혹한 기록들입니다. 이 기간 동안(325년 이후로 계속)에, 거대한 종교조직에 속하기를 거부했던 몇 몇 그리스도인들이 있었습니다. 그들은 죽임을 당했습니다. 이 사람들기독교역사에서 제3의 흐름을 형성했던! 역주은 거대한 종교조직의 기분을 상하게 한 결과가 무엇인지를 분명히 경험했던 사람들이었습니다. 바울이 그랬던 것처럼!

하나의 조직인 종교체계는 어쩔 수 없이 유기적인 존재인 교회의 적으로 자리할 수밖에 없습니다.

종교개혁 시대의 종교조직

자, 마침내 상황이 변했습니다. 1517년이 되었고 마르틴 루터가 등장합니다. 루터는 색스니독일의 작센 주. 역주라 불리는 지방에 거주했습니다. 물론 이 곳 역시 이 지방의 공식종교가 있었습니다. 로마가톨릭이었습니다. 그러나 루터가 로마가톨릭과 인연을 끊자 색스니 역시 가톨릭과 절교했습니다. 이것은 전례 없는 일이었습니다! 1500년 만에 가톨릭을 공식종교로 표방하지 않는 한 지역이 생겨난 것입니다. 색스니는 종교조직 안에서 가톨릭이라는 이름을 빼내 집어던졌습니다. 그리고 그 자리에 루터교라는 새로운 브랜드를 집어넣었습니다. 기독교의 영향력 아래 있던 모든 나라들은 가톨릭을 공식종교로 삼고 있었습니다. 단 한 곳, 색스니만 예외였습니다! 이것은 혁명적인 일입니다!

그렇습니다. 루터교는 새로운 신학과 함께 들어왔습니다. 그들의 가르침은 가톨릭과 근본적으로 달랐습니다. 새로운 의식儀式이 등장했습니다. 새로운 용어도 등장했습니다. 새로운 자유와 종교지도자들을 지칭하는 새로운 이름도 등장했습니다.('사제'는 '목사'라는 이름에 자리를 내주어야 했습니다.)

이 모든 일은 굉장해 보였습니다. 하지만 루터는 무의식적으로 어떤 일을 반복하고 있었습니다. 그는 동일한 종교'조직'을 유지하고 있었습니다!

어떻게 보면 어쩔 수 없는 일이었습니다. 그럴만한 이유가 있습니다.

색스니는 오래전의 로마제국과 정확히 똑같은 조직을 유지하고 있었습니다. 아니 고대 로마의 축소판이라 보는 것이 맞습니다. 물론 색스니 안의 지방정부 역시 중앙정부의 조직체계를 따라 구성되었음이 당연합니다. 그래서 루터교가 새로운 종교, 즉 색스니 지방의 공식종교로서 상표를 바꿔 달았을 때, 그 종교를 담고 있는 조직체계는 로마 가톨릭교회의 그것과 정확히 동일한 그릇이었습니다. 구조적으로 루터교는 색스니 지방의 다른 사회조직들과 똑같은 방식으로 조직될 수밖에 없었습니다. 그건 당연히 지휘계통 방식이었습니다. 놀랍습니다.

색스니를 이어 곧 또 다른 나라들도 가톨릭과 인연을 끊기 시작했습니다. 북유럽의 여러 나라들이 그 지역의 공식종교로 루터교를 받아들였습니다. 헨리 8세의 집권 아래 있는 영국도 새로운 교회를 세웠습니다. 스코틀랜드도 또 다른 교회를 세웠습니다. 각 지역이 표방하는 신학들은 서로 달랐습니다. 이름들도 달랐습니다. 의식도 달랐습니다. 하지만 '지휘계통'을 조직의 기본으로 삼는 것은 정확히 일치했습니다.

이때쯤 하나의 공식이 정착됩니다. 각 나라들은 하나의 공식종교를 갖고 있었습니다. 그 종교들은 나라마다 달랐습니다. 하지만 **그 종교조직의 구조는 언제나 같았습니다.**(그리고 이 동일한 조직에 상응하지 않는 그리스도인들은 … 이들 나라에서 핍박의 대상이 되었습니다.)

종교개혁 이후의 종교조직

이제 종교개혁 이후의 추이를 살펴봅시다. 얼마 후에 침례교회가 등장했고, 회중 교회, 언약교회(그 이후에도 오순절교회에 이르기까지) 등의 새로운 교회들이 출현했습니다. 이 교단들은 서로 조금씩 달랐습니다. 이름하여 비국교도들! 이들은 한 번도 어느 국가의 공식 종교가 된 적이 없습니다. 이들을 지원하는 국가세금도 없었습니다. 이들은 유럽인들이 '자유복음주의자들Free Evangelicals'이라고 부르는 사람들로, 정부의 통제와 지원에서 자유로운 사람들이었습니다. 그들이 내건 표어는 모두 달랐습니다. 신학도 사뭇 달랐고 종교의식(그들도 종교의식이 있었습니다)도 간소화 되었습니다. 하지만 그들의 조직체계는 로마만큼 오래된 바로 그 조직이었습니다. 바벨론만큼 오래된, 아니, 천사들까지 거슬러 올라가는 조직입니다.(어떤 그룹들은 그들의 지도자를 지명하기도 하고 위원회에서 선출하기도 하며 민주적인 방식에 의해 뽑기도 하고 투표를 하는 경우도 있었습니다. 그리고 교파마다 완전히 다른 이름을 사용했습니다. 하지만 그들이 갖고 있던 그 조직표[조직체계, 계급, 서열, 플로차트]는 모두 '지휘계통'에 의거한 바로 그것이었습니다.)

내가 젊은 목사였을 때, 세계에서 가장 큰 은사주의 교단과 함께 잠시 일하도록 초청받은 일이 있었습니다. 그 교단의 총본부가 있는 곳을 방문했을 때 그들이 했던 말이 생각납니다. 어떤 교단이 가장 훌륭하고 역동적이며 효과적인 조직체계를 가졌는지 살펴보기 위해 그들이 다른 모든 교파들을 방문해 연구했다는 것입니다. 그들이 마침내 찾아낸 것은 (여러분도 능히 짐작할 수 있듯이) 미국에서 **가장 큰** 개신교단이 가장 합리적이고 훌륭한 조직을 갖추고 있다는 사실이었습니다. 그들은 아주 자랑스럽게, 사실은 내가 성장했던 바로 그 교단남 침례교회. 역주을 머리끝부터 발끝까지 모방하여 그들의 조직체계를 정비했다고 털어놓았습니다. 그들에게 있어 그것은 뽐낼만한 일이었고 자랑할 만한 일이었습니다. 내 관점에선? 우리의 종교를 조직할 대상으로 보는 습성생명, 생물, 한 여인으로 보는 것이 아니라! 역주이 우리 핏줄 속에, 아니 우리 골수에 새겨져있다는 사실을 확인하는 시간이었습니다.

■ 오늘날의 종교조직

그렇습니다. 비국교도들의 출현 이후 새로 등장하는 대형 신흥교단은 눈에 띄지 않습니다. 그리고 '비영리 초교파 종교 조직'들이 신흥교단들을 대신하여 등장하고 있습니다. 이 사람들이 표방하는 것은 이렇습니다. : "우리는하나의 교파가 아니고. 역주 하나의 조직입니다!" 맞습니다. 그들 역시 하나의 조직입니다!

1700년대-1800년대, 종교심을 가진 강력한 사람들이 뭔가를 하고 싶으면 새 교단을 시작했습니다. 그러나 이젠 그 시대가 지나갔습니다.(게다가, 모든 신학적 논쟁들이 거의 다뤄졌습니다.) 그래서 오늘날은 세금면제 혜택을 누리며 종교조직혹은 선교단체. 역주을 세우고 있습니다. 목사, 교회, 교단 대신에 '스탭', '센터' 그리고 뭐랄까요, '본부'를 두고 있습니다. 조직이라는 측면에서 보았을 때 각 교파들의 조직체계나 비영리 선교단체들의 조직체계에는 실질적으로 큰 차이가 존재하지 않습니다.

나는 종종 그러한 세계적인 선교단체들의 본부를 방문하곤 했습니다. 그들은 자신들이 세운 그 조직의 효율성에 큰 자부심을 갖고 있었습니다. 나는 한때 그들이 이렇게 말하는 것을 들었습니다.(그 말이 사실인지 아닌지는 알 수 없지만 어쨌든 그들이 말하고자 하는 핵심은 분명합니다.) 하버드대학교의 한 경영대학원생이 그들의 조직을 주의 깊게 연구한 후, 그것이 제너럴 모터스G.M. 미국 최대의 자동차 제조회사. 역주의 조직만큼이나 잘 정비된 조직이라고 결론을 내렸다는 것입니다.

그렇습니다. 모든 종교조직과 교단들은 실제로 조직이라는 측면에서 차이가 없습니다. 곧 니므롯, 다리우스 1세, 알렉산더 대왕, 율리우스 카이사르, 콘스탄티누스, 킹 조지, 워싱턴, 제퍼슨, 나폴레옹, 히틀러, 처칠 그리고 헨리포드의 그 조직입니다. 사랑하는 형제 여러분. 모든 교단들과 비영리 종교단체들은 모두 조직입니다. 그것이 **전부**입니다. 그 이상도 이하도 아닙니다. 앞에 **종교**라는 말이 붙지만, 그저 똑같은 조직입니다. 그 조직들은 그리스도의 **신부가 아닙니다.**

사랑하는 독자 여러분, 나는 여러분이 읽으면서 어떤 기분이 드는

지 모르겠습니다. 저는 개인적으로, 주님의 원래 의도에서 멀리 벗어난 관습들과 거리를 두기로 작정했습니다. 만약 그리스도인들이 그러한 조직을 우리 믿음에 적용하는 것을 거부하고 내버리기로 결단한다면 무슨 일이 일어날까요? 지금까지의 교회 역사는, 그것이 구전이든 기록이든, 비극적인 이야기가 아닐 수 없습니다. **우리의 임무**가 두드러지는 지점은 바로 거기입니다. 우리는 과거의 역사가 우리의 미래에 던지는 가르침을 새기며 '조직이 아닌 것'을 우리의 미션으로 삼아야 합니다.(참으로 알 수 없는 것은 조직이 되어버린 기독교가 온 지구를 덮고 있음에도, 이 거대한 종교조직이 그 조직에 속하지 않은 단 한 사람의 출현을 끔찍이도 두려워하고 있다는 사실입니다. 이 거대한 종교조직이 제도권 밖에 서 있는 어떤 그리스도인을 보면 거의 패닉상태에 빠집니다. 그리고 이 조직의 지도자들은 그 한 줌밖에 안 되는 제도권 밖의 운동을 중단시키기 위해 무슨 일이든 감행할 태세라는 사실을 역사가 보여줍니다.)

조금도 새로울 것이 없는 종교조직들 가운데서 걸어 나와 그리스도의 "몸"을 세우는 그것보다 더 시급한 일은 없습니다. 우리가 걸어갈 길은 명확합니다. 우리는 제도화된 기관의 한 부분이 되지 않을 것입니다. 여러분의 눈에 그 사실이 보이지 않습니까? 사람들에게 부여된 하나님 나라는 천사들의 조직체계를 벗어나 존재해야 마땅하다는 그 사실 말입니다.

조직의 한 영역을 담당하는 "종교"

나는 지금까지 '조직'이 무엇인지를 추적해왔습니다! 그것은 천상에서 시작된 어떤 것이었습니다. 하지만 나는 "종교체계" 또는 "제도화된 종교"라는 용어 역시 사용했습니다. 우리의 이야기를 좀 더 진전시키기 전에 그 "종교조직"이라는 낱말의 앞쪽에 붙은 글자, 즉 '종교'라는 용어에 좀 더 주의를 기울여 살펴보는 것이 유익할 것 같습니다. 내가 종교라고 말할 때 그것은 무엇을 의미하는 것일까요?

"불교는 하나의 조직이다."라고 말하거나 "힌두교는 하나의 조직이다."라고 말한다면 여러분은 거기에 동의할 것입니다. 그들은 하나의 종교체계이기 때문입니다. 하지만 유대교는 어떻습니까? 그 역시 마찬가지입니까? 그렇습니다. 유대교도 종교조직입니다. 그러나 언제나 그래왔습니까? 그렇지는 않습니다. 유대교는 한때 하나님의 지상 사역공간이었습니다. 모세의 시대, 그리고 다윗의 시대에 하나님께서는 한 그룹의 백성들 안에서 그분의 길을 펼쳐 보이셨습니다. 하지만 어느 날, 하나님께서는 유대교를 떠나셨습니다. 그럼에도 불구하고 유대교는 하나님 없이 지속되어왔습니다. 하나의 종교운동이 무엇인지를 보십시오! 하나님께서 그 종교를 이 땅에 가져왔지만 바로 그 하나님 없이도 여전히 지속되는 하나의 종교단체! 하나님이 자리를 비우셨지만, 그것은 지금 이 시각까지 생존하고 있습니다. 어떻게 그것이 가능합니까? 그들이 어떻게 생존할 수 있는 것입니까? 많은 수단이 동원되지만, 그 중 하나가 바로 조직화하는 것입니다.(하나님께서 여러분과 함께하지 않을 때 생존을 위해 여러분에게 절대적으로 필요한 것이 바로 이 조직입니다.) 유대교가 선택한 것이 바로 그것입니다. 실상 유대교는 바울이 등장하기 **훨씬 이전**부터 **이미** 그 길을 택했습니다.

각 시대마다 종교 제도 밖에 머무는 사람들은 그 시대에 존재하는 이 종교조직과 부딪히게 되어있습니다. 바울이 직면해야 했던 조직은 유대교였습니다.(재세례파는 가톨릭과 직면했습니다. 워치만 니, 인도의 싱, 프렘 프라담은 꽤 괜찮은 조직과 직면했습니다. 바로 복음주의 기독교인들! 그들 역시 누구 못지않게 종교조직 밖에 있는 이들을 핍박할 수 있음을 이로써 입증했습니다.) 유대교는 여러분이 직면해야 할 종교조직이 **아닐 것**입니다. 하지만, 여러분이 직면할 종교조직은 반드시 **존재한다**는 사실을 유념하십시오. "유대인들에게서 오는 위험"은 종교조직 밖에 있는 그리스도인들에게 피할 수 없는 운명입니다. 그것이 무엇이든 그 조직 밖에 서 있는 여러분에게 위험을 가할 종교조직은 반드시 존재합니다.

유대교는 한때 하나님의 사역이었습니다. 그러나 하나님은 거기에서 떠났고 유대교는 하나님 대신 조직을 얻었습니다.(아니면 그 반대인지도 모르겠습니다. 즉, 그들이 하나님 대신 조직을 얻었기에 하나님이 떠나셨는지도 모릅니다.) 이후, 유대교는 지상에서 펼쳐지는 하나님의 새로운 사역에 가장 큰 적이 되었습니다. 하나님의 사역으로 시작된 바로 그것이 하나님의 적이 되었습니다. 여러분이 조직을 얻는 것에 별다른 두려움이 없더라도 적어도 **이 한 가지** 사실, 즉, 여러분이 하나님의 적이 될 수도 있다는 그 사실을 두려워하십시오.

불교는 종교조직입니다. 유대교도 종교조직입니다. 하지만 기독교 신앙도 그럴 수 있단 말입니까? 하나님의 사역이 이뤄지던 바로 그 현장이 이후 새롭게 전개되는 기독교 사역의 적이 될 수 있다는 말입니까?

이 비극이 정말 초대교회 안에서도 일어났습니까? 초대교회도 조직으로 변하고 하나님의 적이 된 것입니까? 아니면 하나님이 아직도 초대교회와 함께하십니까? 그분이 초대교회를 떠나 다른 백성들과 함께하시는 일이 가능합니까?

이런 질문을 들으며 여러분이 무슨 생각을 하실지 저는 잘 알고 있습니다. "초대교회는 더 이상 존재하지 않습니다. 그것은 이미 A.D. 300년쯤에 끝났습니다. 그런데 어째서 '하나님이 **오늘날** 초대교회와 함께하십니까?'라고 묻는 것이지요?" 너무 확신하지 마십시오. 우리는 초대교회가 끝났다고 들어왔지만 꼭 그렇지 않을 수도 있습니다. 아니 그것은 오늘도 여전히 존재하고 있을 것입니다.

내가 어린 나이로 신학교에 들어갔을 때, "초대교회에 대체 무슨 일이 일어났는지"에 대한 두 가지 가르침을 받았습니다. 한편에선 초대교회가 더 이상 없다고 가르쳤습니다. 다른 편에선, 알프스나 스페인에 숨겨진 작은 그룹들처럼, 그와 같은 형태로 살아있다고 가르쳤습니다. 열일곱 살 이후로 줄곧 교회 역사를 연구해왔던바, 내가 그에 대해 발견한 사실이 하나 있습니다. 위에서 언급한 두 가지 주장 모두 역사적 근거가 빈약합니다. 그 증거는 도리어 다른 곳에 있습니다.

초대교회는 끊어지지 않고 지금도 이어져 내려오고 있습니다! 물론 최초의 형태로 존재하지는 않습니다. 하지만 존재합니다. 진화하고 오염되고 급격하게 변했지만, 그 명맥이 **끊어지지 않은 채**로 분명히 우리

가운데 존재합니다. 오늘날엔 로마 가톨릭교회가 초대교회로 명명되지만 실제로 초대교회는 콘스탄티누스와, 치사량의 이교도 신앙과, 조직과, 제도와, 1700년 동안의 전통과 그 이외의 뭔지도 모를 것들이 뒤범벅된 채로 오늘 여기에 존재합니다.

A.D. 325년에 초대교회는 로마라는 이교도와 결혼했습니다. 그것은 그다지 거룩한 결혼식이 아니었습니다. 얼마간의 이교신앙과 얼마간의 거룩함이 만났습니다. 하나님은 그 예식 중에 밖으로 나가셨습니다. 그때 이후로 초대교회는 종교조직이 되었습니다. 그렇다면 하나님께서는? 그분은 다른 사람들과 **그분 자신의 일**을 하시려고 어딘가로 가셨습니다.(그렇다고 우리가 하나님을 종파주의자로 볼 수는 없는 노릇입니다.)

이것이 여러분의 마음을 상하게 한다면 유감입니다. 만약 그럴 필요가 있으면 하나님께선 내일 새로운 이름으로 그분의 일을 어디선가 다시 시작하실 것입니다. 그분은 언제든지 이 백성을 떨쳐내고 다른 백성을 선택하십니다! 그분은 **그분의** 일을 계속해 나가실 것입니다. 결국, 여러분은 다음과 같은 사실을 알게 되었습니다. 불교는 종교조직**이었고** 종교조직**이며** 종교조직으로 **존속**할 것입니다. 유대교는 종교조직이 **되었습니다.** 그리고 초대교회 역시 제도화된, 또는 조직화한 종교가 **되었습니다.**

그렇다면 오늘날의 복음주의 기독교는 어떻습니까? 자, 이제 불편한 진실을 마주할 시간이 되었습니다. 오늘날의 기독교는 99%의 조직과 1%의 교회 생활여기서의 교회 생활은 오늘 우리가 말하고 생각하는 그 교회 생활을 의미하지 않는다. 이를테면, 주일 오전 11시에 교회에 다녀오고, 성가대, 전도활동, 바자회, 성경공부 등의 프로그램에 참여하는! 역주로 이루어져 있습니다.(1%도 매우 관대한 평가가 아닐 수 없습니다.) 그리스도인으로 다시 태어난 우리는 모두 종교조직에서 성장해왔습니다. 반복해서 말씀드리자면, 종교적인 목적을 가진 조직. 그것이 바로 기독교입니다! 그것이 바로 우리 믿는 이들이 발을 딛고 서 있는 그 영역입니다.

오늘날의 기독교세계는 어떤 모습입니까? 하나님께서 한때 축복하셨던 여러 운동들을 누빈 이불에 가깝습니다. 분명한 것은 오래전, 하나님은 그분의 축복을 거두셨습니다.(그 운동들 중엔 하나님께서 한 번도 함께하지 않으셨던 운동들도 있습니다.) 오늘날의 기독교는 종교의 속성을 가진 제도이자 조직일 뿐입니다. 기독교라는 영역의 상당 부분은 이미 하나님이 떠나가시고 남은 흔적일 뿐입니다. 그분은 대체 어디로 가신 겁니까? 아브라함을 부르실 그때처럼, 그분은 자신의 삶을 예수 그리스도께 송두리째 바친 사람들, 그리고 오직 그분을 알아가는 것에 최우선을 둘 사람들, 그분을 아는 것 외엔 다른 어떤 것도 알지 않기로 작정한 바로 그 한 무리를 부르기 위해 밖으로 나가셨습니다.

우리 시대의 종교제도는 무엇입니까?

이제, "우리 시대의 종교제도란 무엇일까?"라는 질문과 함께 "그것과 우리의 관계"를 생각해볼 때가 되었습니다.

우리가 알고 있는 모든 교파들과 비영리 선교단체들, 그리고 우리

시대의 모든 종교조직이 정말 세계조직의 한 부분일까요? 그것들 모두가 정말 그 상위조직의 한 부분일까요?

우선, "이 세상"이라는 거대한 조직의 존재를 언급하는 성경의 가르침엔 의문의 여지가 없습니다. 하지만 한 교단에 속한 교회가 그 세상 조직의 일부가 될 수 있습니까? 어떻게 종교조직이 세상조직의 일부가 될 수 있습니까?

텍사스 동부에 위치한 한 조그만 상상의 도시로 여러분을 안내함으로 그 질문에 답하고 싶습니다.

이 작은 소도시의 교육제도를 쉽게 연상해볼 수 있습니다. 그 작은 교육조직은 다리우스 황제가 2천 년 전에 체계를 세웠던 그 방식과 정확히 일치하는 조직입니다. 비즈니스도 있습니다. 동일한 체계입니다. 정치조직 역시 발견할 수 있습니다. 그 또한 바벨론을 본떴습니다. 이렇게 계속 찾아 나갈 수 있습니다. 취미생활, 유흥, 의료, 정부 등. 이제 이 모든 것들을 한데 모아보십시오. 거기서 얻을 수 있는 것이 무엇입니까? 그렇습니다. 사람들이 애정을 갖고 부르는 그 이름이 거기서 나옵니다. 곧, '우리 지역', 혹은 '우리 도시'가 바로 그것입니다. 실제로 그 도시는 거대한 파이처럼 많은 조각, 즉 여러 분야, 여러 부문으로 구성되어 있습니다. 그 모든 것을 한 데 합치면 여러분은 지역공동체의 삶, 좀 더 나은 이름을 붙이자면 '문명'이라는 것을 얻을 수 있습니다. 많은 제도와 조직들이 그보다 더 큰 전체 조직, 곧 텍사스 동부의 한 도시를 만들어 내고 있습니다! 그렇습니다. 그 텍사스 동부의 한 소도시 안에, 즉 그 수많은 분야 중의 가장 중요한 한복판에 그 도시의 종교조직이 거대한 조각 파이들 중 한 조각의 파이로 자리 잡고 있습니다. 빼놓을 수 없는 부분일 뿐더러 사람들이 바라고 요구하는 필수적 요소이기도 합니다. 물론 저 또한 동부 텍사스에 속한 한 목사였습니다!

설명하기 쉽지 않지만, 종교체계는 그렇게 세계체계의 한 부분으로 **현재** 자리하고 있습니다. 그리고 한 교파에 속한 우리 목사들 역시 그 조직의 일원으로 일하고 있습니다.(그것은 사실입니다. 특히 내가 속한 교파는 과거나 지금이나 더 이상 할 수 없을만큼 정교하게 조직을 구성하고 있습니다. 누군가를 비판하는 것이 아니고 현실을 인용하는 것입니다. 그들은 스스로 그 사실을 천명하고, 그에 자부심을 갖고 있으며, 그것을 알리고, 심지어 과시하는 마음조차 있습니다.)

우리 목사들은 병든 사람을 심방하고, 장례를 치르고, 시민들의 모임이나 교육과 관련된 모임, 그리고 정치적 모임에 참석해 축사합니다. 네로황제와 크게 다른 것 같지 않지만, 가끔 기자석 혹은 행사본부석에서 마이크를 잡고 이제 막 시작될 축구게임의 완승을 위해 기도하기도 합니다. 우리는 레드페더Red Feather, 유나이티드 웨이United Way, 미국의 자선단체들 이름. 역주 적십자사, 보이스카우트와 같이 좋은 일을 위해 후원을 받는 단체들의 위원회에서 섬기기도 합니다. 우리는 이 세상 왕국과 하나님 왕국 사이의 양심적 갈등을 보지 못하고 있습니다. 교회가 문명의 일부라는 사실을 보지 못했고 지금도 보지 못하고 있습니다. 텍사스 동부 사람들이 '공동체'라고 부르는 그 문명과 직접적인 갈등 관계에 있는, 사람의 문명과는 분명히 구분되는 그 나라가 눈에 들어오지 않습니다. 사람들이 "우리 지역"이라고 부르는 그 공동체, 바로 그 조직의 일부가 된 종교조직 안에서 그냥 살고 있습니다.

이 조직의 필수적 부분이라는 사실만큼 안타까운 것은 우리의 조직이 더 큰 조직과 전혀 다르지 않은 구조를 가지고 있다는 사실입니다. 일반적인 침례교회는 하나의 조직입니다.(만약 여러분이 그 사실을 믿을 수 없다면 그 안으로 들어가 보라고 권하고 싶습니다. 우리는 스위스의 시계들이 부러워할 만큼이나 정교한 조직을 갖추고 있습니다.) 다시 한번 밝히지만, 침례교를 고발하고자 함이 아닙니다. 그들은 오히려 그 사실을 자랑스럽게 생각합니다. 반복하지만 예수 그리스도의 교회는 물건도 아니고 조직도 아닙니다. 교회는 인격을 갖춘 한 여인, 살아있는 생물입니다. 조직의 위계질서는 천사들의 질서이고 천사들이 타락한 이후 타락한 사람들 속에 들여온 제도입니다. 그러나 교회는 하나님의 '가족'에 속해있습니다.

지난 1700년 동안, 기독교세계는 대체적으로 세계체계의 일부였고, 여타의 다른 세속 기관들처럼 조직화 되어왔습니다. 그럼에도 불구하고, 시대마다 이 전통을 따르지 않는 그리스도인들이 **언제나** 존재해 왔습니다. 평안한 마음으로, 조용히, 주제넘지 않게, 비판이나 비난의 의도 없이, 또한 자부심이나 교만 없이 입장을 밝히자면, 나는 그들의 간증을 지지하고 따릅니다. 그렇지 않은 다른 사람을 향해 안 좋은 마음을 품고 있지 않습니다. 모두를 향한 연민을 갖고, 전통적인 교회 밖으로 나와 그리스도의 몸이 유기적으로 표현되는 곳에 함께 서 있습니다.

기독교세계는 지금 하나의 거대한 조직으로 존재하고 있습니다. 아니면 하나의 조직화된 그룹이라고 말할 수도 있을 것입니다. 우리는 고대 히브리인들의 믿음히브리서 11장에 열거된 믿음의 사람들과 그들의 행적, 그리고 그들이 놓여있었던 믿음의 환경들을 의미함. 역주이 직면했던 그 상황들과 그리 다르지 않은 환경 가운데 놓여있습니다. 왈도파Waldensian Christians 신자들은 바로 이 고대 히브리인들처럼 한때 하나님 사역의 중심에 섰던 사람들입니다. 그들은 중세 암흑기, 타오르는 횃불 속에 몸을 던지는 위험을 감수했습니다. 하지만 오늘날, 그들은 "교회"라는 명패만 목에 붙인 채 텅 빈 껍데기만 남았습니다. 로마 가톨릭 역시 그러하고 루터교, 아나벱티스트, 형제단United Brethren 등도 마찬가지입니다. 하나님이 떠나시고 난 후의 백성들이 역사에서 깔끔하게 사라진다면 좋겠지만, 영혼 없는 뼈다귀들이 지금도 돌아다니고 있습니다.

몇 가지 간단한 이야기를 해드렸습니다. 우리는 지휘계통에 기초한 조직의 뿌리를 보았습니다. 그건 우리가 아닌 천사들을 위한 것입니다. 루시퍼라는 한 천사가 모든 사람들을 그 조직 망web 속에 엮어 넣었습니다. 교회는 조직이 아니라 살아있는 생명체입니다. '교회'라고 불리는 대부분 기관들의 실체는 고대 로마, 앗시리아, 바벨론이 구축했던 그 조직과 같은 종교조직입니다. 기독교계에 속한 대부분은 세상조직과 너무나도 유사한 종교조직에 불과합니다.

만일 저 뒷줄 어딘가에서 아직도 이 사실이 의심스러운 듯 고개를 젓는 분들이 계실까봐 다시 한번 세속역사를 증인석에 불러 기독교세계가 종교체계인지 아닌지를 증언하도록 요청하겠습니다. 여기 듀랜트 William James Durant. 1885-1981. 부부 공히 미국의 저명한 철학자이며 교육자, 저술가였다. 역주의 11권의 거작, 『문명 이야기』Story of Civilization에서 발췌한 얼마간의 인용문이 있습니다. 여기 인용된 내용들은 모두 그의 책, 제 3권, 『카이사르와 그리스도』*Caesar and Christ*에서 발췌한 것들입니다. 읽어보십시오. 그리고 통곡하십시오.

로마의 조직 :

"로마는 로마 정부의 경쟁자가 될 만한 다른 예술체제를 허용하지 않았다 … 로마가 그리스문화를 근간으로 구축한 그 뛰어난 조직 내에 … ; 로마는 이전에 카르타고와 이집트, 그리스와 동방으로부터 받았던 기술적 지적 예술적 유산들을 깊이 이해하고 빨아들여 끈질기게 보존해나갔다." 듀랜트, 『문화 이야기』 제3권. 670-671쪽. William James Durant. *The Story of Civilization* 기독교가 로마에 영향을 주었다기보다는 로마가 기독교를 이해하고 흡수한 것이며, 결국 이교신앙 위에 구축된 로마 정부조직의 일부로 기독교가 흡수되었음을 밝히고 있음. 역주

교회에 대한 이교도들의 승리

"기독교가 로마를 정복했을 때, 이교도적인 구조가 교회 속으로 흘러들었고, 폰티펙스 막스무스"pontifex maximus", 다양한 종교행사와 제례들을 주관했던 로마의 제관들 중 총 지휘관격인 대제관. 역주에게 주어졌던 칭호와 그가 착용하던 의복들, 위대한 어머니를 숭배하던 신앙 등이 … 모체의 혈액처럼 새로운 종교 속으로, 그리고 로마가 정복한 포로들 사이로 흘러들었다." 듀랜트, 같은 책, 670-671쪽.

교회조직

"제국이 멸망하면서 제국을 다스리던 로마 정부의 통치기술은
그대로 남성 위주의 교황 제도 속으로 흘러들었다 … "듀랜트, 같
은 책, 671-672쪽.

콘스탄티누스의 "개종"

"그의 회심이 진지한 것이었을까 … 아니면 번뜩이는 정치적 지
혜였을까? 아마도 후자일 것이다 … 이방 학문들과 철학들로
둘러싸인 그의 궁전에서 … 그의 통치기간 내내 콘스탄티누스
는 감독들을 자신의 정치 참모들로 대했다 … 기독교는 그에게
목적이 아니라 수단이었다 … 선생들은 예전부터 시민권력civil
power에 복종할 것을 가르쳐왔다 … 콘스탄티누스는 절대 왕조
를 갈망했고 그를 위해선 종교적 지원을 받는 것이 유리했다 …
교회는 절대 왕조와 상부상조할 수 있을 것 같았다."듀랜트, 같은
책, 655-656쪽.

교회 질서의 이교도화異教徒化

"교회는 단순히 로마로부터 종교적인 문화만 인수받은 것이 아
니었다 … 이교 제사장의 영대사제들이 가운을 걸친 후에 어깨위에서부
터 몸의 양 앞쪽으로 길게 늘어뜨리는 천으로 된 띠. 역주와 기타 복장들, 향
이나 성수의 사용동방정교의 예배시간 내내 진동하는 그 향냄새와 가톨릭교
회의 성수가 어디서 왔겠는가?! 역주 … 촛불점화 … 성자숭배, 건축양

식 … 교회법의 기초가 된 로마 정부의 법, 명칭들, 대사제대주교 … 이렇듯 로마의 선물은 로마 정부의 거대한 조직체계 그 이상이었다. 그것들이 … 교회를 다스리는 기본구조가 되었다!!! 로마교회는 로마 정부의 발자취를 그대로 따랐다 … 교회가 기독교윤리를 로마에 주었다면 … 로마는 그 조직체계를 교회에 주었다. … "듀랜트, 같은 책, 618-619쪽.

이제 나의 질문은 이것입니다. 우리가 이 조직화된 종교의 일부가 될 것인가?

물론, 어떤 사람은 조직의 **영적인** 기원에 대한 나의 해석에 동의하지 않을 수도 있습니다. 내가 틀렸을 수도 있습니다.(그래서 이 당치도 않은 소리를 집어치워야 할까요?!) 하지만 세속역사는 그 해석에 동의합니다. 오늘날의 기독교는 조직입니다. 로마를 본뜬 조직이고, 이방 조직의 대가인 다리우스 1세를 본뜬 조직이며, 오래된 슈퍼이교도이기도 합니다. 사랑하는 여러분, 하나님께서 교회라고 부르는 창조물을 우리에게 주실 때 다리우스의 착상에 고안하여 만든 교회를 우리에게 주셨다고 믿습니까? 전능하시고 살아계신 하나님이 교회 속에 바벨론, 페르시아를 본떠 만든 조직체계를 구축하여 우리에게 주셨다고 믿으십니까?

그럴 수가 없습니다. 우리 안의 세포 하나하나가 1세기의 교회는 지금 이 지구상 존재하는 어떤 조직과도 그 기능이 근본적으로 달랐다고 소리칩니다. 그렇다면 우리의 임무는? 교회 본래의 유기적이고, 본디 타고난, 조직화되지 않은 자연스러운 신앙표현으로 돌아가는 것입니다.

형제 여러분, 다른 사람들이 어떤 길을 택할지는 관여할 바가 아닙니다. 나와 내 집이 선택할 길이 중요합니다. 우리는 로마가 아닌 초기 교회의 그것으로 돌아갈 것입니다.

설마 이보다 더 낮은 수준의 미션을 받아들이시겠습니까?

쿼바디스?Quo Vadis

이제 우리가 살펴보았던 사실들을 기초로 몇 가지 결론을 도출해 정리해보고자 합니다.

첫째, 교회 생활은 조직화된 구조 가운데 영위될 수 있는 삶이 아닙니다. 우리의 지상 임무 중 일부는 이 땅 위에 진정한 교회 생활이 회복되는 것입니다. 우리는 조직이 될 수 없습니다. 하나님께서 처음 교회에 주신 그 교회 생활이 되살아나야 합니다.

둘째, 종교체계는 그 체계 **밖에** 있는 기독교 그룹들 위에 끊임없이 핍박을 가해왔습니다. 이것은 조직 혹은 제도권 밖의 그리스도인들이 살아갔던 어느 대륙, 어느 시대를 막론하고 일관된 사실입니다. 그것은 이슬람일 수도, 불교일 수도, 제도화된 유대교나 기독교일 수도 있지만, 최소한 제도와 조직을 거부하는 그리스도인들에게 적대적인 성향만큼은 공통적으로 가지고 있습니다. 향후 언젠가 그러한 일들이 여러분에게 닥치는 날이 올지라도 놀라거나 당황하지 말아야 합니다.

셋째, 그렇다고 우리가 완전히 세상조직 밖으로 나갈 수는 없는 노릇입니다. 이 땅 어디에나 세상조직이 편만해 있습니다. 여기에서 완전히 벗어나고자 하는 것은 깊은 산이나 사막으로 나아가 은둔자가 되는 길밖에 없습니다. 그래서 세상조직과 관련해 우리에게 주어진 부르심은 세상 **속에** 있지만, 그럼에도 세상의 **일부**가 되지 않는 것입니다. 그 중에서도 가능한 우리가 가장 멀리 떨어져 있어야 할 조직이 하나 있습니다. 우리는 **종교조직** 밖에 머물러야 합니다. 그 조직을 돕지도 말고 살찌우지도 말아야 합니다. 그 조직을 격려해서도 안 되지만 그 조직과 싸우는 것 역시 안 됩니다. 그냥 신경쓰지 말아야 합니다.

아마도 이러한 삶의 자세를 가장 잘 설명할 수 있는 실례가 다니엘서 6장 1~10절에 나오는 사건일 것입니다.

이 성경 본문은 바벨론의 조직패턴을 설명하고 있습니다. 당시 바벨론은 우리가 언급해왔던 바로 그 조직패턴에 의해 다스려지고 있었습니다. 1~3절은 우리가 말했던 그 지휘계통이 무엇인지를 적나라하게 설명합니다. 동시에 그 조직을 벗어나는 것이 아니라 그 조직 한복판에서 일자리를 확보하려는 다니엘의 뚜렷한 의지를 우리에게 보여주고 있습니다. 하지만 거기엔 다니엘과 아무런 상관도 없고 그가 동조할 수도 없었던 한 영역이 있습니다. 절대로 그가 따를 수도 없었고 자신의 태도를 바꿀 의향도 없었던 한 영역! 심지어 사자 굴에 내던져져 잠들게 될지라도 굴복할 수 없었던 영역이 있습니다!

우리가 겨우 7살 무렵, 여름성경학교에서 배웠던 것처럼, 무슨 일이 있어도 다니엘과 같은 자세를 견지합시다.

넷째, 만약 종교체계가 우리를 대적하는 날이 올지라도, 즉, 우리가 우리 시대의 '유대인들에게서 오는 위험'에 직면하게 될지라도 우리는 바울과 같은 자세와 태도, 그가 견지했던 반응을 지켜나가야 합니다.

한 가지 시험

이제 잠시 미래에 대해 생각해보면서 이 주제를 마무리 짓고자 합니다. 타락한 상태에 빠진 인간은 **본성적으로**, 그리고 본능적으로 이교도일 수밖에 없습니다. 한 때는 하나님의 사역이었던 운동들도 결국엔 타락한 인간의 방식으로 돌아갑니다. 우리가 그토록 심각한 상태에 빠져있다는 사실을 어떻게 알 수 있을까요?

하나님이 우리와 별거하시는 그때가 언제인지 우리가 그것을 감지할 만한 표지標識가 있을까요? 솔직히, 나도 잘 모르겠습니다. 하지만, 제도화된 특성이 우리 안에서 영구적인 성격을 띨 때, 우리가 다시 세상의 종노릇 할 때,(우리도 세상에 속했었지만, 그 세상을 포기했습니다. 그러나 언제든 다시 돌아갈 여지가 있음을 기억하십시오.) 우리가 전하는 메시지의 중심이 그리스도를 떠날 때, 성경이나 전도, 윤리, 또는 조직으로서의 "교회"가 우리의 중심이 될 때, 주님을 경험하는 삶이 중단되고 주님을 경험하는 것에 "대해" 말만 하고 있을 때, 그분을 더 이상 찾지 않을 때, 종파주의자들이 될 때, 서로 분열하고 싸울 때, 그리고 이와 같은 특성들에 대해 논쟁하며 그 잘못을 서로에게 떠넘길 때, 이러한 특성들이 우리 안에서 반복해서 일어날 때, 그때를 주님께서 우리와 작별하시는 때로 볼 여지가 있습니다. 그러나 이런 것들이 정말로 주님께서 우리를 떠나셨다는 표지標識인지는 잘 모르겠습니다.

그러나 내가 확실하게 말씀드릴 수 있는 두 가지의 가능성이 있습니다. (1) 우리가 종교조직와 손잡기 시작한다면 텐트를 접고 역사의 무대에서 내려갈 때가 된 것입니다. (2) 그 종교조직 안에 있는 개인 그리스도인들과 교제를 중단하거나 그들에게 문을 걸어 잠근다면 그땐 우리의 모든 사업을 접고 사라질 때가 된 것입니다.

종교조직과 완전히 절교하되, 모든 그리스도인을 향해 열려 있는 상태에 머무는 것은 불가능한 일처럼 보입니다. 그럼에도 우리는 그렇게 해야 합니다. 그것이 우리의 부르심이기 때문입니다. 사랑하는 형제자매 여러분, 우리의 미래가 어떠하든, 우리의 역할이 무엇이든, 유대인들의 압박에서 바울이 보여주었던 그 모범을 따르십시오. 여러분들도 그렇게 처신하기로 마음을 굳히십시오.

제9장

그리스도인 개개인과의 교제

이제 우리는 전혀 다른 주제로 넘어와 있습니다. 지금까지는 우리가 '유대인' 그리고 '이방인'과 어떤 관계에 있는지를 말씀드렸습니다. 하지만 종교조직 안에 있는 그리스도인들 개개인과 우리의 관계는 어떻습니까? 이 질문에 대답하는 것은 실로 굉장한 문제들을 우리 가운데 야기할 수 있습니다. 많은 경우 성경은 직접적인 말씀이나 예시를 통해 우리가 답을 찾도록 돕습니다. 그러나 이 문제에 대해서는 아닙니다. 1세기에는 존재하지 않았던 상황을 우리가 마주하고 있기 때문입니다. 당시 그리스도인들은 살아있는 교회 생활을 하고 있었고, 대여섯 가지의 종교 운동에 몸담고 있지도 않았습니다. 오늘 우리의 현실은 그와 상반됩니다. 그들에겐 익숙했던 그 교회 생활을 경험하는 그리스도인들이 우리 중엔 거의 없습니다. 대신 헌신적인 그리스도인 대부분은 한 개 이상의 종교기관에 속해있습니다. 이것은 결코 사소한 문제가 아닙니다. 즉 상황에 맞는 성경말씀을 우리에게 적용할 수 없게 된 것입니다. 우리가 처한 이 독특한 환경을 한번 들여다보십시오.

오늘날 대부분의 그리스도인들은 살아있는 교회 생활을 경험하지 못합니다. 아니, 그게 뭔지도 모릅니다. 대부분의 그리스도인에게 '교회'란 이미 하나의 건물로 뿌리 내린 지 오래고, '교회 생활'이란(혹시 교회 생활이 무엇인지를 생각해본 사람이 있다면!) 그 '건물'에서 보내는 매주 두 시간에서 다섯 시간 정도를 의미하고 있습니다.

좀 더 헌신적인 신자들은 '교회 건물'에서 이뤄지는 활동에 힘쓰거나 한 개 **이상**의 초교파적 단체에 참여하고 있을 가능성이 높습니다.

이런 유형의 사고방식은 1세기의 신앙 환경에선 존재하지도 않았습니다. 종교조직 밖에서 매일 교회 생활을 **경험하는** 그리스도인들과 그 반대로서의 종교조직 **안**에서 교회생활을 경험하지 못하는 신자들 역시 존재하지도 않았습니다.

오늘날 그리스도인들의 사고방식과 1세기 그리스도인들의 사고방식이 어느 정도로 서로 별개의 영역에 속해있는지 좀 더 설명해보겠습니다. 만약 여러분이 데살로니가에 살고 있었다면 야손의 집에서 모이는 성도들이 눈에 들어올 것입니다. 그 외에도 형제들이 모여 사는 몇몇 가정집이 여러분의 눈에 더 들어올 수도 있고, 심지어는 믿음을 저버리고 이방 신전으로 돌아간 사람도 발견할지 모릅니다.

하지만 십 수개의 초교파단체, 세 개의 목회자협회와 144개의 교단, 75개의 독립교회, 30개의 성경공부 모임, 10개의 쉼터 그리고 가정에서 모이는 세 개의 가정교회 조직들이 여러분의 눈에 들어오지는 않을 것입니다. 그것은 1세기 교회엔 절대 존재하지 않았던 상황들입니다.

물론 그들 역시도 많은 문제와 씨름했습니다. 하지만 우리가 위에서 언급한 유형의 문제들은 없었습니다.

자, 우리에겐 여전히 해결되지 않은 채로 남아 있는 질문이 있습니다. 제도권 종교조직 안에 푹 빠져있는 그리스도인과 어떤 관계를 맺어야 합니까? 답이 없을 것 같은 문제입니다. 이 문제에 대한 답이 무엇이든 그것은 우리에게 상당한 수준의 반응을 요구할 것입니다. 왜 그렇습니까? 상황이 그러하기 때문입니다.

우리 시대의 사고구조

우리의 사고구조와 1세기의 사고구조는 어떻게 다릅니까? 나는 지금 교리의 차이에 대해 말씀드리는 것이 아닙니다. 믿음의 깊이나 관행에 대해 말씀드리는 것도 아닙니다. 우리가 의식하지도 못하는 어떤 것에 대해 이야기하고 있습니다. 어떤 대상에 대한 우리의 '입장'이나 전반적인 태도를 말씀드리고 있는 것입니다. 그리고 이러한 '현대 그리스도인들의 사고구조'가 모든 교리, 방식, 목적, 꿈, 비전이나 궁극적인 소망을 다 합친 것보다도 여러분이 하는 모든 일에 더 많은 영향을 끼치고 있습니다.

오늘날엔 비영리 초교파단체들이 교회와 동일시되는 경향이 있습니다. 하나님께서 천지를 창조하신 그 목적으로서의 교회와 인간이 만든 한 조직이 동일하게 여겨지는 이 끔찍한 사고방식! 정말 믿을 수 없는 일입니다.

이런 사고방식은 사람들이 깊이 고민하여 내린 결정이나 태도가 아닙니다. 눈에 띄지도 않고 깊게 생각한 바도 없지만, 분위기상으로 분명히 그렇게 존재하는, 하지만 매우 강력하게 작동하는, 그리고 믿을 수 없을 만큼 영향력을 행사하는 그런 것들입니다.

그리스도의 몸 안에서 일어나는 크고 작은 분열 역시도 마찬가지입니다. 이 시대는 분열을 부추기고 있습니다. 하지만 우리 중 그렇게 생각하는 사람은 아무도 없습니다. 실례를 들어 설명해보겠습니다.

아주 신실하고 영적인 한 형제가 사업가들의 모임에 참여하게 되었습니다. 그는 거기서 자신이 구상하고 있는 새로운 조직에 대해 멤버들과 나눕니다. 여태껏 없었지만 꼭 필요한 독특한 일을 수행할 조직입니다. 거기 참석한 멤버들은 그의 비전을 이해하고 그의 용기에 박수를 보냅니다. … 그리고 그렇게 주님의 몸이 또 한 번 잘려 나갑니다. 분열이 박수를 받는 셈입니다!

이것이 바로 의심할 여지 없이 우리 시대의 사고방식 속에 녹아있는 경향들입니다. 한 도시에 주유소보다 더 많은 세 자릿수 이상의 교회가 존재하며 서로 우열을 다투고 있습니다. 초교파단체들과 상가교회들이 우후죽순으로 세워지고 가정 성경공부 모임과 가정교회의 숫자는 그 세금만큼 기하급수적으로 늘고 있습니다.

그리고 이 모든 조직은 솜씨 좋게 그 조직을 운영할 지도자를 공개적으로 찾아 나섭니다. 조직을 공정하고 효율적으로 이끌어서 일이 되게 할 사람을 구하고 있습니다. 물론 주님을 위한 일이라고 생각합니다. 앞에서 언급한 것처럼, 큰 교단들은 거미줄같이 복잡한 자신들의 조직이 매끈하고 훌륭하게 작동한다는 사실에 큰 자부심을 갖고 있습니다.

이 모든 일은 언어로 진술된 매뉴얼에 따르지 않습니다. 깊은 고민을 거쳐 결정되는 일들도 아닙니다. 이미 뿌리내린 사고방식 가운데 아무렇지 않게 일어나는 일들입니다. 이것이 바로 무생물thing을 인격person으로, 그것it을 그분Him으로 끌어올리는 오늘 우리들의 사고방식입니다. 주님의 교회는 한 여인입니다. 그녀는 실제로 살아있고 숨도 쉬는 유기적인 생명체입니다! 조직은 차갑고 생명이 없는, 그리고 사람이 고안해낸 '장치'일 뿐입니다. 그럼에도 오늘 우리들의 사고방식은 무의식적으로 '그것it'을 그분의 아내her와 동일시하는 것입니다!

나는 지금 이 주제와 관련하여 누군가를 비난하려는 것이 아닙니다. 단지 현재의 '상황'을 이야기하고 있는 것입니다. 상황이 이렇게 돌아가고 있는 것입니다. 우리는 이러한 상황에서 살아나갈 방식을 발견해야 합니다. 여러분 살아생전에 상황이 바뀌지 않을 것입니다. 우리에게 남아 있는 질문은 이것입니다. "이러한 상황에서, 종교조직 안에 속한 다른 그리스도인들과 우리가 어떤 관계를 맺어야 합니까?" 참으로 쉽지 않은 질문입니다. 조심해야 합니다. 가볍게 선택할 수 있는 문제가 아닙니다. 가능한 한 최상의 답을 **찾아내야** 합니다. 그리고 우리가 찾아낸 그 답이 무엇이든, 절대로 만만치 않을 것입니다. 왜냐하면, 우리는 1세기 믿음의 지평에서 너무 멀어진 사고방식에 둘러싸여 있기 때문입니다.

솔직하게 말씀드리면, 나는 1세기 형제들이 종종 부럽습니다. 많은 문제와 씨름하고 있었던 것은 맞습니다. 많은 고통을 당한 것도 맞습니다. 하지만 그들은 그들에게 어울리는 환경 가운데 있었습니다. 적어도 **성경적**인 문제들과 씨름하고 있었기 때문입니다. 그들의 이야기가 곧 성경이니. 역주 하지만 우리는 어떻습니까? 성경적이지도 않은 문제들을 너무 많이 갖고 있습니다! 1세기 형제들이 고민하지 않아도 되었을 수많은 문제들을 생각해 보십시오!

▨▨▨ 대립적인 두 사고구조

나는 가끔, 만약 1세기 기독교가 우리들의 사고방식을 선물!로 받았다면 어떤 일이 일어날지 자세히 묘사해보고 싶습니다. 그것은 한 권의 책으로도 부족할 것입니다. 오늘 여기에선 이 두 사고방식이 대립하는 지점을 살펴보는 것으로 대신하겠습니다.

여러분이 1세기에 구원받은 그리스도인이라고 가정해봅시다. 바울이 세운 이방인교회였던 이고니온 교회의 신자입니다. 여러분에겐 두 가지의 선택만 있습니다. 이고니온에 사는 다른 신자들과 만나든지, 아니면 여러분에게 일어났던 모든 일을 다 잊어버리든지! 그 두 선택 **이외엔** 없습니다. 그 정도로 단순합니다!

이고니온이란 도시 전체에 단 한 그룹의 그리스도인들만 있었습니다. 단 한 그룹! 그것이 전부입니다. 여러분이 그리스도인으로서 찾아갈 만한 다른 곳은 아예 없습니다. 그 도시에 '다른 교회'란 없습니다. "하나님께서 여러분에게 주신 은사를 헌신할" 어떤 초교파단체는 존재하지 않습니다. 저녁 무렵, 이고니온 지역의 원형극장을 돌아다니며 재밌는 이야기로 사람들을 울리고 웃길 부흥강사도 없습니다.

네, 아무것도 없습니다. 수십 곳의 교회가 있는 것도, 수많은 사역이나 사역자들이나 기독교단체 중에서 고를 수 있는 것도 아닙니다. 단 하나의 교회, 한 무리의 사람들만 있을 뿐입니다.(얼마나 따분한 노릇인지!!) 선택지가 없습니다. 그밖에 아무것도 없습니다. 그러한 선택이 가능하다거나, 거기서 나와 다른 모임을 선택할 수 있다는 사고방식 자체가 있을 수 없습니다.

'예수 믿는 슬럼가'도, '아테네 히피족들을 위한 쉼터'도, '이스라엘 선교단체'도 없습니다. '아리스토텔레스파 철학도'들을 그리스도께로 인도하기 위한 캠퍼스 비영리단체도, '여행자들을 위한 그리스도의 집'도, '채식주의자들을 위한 선교단체'도, 하다못해 '여름수련회'도, '초교파문서선교회'도 없습니다. 생각해보십시오. 성경학교도, 기독교대학도 없습니다. '초교파 은사주의 단체'도 없습니다. '시장전도협회'도 없습니다. 그 흔한 '기독교인 까페' 하나 없습니다. '에디오피아 남동부 나환자들을 위한 선교조직'도 없습니다. 이고니온 언덕 위에 세워진 치유센터 하나조차 존재하지 않습니다.

이고니온이란 도시 전체에 단 하나의 교회와 한 무리의 신자들 외에 기독교 신앙과 관련된 아무런 시설도, 기관도, 사람도 없습니다.

내가 지금 무엇을 말하려는 것일까요? 이고니온이란 도시 안에 종교조직에 소속된 어떤 그리스도인도 없다는 사실을 말씀드리는 것입니다. 기독교인들은 오직 한 장소, 한 모임에 참여하고 있고 거기서 함께 살았습니다. 단 한 무리의 그리스도인들이 '깨어지지 않은 그리스도인 단체', 즉 그리스도의 몸으로 이고니온이란 도시 안에 살고 있습니다. 이고니온교회는 이고니온 안의 그리스도인들을 담는 유일한 그릇입니다. 불신자들은 많습니다. 유대인 출신의 비그리스도인들도 있습니다. 이고니온의 회당도 눈에 들어올지 모릅니다. 이방인 출신의 비그리스도인들도 눈에 띌 것입니다. 이방신전 주변에 거하며 거기에 절하는 사람들의 모습도 어렵지 않게 발견될 것입니다.

불신자들은 모두 결국 두 종교조직에 속해있습니다. 유대교와 이교도입니다. 그리고 신자들은 오직 한 곳에서만 눈에 띕니다. 이고니온교회! 유기적인 교회 생활 안에서 매일 그리스도의 신부로 살아가는 단 하나의 교회!

생각해보십시오. 신자들의 몸이 둘로 쪼개진다는 것은 당시로선 꿈속에서도 생각지 못할 기상천외한 발상입니다. 그런 생각은 아직 지구상에 싹도 트기 전이었습니다.

한번 더 말씀드립니다. 1세기 신자들의 도시에선 절대 일어나지 않았던 일들이 지금 우리가운데 일어나고 있는 것입니다.

혼란스럽지 않았습니다. 한 무리의 그리스도인들은 가정집에서, 한 무리의 유대인들은 회당에서 그리고 다른 한 무리는 '일요일 아침' 지역의 이교도 신전에서 그렇게 모이고 있었습니다.

이사회를 구성하고, 도시 광장에서 조금 벗어난 곳에 건물을 확보하고, 도시의 모든 사람과 "모든 그리스도인"에게 손으로 쓴 두루마리를 나눠주면서, 바벨론의 아볼로 형제에게 보낼 헌금을 모금하는 그런 단체들은 없었습니다. 단체마다 단체의 수장首長이 존재하는 초교파선 교조직들은 이고니온이란 도시 안에 존재하지도 않았습니다.

이고니온의 원형경기장 앞에서, 눈에 띄는 단체복을 맞춰 입고, 이 교도들이 즐겨 부르는 최근의 노래가사에 시편 말씀을 집어넣어 노래를 부르다가, 믿음으로 살아가는 삶이 얼마나 아름다운지를 증거 한 후, "사랑의 모금함"을 꺼내 헌금을 걷는 청년 조직도 이고니온엔 없었습니다.(아마 그랬다면, 먼발치에서 들려오는 그 노래 소리에 무덤 속의 바울이 돌아누웠을 것입니다.) 그렇습니다. 초기 신자들은 그런 측면에서는 우리보다 이점이 있었습니다.

그리스도인들은 대체적으로 교회에 속해있었습니다. 교회가 둘로 나뉘는 일이란 찾아볼 수 없었습니다. 구원받은 신자들이 몸을 이뤄 교제하는 것은 모두 종교조직 **밖에서** 일어나고 있었던 것입니다.

물론 회당으로 다시 돌아가는 신자들(그가 유대인일 경우!)이나 이 방신전으로 다시 돌아가는 신자들(그가 이방인일 경우!)이 있었을 것입니다. 하지만 이방신전을 꽉 채운 그리스도인들의 **모임**이나, 그것을 "제2 이고니온교회", 혹은 "그리스도인들을 위한 국제 이방인신전"이라 부르는 경우는 찾아볼 수 없었습니다.

하지만 오늘 우리의 상황은 다릅니다. 기독교 신앙자체가 종교조직 안에 담겨있고, 주님의 백성들 대부분이 종교조직 **안에** 속해있습니다. 다시 한번 말하지만, 우리는 성경에서 그 사례를 찾아볼 수 없는 특급 문제를 안고 있는 것입니다.

상황을 더 복잡하게 만드는 것은 주님의 백성들이 이 사실을 전혀 모르고 있다는 것입니다. 누군가 "모임" 혹은 "교회"라고 간판만 내건 조직에 자신이 속해있다는 것을 좀처럼 인지하지 못하는 것입니다.

이제 여러분들은 현대 그리스도인들 안에 고착된 사고구조가 존재하고 있고 그것이 무의식적으로 작동한다는 사실과 그 사고방식에 의해 우리가 살고 있다는 것을 알게 되었습니다. 비록 그 사고방식이 전 세계적으로 보편화되어 폭넓게 지지받는다 할지라도 1세기 신자들의 사고구조와 그 전망과는 전면 배치되는 것들임도 알게 되었습니다.

그렇다면 우리의 자세는?

이제 우리는 큰 문제 앞에 섰습니다. 아주 거대한 문제입니다. 종교조직에 속한 그리스도인들과 우리는 어떤 관계를 맺어야 할까요? 기억하십시오. 우리는 종교조직과 거리를 두기로 결정했습니다. 하지만 그 종교조직 안에는 귀하고 소중한 그리스도인들이 있습니다. 그리고 이 또한 기억하십시오. 그들은 자신들이 '조직' 안에 속해있다는 사실에 대하여 분명한 인식조차 갖고 있지 않습니다.

보통 그렇듯이 나의 할머니는 그저 교회에 나가시는 헌신적인 한 분의 그리스도인이셨습니다. 만약 여러분 중의 한 사람이 나의 할머니에게 다가가, 교회가 아닌 조직에 속해있다고, 그 조직은 로마제국의 지배구조를 따라 구축된 것이라고, 그리고 로마제국의 지휘체계는 바벨론에서 연유했고 바벨론은 또 천사들로부터 왔다고, 천사들의 지휘체계는 또 루시퍼에 연결되어 있다고 일러준다면, 할머니는 아마도 사색이 되어 기절하든지 아니면 여러분을 집에서 내어쫓든지 하셨을 것입니다.

할머니는 그 사실을 모르셨습니다. 할머니는 그 사실에 동의하지 않을 것이고 혹 사실이라 하더라도 알고 싶지 않았을 것이며, 아셨다 할지라도 변하지 않으셨을 것입니다! 그것은 그저 할머니가 몰랐으면 훨씬 더 좋았을 정보였을 뿐입니다.

모두가 떠나지는 않을 것입니다. 모두가 원하지도 않습니다.

출구를 찾는 몇몇 사람이 눈에 띌 수는 있습니다. 몇 사람은 짐을 꾸릴지도 모릅니다. 그러나 대부분은 그렇지 않을 것입니다. 부디 그 사실을 유념하십시오.

이 사실을 분명히 인지하셔야 합니다. 종교조직 그 자체와 그 조직 안에 속한 사람들은 다릅니다. 종교조직과 그 조직 안에서 전심으로 하나님을 사랑하는 귀하고 소중한 하나님의 백성들 사이엔 엄청난 차이가 있습니다. 하나님 앞에 우리의 존재가 소중한 만큼 이 사람들도 하나님 앞에 그러합니다. 아니 어쩌면 우리와 같이 까다롭게 판단하지 않는다는 면에서 오히려 더 귀한 존재로 여겨질지도 모릅니다. 여러분이 그들보다 하나님께 더 많이 사랑받는다고 생각하지 마십시오. 나 역시 마찬가지입니다!

이제 우리의 부르심이 무엇인지 좀 더 선명해지고 있습니다. 종교조직 안에 있는 주님의 사람들과 우리는 어떤 관계를 형성해야 할까요? 이것이 바로 우리의 임무입니다. 그리고 주님은 쉽게 답할 수 없는 이 문제로 우리를 부르셨습니다. 만약 우리가 다른 그리스도인들과 아무런 관계도 형성하지 않는다면 우리는 속 좁은 고집쟁이일 뿐입니다. 그러면 우리는 망가질 것입니다. 당연한 결과입니다. 반대로, 우리가 그들이 속한 **조직**과 어떤 관계를 형성하려면 우리는 결국 그 조직 속으로 복귀할 수밖에 없습니다! 그리고 그 결과 또한 우리를 파괴하고 말 것입니다.

주님께서 이 답이 없는 자리로 우리를 이끄신 것입니다.

우리는 조직을 떠나야 합니다. 떠나되 그 조직은 그냥 내버려 두십시오. 그리고 그곳으로 돌아가지도 마십시오. 그것에 분명한 거리를 두고 어떠한 상태에 놓이든 그 조직을 도우려 들지도 마십시오. 잘못을 애써 덮어주려고도, 참여하려 들지도 마십시오. 접촉하는 것조차 조심하십시오. 동시에, 그 안에 속한 모든 그리스도인에게 여러분은 철저히 열려 있어야 합니다. 이것이 우리에게 주어진 불가능에 가까운 부르심입니다.

종교체계를 떠나되 그 안에 있는 '사람'들에 대하여 열려 있는, 까다롭지 않은, 순수한, 비판하지 않는, 인내하는, 그리고 지금 여러분들이 매일 함께 사는 형제자매들을 대하듯 동일한 사랑으로 그들을 대하는 것, 이것이 여러분이 부름을 받은 바로 그 자리입니다. 이것은 거의 불가능해 보입니다. 도무지 가당치 않은 것 같습니다. 그럼에도 불구하고 그대로 **이뤄져야 할** 일들입니다!

나는 지금 에둘러 말하고 있지 않습니다. 모호한 말씀을 드리고 있지 않습니다.(부디 다른 그리스도인들을 여러분보다 조금이라도 덜 귀한 존재로 여기지 마십시오.) 여러분은 지금 그리스도의 몸을 이루고 있습니다. 매일 서로를 귀한 존재로 여기며 교제하고 있고 또 무조건적으로 사랑하고 있습니다. 여러분이 몸 안에서 서로를 대하는 것처럼 그들을 이 땅에서 가장 귀한 사람들로 대해야 합니다.

우리가 어떻게 이 일을 해낼 수 있습니까? 그것은 참으로 쉽게 얻어질 답이 아닙니다. 어쩌면 우리는 그 답을 발견하지 못할 수도 있습니다.(다시 한번 상기합시다. 우리는 성경에 거론되지 않은 문제를 다루고 있습니다. 성경 속의 모든 그리스도인은 당연히 종교조직 밖에 있었기 때문입니다.)

그나마 다행인 것은 우리가 씨름하는 문제가 크게 부각되지 않고 있다는 점입니다. 솔직히 '조직' 안에 있는 사람들에게 우리의 존재란 관심 밖의 사안입니다. 우리에 대한 소식을 들었을 때 그들은 그다지 큰 흥미를 느끼지 못합니다. 우리는 쉽게 도외시되는 존재입니다. 그들에게 있어 우리는 쉽게 잊히는 존재입니다. 내가 무슨 말씀을 드리고 있는지 아십니까?

실제로, 우리를 발견하는 사람들은 구도자求道者이거나 심령이 가난한 그리스도인, 아니면 기독교나 종교조직에 대해 차라리 들어본 적이 없는 사람들뿐입니다. 나머지 기독교계의 대부분은 우리의 존재 자체를 알아보지도 못합니다.

그럼에도 불구하고 여러분은 다른 그리스도인들에 대해 어떤 부정적인 언급도 해서는 안 됩니다. 결코, 다른 그리스도인들을 '여러분'과 비교하지 마십시오. '그들'이나 '우리'라는 용어는 존재할 수 없는 말들입니다. 모든 신자는 하나님의 눈에 바울, 베드로, 그리고 요한 만큼이나 귀한 존재들입니다. '종교조직' 안에 속한 주님의 백성들은 세상에서 가장 고귀한 그리스도인들입니다. 이것이 여러분의 기준이 되어야 합니다. 여러분이 종교조직에 속한 다른 그리스도인들을 만날 때, 지금 여러분이 몸을 이뤄 사랑하는 사람들을 대하는 것처럼 하십시오. 전폭적인 사랑으로 환영하고 조건 없는 사랑으로 반기십시오.

다른 한편, 우리는 우리에게 주어진 부르심만 수행할 뿐 주의가 산만해져선 안 됩니다. 다른 일들에 참견해서도 안 됩니다. 그것이 또 다른 문제를 야기할 수 있습니다. 여러분이 다른 그리스도인들에 활짝 열려있으면 여러분의 그 개방성을 좋아하는 사람들이 생길 것입니다. 그리고 그는 당연히 자신이 속한 종교 활동에 여러분의 참여를 권하게 될 것입니다.

확신하건대, 여러분은 어느 날 문득 곤경에 처한 자신을 발견하게 될 것입니다. 여러분 입장에서는 조건 없는 개방성을 견지한 것뿐인데, 문득 어떤 모금 운동이나 또 다른 종교 활동에 초대받게 될 것입니다! **그때** 여러분은 난처한 처지에 빠질 것이 분명합니다.

여러분은 그때 어떻게 할 작정입니까?

이미 언급했던 것처럼 여러분이라는 존재 자체가 **문제 덩어리**입니다! 미안합니다. 어떤 명쾌한 가이드라인은 없습니다.

요약하면 이렇습니다.

종교조직에 대해 정리하자면, 바울의 시대에도 종교조직은 있었습니다. 바울 역시 그 종교조직 안에서 성장했지만, 신자가 되었을 때, 그는 그 종교조직을 떠났습니다. 그러자 그 조직이 바울을 평생 동안 핍박했습니다. 바울은 조직화된 종교 속으로 돌아가지 않았습니다. 그 조직 역시도 그리스도의 몸 안으로 들어올 수 없었습니다. 바울과 유대교는 서로 다른 두 세계에 살고 있었습니다.

오늘날 상황은 급격히 달라졌습니다. 우리는 대부분의 모든 신자가 종교조직에 가담해버린 시대의 그리스도인입니다. 그리고 그 조직 밖으로 나오라는 부르심에 직면해있고, 그럼에도 그 안에 있는 그리스도인들과 완전히 단절할 수 없는 상태에 빠져있습니다. 길이 없어 보이지만 그럼에도 우리는 걸어 나가야만 합니다.

더욱이, 그 조직이 우리를 대적할 상황까지도 염두에 두어야 합니다. 왜냐면 역사가 그것을 증명하기 때문입니다. 우리는 결단코 그들의 공격에 반응해서도 안 되고 영향을 받아서도 안 됩니다. 그러면서도 거기 속한 모든 하나님의 백성들에게 온전히 열려 있어야 합니다.

형제 여러분, 성도와 교제할 때에 여러분 안에 내주內住하시는 **그분만**을 나누십시오.

마지막으로, 조직화된 기독교 안의 개인 그리스도인들과 교제하는 것에 대해 좀 더 말씀드리겠습니다. 그들과 함께할 때, 그들에게 없다고 여겨지는 여러분의 경험이나 '빛'을 머리에서 지우십시오. 이런 태도야말로 종파주의의 원 뿌리와 아주 밀접합니다. 종파주의의 원뿌리는 **자부심**입니다! -그들에게 없는 것이 내게는 있다는 교만! 역주 그저 평범한 형제가 되십시오. 무엇보다도, 오늘날의 기독교에 혼란을 야기한 왜곡된 관행과 사고방식의 유산들을 옆으로 밀어내십시오. 2천 년 전, 그리스도의 교회가 각

도시에서 한 몸으로 살았던 연합과 일치를 지금도 계속하고 있다고 가정하고 그 생각에 여러분을 복종시키십시오.

여러분과 저의 심령 안에 다음과 같은 태도가 유지되어야 합니다. 그리스도의 몸은 분리되지 않았습니다. 우리는 여전히 하나입니다. 이 도시엔 단 하나의 교회만 있을 뿐입니다. 추상적인 교회가 아닌 물리적인 공간을 가진, 눈에 보이는, 그리고 참석할 수 있는 하나의 교회. 우리는 모두 만날 수 있습니다. 우리는 모두 한 몸입니다. 우리는 장벽 없이, 그리고 조건 없이 서로 사랑합니다. 우리 믿는 사람들은 완전한 화목을 이룹니다. 이것이 우리의 사고구조여야 합니다.

우리의 실제 상황이 그렇지 못할 수 있습니다. 하지만 이것이 우리의 확정된 자세와 태도가 되어야 하고 우리의 관점이 되어야 합니다. 이런 마음의 자세로만 모든 것을 바라봐야 합니다.

우리가 마지막으로 점검할 사안이 있습니다. 다른 그리스도인들이 여러분의 호의에 마음이 열려 그가 속한 조직의 어떤 일에 여러분을 초청할 수 있습니다. 그때 여러분은 곤란한 처지에 빠질 것입니다. 그 갈등은, 여러분이 다른 그리스도인들에게 활짝 열려 있고 반면에 그가 속한 제도화된 종교엔 문을 닫았기 때문에 초래된 문제입니다. 그리고 그 또한 우리의 부르심 중 한 부분입니다.

이런 곤란한 상황마다 여러분은 그때그때 그 문제를 여러분의 주님께로 가져가야 합니다. 우리는 이런 문제들을 각각의 사안별로, 주님과 함께, 개별적으로 처리해야만 합니다. 우리의 옛 본성은 제거되어야 합니다. 사람들 안엔 누구나 밖으로 튀어나올 기회를 엿보는 종파주의 심성이 자리 잡고 있습니다. 반면, 바벨론의 조직체계로 돌아가려는 본성도 기회를 엿보고 있습니다. 둘 다 모두 처리되어야 할 요소들입니다.

우리는 종파주의 심성을 넘어 종교 제도 밖으로 부름을 받았습니다. 임무수행이 불가능해 보이는 지점입니다. 오늘날 과연 그런 사람이 존재할까 싶습니다. 그럼에도 이것이 우리에게 주어진 목적지입니다. 이 부르심에 반응하는 것은 실로 신령한 사건이 될 것입니다.

그 고상한 미션이 성취되는 것을 우리 모두가 볼 수 있기를.

제10장

세상조직

바울이 언급한 또 다른 위험이 있습니다. 바로 이방인들의 위험입니다. 이제 우리는 이 위험에 대해 살펴보도록 하겠습니다.

앞서 세상조직world system에 대해 잠깐 거론하면서 그 말에 담긴 구체적인 대상을 꼽으라면 지역의 지방정부로 볼 수 있다는 말씀을 드린바 있습니다. 그러나 좀 더 온전하게 표현한다면 '조직화된 세속사회 전체'를 이방세계라 말씀드릴 수도 있을 것입니다.

우리 시대엔, 특히 미국적인 상황에서, 이방인 즉, 지방정부로부터 오는 위험은 거의 없어 보입니다. 하지만, 다른 나라들의 경우엔 사정이 다를 수 있습니다. 중국 정부로부터, 스페인 정부로부터, 사우디아라비아 정부로부터, 아프카니스탄 정부로부터 오는 위험은 여전히 존재합니다. 이 모든 위험이 **이방인**들에게서 오는 위험입니다.

바울이 이방인들과 부딪혔던 사건들을 연대순으로 살펴보겠습니다. 이방인들이 다스리는 세상조직 한복판에서 우리가 어떤 기준으로 살아야 할지를 명확하게 보여준 것은 바울이었습니다. "세상 안에 살면서 세상에 속하지 않는 삶"이 그렇게 쉽지 않다는 사실을 그는 잘 알고 있었습니다. 먼저 이방인들이 그에게 어떤 위험을 가했는지부터 눈여겨보십시오.

1. 그리스도인이 된 초기에

다메섹, 시리아: 그의 목숨을 노리는 지방정부의 음모를 피해 바울은 바구니를 타고 성벽을 내려가 그곳을 탈출해야 했습니다.

2. 제 1차 교회 개척 여정에서

(1) **비시디아 안디옥:** 바울을 시기한 유대인들은 지역 사람들을 선동했습니다. 그러나 바울을 도시 밖으로 추방하는데 주도적인 역할을 자처했던 것은 이방인들이었습니다.

(2) **이고니온:** 믿지 않는 유대인들이 이방인들을 선동했습니다. 이방인과 그들의 통치자들은 바울을 학대하고 돌로 치려 덤벼들었습니다.

(3) **루스드라:** 안디옥과 이고니온에서 따라온 유대인들이 선동의 주범이었지만 실제로 바울을 돌로 친 것은 그 도시의 이방인 무리들이었습니다.

3. 제 2차 교회 개척 여정에서

(1) **빌립보**: 바울이 유대인들의 시기를 받은 것은 맞지만 여기에서 바울에게 가해진 모든 위험은 전적으로 이방인들의 주도하에 이뤄졌습니다. 당시 빌립보는 로마의 직속 도시로 간주되고 있었다. 그래서 클라우디우스 황제가 유대인 추방령을 내리자 빌립보 시민들은 자진하여 도시 안의 모든 유대인들을 내보냈다. 그래서 바울과 바나바가 빌립보를 방문했을 무렵, 도시 안에 유대인들이 없었던 것이다. 역주 바울을 재판하고 때리고 투옥했던 모든 핍박이 이방인들의 손에 의해 자행되었습니다.

(2) **데살로니가**: 유대인들이 폭도들을 선동하고 도시안의 폭동을 불러일으켰습니다. 하지만 야손을 체포하여 법정으로 끌고 간 것도, 바울을 추방했던 것도 이방인 통치자들과 그곳의 지방정부였습니다.

(3) **베뢰아**: 데살로니가의 유대인들이 베뢰아까지 따라와 사람들을 선동했습니다. 하지만 바울로 하여금 결국 그 도시를 떠나게 만든 것은 유대인들에 선동된 이방인무리였습니다.

(4) **고린도**: 바울을 대적하는 한 무리의 유대인들이 "이방인들의 법정"으로 그를 끌어냈습니다.

4. 제 3차 교회 개척 여정에서

(1) **에베소**: 약 4년 동안 지속되어온 바울의 소아시아 선교를 중단시킨 장본인들은 데메드리오에 선동된 이방인들이었습니다.

5. 그 이후

(1) **예루살렘**: 이방인 병사들로마군인들. 역주</sub>이 바울을 구해냈습니다. 하지만 그 결과로 바울이 맞이한 것은 2년간의 감옥생활이었습니다. 그가 재판받은 장소도 이방인 법정이었고 마지막으로 바울의 목을 벤 것도 이방인의(유대인의 선동에 의해서가 아닌 이방인 자신들의 결정으로) 손이었습니다. 지난 1900년간의 기독교역사에서 주님의 사람들에게 가해진 대부분의 '핍박'이 종교적으로 자극받은 '유대인들'에 의해 자행되었다면, 궁극적으로 주님의 사람들을 '죽인 것'은 '이방인들'이었습니다! 하나님의 사역을 완전히 파괴하는 일이 대체적으로 이방인들의 손에 의해 자행되었다는 사실을 아는 것은 흥미롭습니다. 수많은 실례들이 있지만 그중 대표적인 하나의 사실을 거론하자면 중국의 지방교회The Little Flock 입니다. 지방교회는 종교조직, 특히 기독교 선교사들의 무자비한 반대에 직면했습니다. 그들이 이방인들로부터 '괴롭힘'을 당한 경우는 거의 없었습니다. 하지만 종국에 '칼'을 뽑아든 것은 공산주의였습니다. 즉, 중국에서 지방교회를 '완전히 중단'시킨 것은 이방인들이었습니다. 선교사들과 제도권교회는 그들을 핍박했지만, 세속정부는 그들의 활동을 아예 중단시켜버렸습니다.

이방인들의 손에 의해 바울에게 가해졌던 얼마간의 핍박을 열거한 것은 여러분에게 이 질문을 제기하기 위해서였습니다. "이 모든 부당한 위해를 받았을 때 바울이 견지한 태도는 무엇이었습니까?"

아니, 이보다 조금 더 나은 질문이 있습니다. "세상조직에 대한 바울의 태도는 무엇이었습니까?"

세속worldliness에 대한 우리의 자세

바울은 세상에 대한 두 가지 태도를 견지했습니다. "세속성世俗性"이란 관점에서 바울은 세상을 등졌습니다. 그에게 가해지는 세상의 핍박과 관련해서는 잠시 후에 좀 더 깊게 살펴보겠습니다.

먼저, 첫 번째 관점에 대해 살펴보겠습니다. 세상조직이 가진 "세속성世俗性"에 대해 우리는 어떤 태도를 보여야 하겠습니까?

우리는 여기서 우리에게 합당한 한 가지 기준을 확립해야 합니다.

여러분은 세상의 매력에 다음과 같이 반응할 수 있습니다. (1) 세상에 굴복한다. (2) 세상과 등진다. (3) 둘 사이, 중간지점에 자리를 잡는다. 즉, 절충, 타협한다.

여러분 모두는 세상을 등지고 싶어할 것입니다. 훌륭한 선택입니다. 그렇다면 다른 두 선택은 없는 것으로 여깁시다. 그래도 여전히 문제는 남습니다. "등진다!"라는 말이 우리에게 의미하는 바는 무엇일까요? "등진다!"라는 말은 우리 시대엔 별로 유효하지 않습니다. 세상을 완전히 등진다는 것은 **어떤** 시대에도 보기 어렵습니다만 지금 이 시대에는 더더욱 그렇습니다.

여러분이 **정말로** 세상을 등진다고 생각해봅시다. 오늘날의 모든 방식을 뛰어넘어 의미 있는 어떤 지점에 진입했습니다. 참으로 위대한 결별입니다. 그러나 이제 여러분은 곧 두 번째 문제에 봉착하게 됩니다.

'세상을 등진 사람'은 이제 세상에 대하여, 그리고 세상 사람들에 대하여, 그리고 세상일들에 대하여 어떤 태도를 갖게 될까요? 아마도 놀라운 통찰력으로 한 사람, 한 사람을 분석할 것입니다. 또 여러분이 세상을 벗어나 헌신 된 존재임을 사람들에게 환기시키기 위해 수도사 가운(혹은 수녀복)이 필요할지도 모릅니다.

그런 사람들이 할 수 있는 또 다른 일도 있습니다. 곧 양날의 도끼를 구해 남은 평생 세상과 그에 속한 일들을 공격하는 것입니다. "나처럼, 세상을 벗어나세요"라는 모토를 평생 가슴에 달고 말입니다.

교회사를 통찰해보아도 세상을 등진 대부분의 사람은 결국, 자기의 self righteous와 독선에 빠지고는 것으로 그 끝을 맺습니다. 따라서, (1) 세속에 물드는 길 (2) 타협하는 길 (3) 세속을 등지는 길, 이 중에 세 번째를 택한 여러분은 곧바로 그다음 두 가지 선택에 직면하게 될 것입니다. (1) 독선에 빠져 자신의 결단을 자랑스러워 하거나 (2) 속세를 등지지 못한 사람들을 공격하며 살아가거나!

어떤 사람들은 한 걸음 더 나아가 세상을 비웃고 공격하며, "내가 하는 것처럼 하라, 내가 믿는 것처럼 믿으라, 내가 입는 옷을 입으라"고 강제하며 세상에 대한 적의와 냉소적인 입장을 키워나가기도 합니다.

그렇습니다. 이 모든 자세가 지극히 성숙지 못한 태도들입니다. 그리고 여러분 스스로 그 사실을 어렵지 않게 간파할 수 있습니다. 만약 우리가 우리 시대의 깃발을 좀 더 정상과 가까운 지점에 옮겨놓는 일에 부름을 받았다면 우리 뒤에 남겨진 세상에 대해 좀 더 새롭고 고상한 태도를 견지해야 합니다.

우리가 신령한 사람이 되었으면 좋겠습니다. 지구 위에 발붙여 살면서도, 그리고 세상 한복판에서 생계와 씨름하면서도 마치 그곳을 벗어나 살아가는 사람처럼 말입니다. 그렇다면 세속성과 절교한 **이후**, 우리 삶의 기준은 어떤 것이 되어야 합니까? 자! 여러분이 고대 프란치스코 수도회 수도사들만큼이나 속세에서 벗어났다고 가정해봅시다. 그후 여러분은 어떤 사람이 되어야 하겠습니까?

이것으로 우리의 기준을 삼자

여러분에게 다음과 같은 기준을 제안하고 싶습니다. 인류를 쓸어담은 그 거대한 세상조직에서 우선 **빠져나오십시오**. 완전히, 철저히, 벗어나십시오. 영원히 그것과 결별하십시오. 남은 인생동안 여러분의 모든 소유를 내어주는 대가를 치를지라도.

그렇게 세상과 작별했으면, 이제 여러분 안에 솟구치는 모든 영적인 자부심과 대적하십시오. 그것을 자랑하지도 말고 다른 사람을 공격하지도 마십시오. 여러분에게 일어난 일을 경력으로 쌓아 올리며 그것을 다른 사람들에게 말하려 들지 마십시오. 무엇보다도 여러분의 남은 시간을 속세를 공격하는데 보내지 마십시오.

마지막으로 간청합니다. 여러분이 세상과 작별하였으면, 부디 간청하건대, 여러분의 기준을 다른 **누구에게도** 강요하지 마십시오. 예를 들어, 어젯밤 한 새로운 형제가 그의 컬라TV, 실크셔츠, 그리고 3층 갑판으로 된 요트 등을 황금마차에 싣고 이 도시로 이주했다고 생각해봅시다. 내버려 두십시오. 그의 처신은 여러분의 관심 사항이 아닙니다. 여러분이 걷는 길을 강제하지 마십시오. 지금 우리가 결단하고 걷는 길은 사랑에 의해 나아갈 수밖에 없는 그런 길일 뿐, 다른 형제의 강권에 떠밀려 걷는 길이 **아닙니다**.

만약, 지난밤 황금마차를 타고 마을로 들어선 그 젊은이가 여러분 자신이라고 가정해 봅시다. 장담하건대, 채 1년도 안 돼서 이 자리에 있는 사람 중 하나가 바로 여러분을 방문할 것입니다. 그리고 무시무시한 충고를 여러분에게 들려줄 것입니다. 그와 마주하더라도 화내지 마십시오. 그런 일이 실제 일어날 수 있습니다. 아니 일어날 것입니다.

세상조직의 핍박에 대한 우리의 태도

이제 나는 세상조직과의 관계 정립에 있어 우리의 두 번째 주제를 다루고자 합니다. 세상조직, 즉 믿지 않는 사람들, 특별히 종종 주님의 사람들에게 핍박을 가하는 이방 정부와 우리의 관계를 말씀드리는 것입니다. 그러한 핍박이 가해지는 동안 믿는 사람들로서 우리의 적절한 처신은 무엇입니까?

나는 다시 한번, 다소의 바울을 우리의 모범으로 소환하고 싶습니다. 바울은 두루 이 지구 위를 걸어 다니며 곳곳에서 핍박을 받았습니다. 하지만, 바울은 자신에게 가해졌던 엄청난 일들을 알지도 못하는 것처럼 보입니다. 그는 매우 빨리 과거를 잊었습니다. 이것은 대부분의 그리스도인에게서 쉽게 관찰되지 않는 그만의 독특한 덕목으로 보입니다.

실제로 우리를 파괴하거나 왜곡하려고 덤벼드는 것은 우리에게 가해지는 다른 사람들의 행동이 아닙니다. 우리의 기질을 시험하는 것은 그들의 행동이 아니라 그 행동에 대한 우리의 반응입니다. 나는 앞에서 여러분의 내면에 여러분 자신을 변호하는 졸장부 녀석이 숨어있음을 언급한 바 있습니다. 그렇습니다. 사실 이 녀석에게는 쌍둥이 형제가 있습니다. 그는 자신이 핍박받은 사실을 사람들에게 노출시키기 위해(더 적절한 표현으로는 "자랑"하기 위해) 내심 핍박받기를 기다리고 있습니다. 나는 지금 이 자리에 있는 형제 중에서도 언젠가, "내가 세상으로부터 핍박받은 날!"이라는 강연 제목을 내걸고 싶어 안달이 난 사람이 있지 않을까 염려하고 있습니다.

한편, 이와는 정반대의 처지에 선 형제들도 이 자리에 있을 수 있습니다. 이 사람들은 충돌이나 핍박의 상황을 피해 뒷걸음질로 지구 어디라도 갈 형제들입니다. 사랑하는 형제 여러분. 어쨌거나 이 양극단 모두, 깃발에서 멀리 떨어진 태도입니다. 핍박받기를 사모하거나 어떻게든 핍박의 상황을 모면하려는 양극단은 그 결말과 상관없이 우리가 부름을 받은 곳이 아닙니다. 우리는 이 양극단 중 어느 한쪽으로 부름받지 않았습니다.

여러분은 핍박받기를 사모하고 있습니까? 한번 생각해보십시오. 핍박받은 사실이 즐거워할 일인지를 말입니다. 교회가 고난 가운데 있거나 무자비한 공격을 받을 때, 또 교회가 실제로 승리의 계절을 맞이할 때, 그때마다 예외 없이 이 두 증상을 가진 형제와 자매들이 출현합니다. 내가 그 사람들을 어찌할 수는 없습니다. 다만, 그러한 증상을 못 본 체하지 말고 바로잡으라는 말씀입니다. 이러한 핍박 증후군은 주님의 교회에 뿌리를 둔 것이 아닙니다. 그런 태도를 여러분의 선택 범위에 두지 마시기 바랍니다.

우리는 담대함과 타협 없는 복음을 품고 두려움 없이 위험한 장소로 나아가는 법을 배워야 합니다. 하지만 반대에 직면하는 것을 즐거워할 필요는 없습니다. 핍박이 오면 그냥 놔두십시오. 다만 가능한 한 빨리 그 핍박이 말 없이 지나가게 하십시오. 마치 아무 일도 없었던 것처럼 생활하십시오.

부수적인 말씀입니다만, 우리가 때때로 아주 조금 이상해 보일 수 있다는 것을 알고 있는 것이 좋습니다! 공항에서의 모임이라든지, 함께 거리를 행진하는 등의 모습 말입니다. 우리에겐 이것이 지극히 일상입니다만 다른 사람들에겐 아마도 아주 조금 이상해 보일 수 있음을 알고 있어야 합니다. 우리는 약간의 부정적인 반응을 일으킬 수 있는 사람들입니다. 그 부정적인 시선들이 다가올 때 성급하게 반응하지 마십시오. 이 약간의 적대적인 시선들을 주님을 위해 핍박받을 계기로 삼지 않기를 바랍니다.

만약 어떤 이방인들이 여러분에게 악의적인 태도를 보인다면 아무 일도 일어나지 않은 것처럼 처신하십시오. 바울이 그랬듯이, 여러분은 보았지만 보지 못한 것입니다. 들었지만 듣지 못한 것입니다. 무엇보다도 전혀 **느끼지 못한 것입니다.**

이 주제와 관련된 결론을 말씀드리고자 합니다.

세속성속세과 완전히 결별하십시오. 교회 역사 속의 몇몇 사람들이 그랬던 것처럼 하십시오. 그러나 그 결별을 자랑스러워 하지 마십시오. 세상을 공격하며 살아가거나 그것으로 경력을 쌓아갈 생각을 버려야 합니다. 어느 누구에게도 여러분의 기준을 따르도록 **강제하지 마십시오.**

두 번째, 세계 조직이이방인들 핍박을 가해올 때면 이 모든 사건이 전혀 일어나지 않은 것처럼 대하십시오. 핍박 증후군을 멀리하십시오. 그러나 한편 교회는 당당해야 합니다. 우리는 예수 그리스도의 교회에 대해 별 관심없는 세상에 복음을 가져오는 사람들이기 때문입니다.

북미나 북유럽에서 정부 권력에 의해 위험이 가해질 가능성은 거의 없어 보입니다.(그러나 남유럽과 동유럽에서는 사정이 다릅니다.) 나머지 대부분의 국가에서는 이방인들에 의한 신체적 위해가 실제로 가해질 수 있습니다. 만약 이 세상 권위들로부터 노골적인 핍박을 받는 것이 우리의 몫이라면 그때 그에 대한 우리의 반응은 어떠해야 하겠습니까? 세상 권력에 핍박받는 일에 있어서만큼은 최고의 권위자인 바울의 모범을 따라야 합니다.

▆▆▆▆ 자신을 핍박했던 로마제국을 자신이 어떻게 대하고 있는지 바울 스스로 밝히다

바울은 그토록 거칠게 자신을 핍박했던 그 이방 정부를 어떻게 대하고 있는지를 확실히 표명하고 있습니다. 바울이 이방 정부에 대한 견해를 밝힌 것은 로마서와 디도서, 이 두 편의 서신을 통해서입니다. 이제 그 편지를 열어 바울의 견해를 들어보도록 하겠습니다.

먼저, 로마서입니다. 바울이 에베소에서 나올 무렵, 어떤 위협에 처해있었는지 설명했던 내용을 기억하십니까? 데메드리오가 바울을 대적하도록 폭동을 조장했던 곳이 에베소였습니다. 바울이 고린도후서를 썼던 배경이 바로 거기에 있었습니다. 간신히 에베소를 빠져나온 바울은 마침내 고린도에 닿긴 했지만 바울을 죽이려는 유대인들의 암살계획은 여정 도처에 도사리고 있었습니다.

단검단이라 불리는 광신적인 유대인들이, 바울을 죽이기 전에는 먹지도 마시지도 않겠다고 종교적 선언을 천명한 것도 이 무렵이었습니다. 바울이 잠깐씩 체류하는 곳마다 실제로 그들의 암살계획이 도사리고 있었고 "예루살렘에 올라가면 안 된다"라는 형제들의 간곡한 만류가 계속해서 있었습니다. 고린도를 방문하고 예루살렘으로 올라가는 여정 어디쯤에선가 암살을 당할 거란 사실을 바울 자신도 알고 있었을 것입니다. 열두 이방인교회들안디옥교회, 비시디아안디옥교회, 이고니온교회, 두아디라교회, 더베교회, 빌립보교회, 데살로니가교회, 베뢰아교회, 고린도교회, 에베소교회, 로마교회, 드로아교회를 말한다. 골로새 지역의 세 교회들은 세워지기 전이었을 것이고 혹 세워졌다 할지라도 에바브라에 의해 개척되었기에 바울은 모르고 있었을 것이다. 역주을 다시 보지 못할 것이고, 결코 로마에 이르지도 못할 것이며 개인적으로 로마교회를 돌볼 기회도 없을 것이라고 바울은 짐작했을 것입니다.

에베소에서 고린도후서를 쓰면서, 바울은 그 편지가 아마도 교회에 보내는 자신의 마지막 편지가 될 수도 있겠다고 생각했을 것입니다. 하지만 이제 고린도에 도착해 로마에 있는 성도들에게 편지를 쓰면서로마서 바울은 이것이 자신의 **마지막 편지**라고 확신했을 것입니다.

유언과도 같은 마지막 편지에서 바울은 유대인들과 이방인들에 대해 언급합니다. 곧장 이 페이지를 읽지 마시고, 몇 페이지 앞으로 되돌아가 바로 그 이방인들이 바울에게 어떤 짓을 했는지를 살펴보십시오.

그리고 바울이 이 "악당들"이방인에 대하여 뭐라고 기록하는지를 확인해보십시오.

기억하십시오. 여기 진술되는 내용은 다메섹 지방정부 관리들로부터 생명의 위협을 당했던 사람이 기록한 것입니다. 비시디아안디옥과 이고니온에서 그들의 손에 의해 추방되었던 사람이, 루스드라에선 그들이 던지는 돌에 거의 죽음 직전에 이르렀던 사람이, 빌립보와 또 다른 불특정 장소들에선 그들의 손에 죽도록 얻어맞았던 사람이, 데살로니가에선 그들의 손에 의해 추방되었던 바로 그 사람이 기록한 내용입니다.

지금 이 편지를 쓰고 있는 고린도만 하더라도 바울은 이미 고린도 지방정부의 이방인법정 안으로 끌려들어 간 적이 있었습니다. 이 편지의 수신자들인 로마의 그리스도인 중에서도 불과 몇 년 전, 황제의 칙령에 따라 그 도시에서 추방되었던 신자들이 있었습니다.브리스길라·아굴라 부부. 역주

그러나 이 믿을 수 없는 메시지를 읽어보십시오. 바울은 바로 그 이방인들, 즉, 수시로 그를 죽음 직전까지 내몰았던 그 이방 정부의 권력

자들에 대해 이렇게 언급하고 있습니다.

누구나 자기를 지배하는 권위에 복종해야 합니다. 하나님께서
주시지 않은 권위는 하나도 없고 세상의 모든 권위는 다 하나님
께서 세워주신 것이기 때문입니다. 그러므로 권위를 거역하면
하나님께서 세워주신 것을 거스르는 자가 되고 거스르는 사람
들은 심판을 받게 됩니다. 통치자들은 악을 행하는 자에게나 두
려운 존재이지 선을 행하는 사람들에게는 두려울 것이 없습니
다. 통치자를 두려워하지 않으려거든 선을 행하십시오. 그러면
그에게서 칭찬을 받을 것입니다. 통치자는 결국 여러분의 이익
을 위해서 일하는 하나님의 심부름꾼입니다. 그러나 여러분이
잘못을 저지를 때에는 두려워해야 합니다. 그는 공연히 칼을 차
고 있는 것이 아닙니다. 그는 하나님의 심부름꾼으로서 악을 행
하는 자들에게 하나님의 벌을 대신 주는 사람입니다. 그러므로
하나님의 벌이 무서워서 뿐만 아니라 자기 양심을 따르기 위해
서도 권위에 복종해야 합니다. 여러분이 여러 가지 세금을 내는
것도 이 때문입니다. 통치자들은 그와 같은 직무들을 수행하도
록 하나님의 임명을 받은 일군들입니다. 그러므로 여러분은 그
들에게 해야 할 의무를 다하십시오. 국세를 바쳐야 할 사람에게
는 국세를 바치고 관세를 바쳐야 할 사람에게는 관세를 바치고
두려워해야 할 사람은 두려워하고 존경해야 할 사람은 존경하
십시오. 로마서 13:1-7 공동번역

나는 이 말씀에 더하고 **뺄** 것이 없다고 생각합니다. **이것이** 바로 거의 20여 년 동안, 헤아릴 수 없을 만큼 자주 자신을 죽음으로 내몰았던 그 이방인들을 대하는 바울의 태도였습니다.

만약 여러분이 보시기에 이 말들이 대단하다고 생각된다면 그다음 말씀들의 배경을 살펴보기까지 잠시 기다려주십시오.

바울이 이방인들에 대해 언급하는 또 하나의 서신은 디도서입니다. 이 편지는 바울이 로마서를 쓴 **이후**, 여러 해가 지난 다음에 기록한 편지입니다. 이쯤 해서, 그가 예상과는 달리 3차 교회 개척 여정에베소-고린도-예루살렘. 역주을 마친 후에도 **죽지 않았다**는 사실을 말씀드리고 넘어가는 것이 좋을 것 같습니다. 그는 유대인들의 손에서도 탈출할 수 있었고 단검단이나 다른 종교체계에 의해서도 죽음을 맞지 않았습니다. 그 배경은 이러합니다.

바울은 살아서 예루살렘으로 올라갔습니다. 하지만 거기 예루살렘에서 폭도들에 의해 거의 죽음 직전에 이르렀습니다. 유대인들에 의해 자행된 폭동이었습니다. 죽음 직전에 그를 구한 것은 공교롭게도 이방인들이었습니다! 하지만 그 시점이 그의 인생에서는 중대한 기로에 접어드는 순간이었습니다. 바울이 종교조직에 의해 죽음의 위기에 내몰리는 것은 그것이 마지막 경험이었습니다. 이제부터 그에게 물리적인 위해를 가하는 역할은 오직 이방인들이 맡게 될 것입니다.

바울은 2년 동안 가이사레아 감옥에 수감됩니다. 그가 그렇게 오랫동안 수감된 이유는 아마도 그에게 뇌물을 바라는 사람들이 있었기 때문으로 추정됩니다. 그렇지 않고서는 그렇게 긴 시간 동안 수감될 다른 이유가 없어 보입니다. 그 후, 바울은 죄수의 신분으로 로마까지 이송되는데 거의 1년이 더 소모됩니다. 그런 다음에도 바울은 다시 2년의 세월을 로마 감옥에서 보내야 했습니다. 네로와의 짧은 접견을 위해 긴 세월을 대기해야 했습니다.

마침내 바울은 풀려났습니다. 비록 잠시 석방되었지만, 사실 바울은 죽음을 몇 년 남겨두고 있지 않았습니다. 물론 자신은 그 사실을 모르고 있었을 것입니다.(그가 모르고 있었던 다른 한 가지는 머잖아 이방인의 칼에 죽음을 맞을 거란 사실이었습니다.) 어쨌든 자유의 몸으로 지내던 그 짧은 기간 동안 바울이 했던 일 중 하나는 디도와 함께 크레타 섬을 순회하는 것이었습니다. 그 후 바울은 디도를 그 섬에 남겨두고 니코폴리스Nicopolis; 이오니아해안에 위치한 한 도시. 역주라고 불리는 한 도시로 들어갔습니다. 거기에서 디도에게 짧은 편지를 기록합니다. 로마서를 쓴 이후로도 바울은 한번 더 이방인에 의해 투옥되고, 매 맞고, 학대당하고, 부당한 대우를 받고, 간계를 겪고, 이방 권위자로부터 부정직한 뇌물수수의 압박까지 당했습니다. 그리고 다시 한번 로마서에서 밝혔던 자신의 견해를 재천명하고 있습니다. 바울의 입장은 바뀌지 않았습니다. 이방 정부에 대한 어떤 비통함도 바울의 심령을 파고들지 못했습니다. 이 편지로만 봐서는, 편지의 저자가 이방인들의 손에 어떤 어려움을 겪은 사람이라는 느낌조차 들지 않습니다. 이 편지의 저자가 이방 정부의 손에 의해, 그것도 부당하게, 5년이라는 세월을 감옥에서 보냈으리라고는 상상조차 할 수 없을 것입니다.

통치자들과 지배자들에게 복종하고 순종하며 언제나 착한 일
을 할 수 있는 백성이 되라고 교우들에게 깨우쳐 주시오. 디도서
3:1 공동번역

세상조직, 즉, **이방인들**에 대한 우리의 태도가 어떠해야 할까요? 위
의 말씀을 보십시오. 그리고 처음 그 기준이 세워졌던 높이를 확인하십
시오. 우리의 태도, 우리의 지평, 우리의 **반응**, 우리의 여정은 1세기에
살았던 사람들 중 가장 많은 핍박을 받았던 이 사람, 이 바울이라 불리
는 하나님의 종에 의해 세워진 그 기준보다 한 치라도 낮아서는 안 됩
니다.

우리가 언제 어떤 나라에 서게 될지 누가 알 수 있으며, 어떤 시련과
어떤 시험이 우리를 기다릴지 누가 알 수 있을까요! 언젠가 **이방인들**의
손에 어려움을 겪게 될 때, 바로 이 고귀함을 잃지 않는 것 역시도 **우리
의** 임무임을 알게 될 날이 올 것입니다.

제3부

제11장

사역자의 기준

이제 지금까지와는 완전히 다른 주제를 살펴보겠습니다. 하나님을 섬기는 종, 특별한 은사를 받은 사람, 사도, 선지자, 복음 전하는 자 등의 이름으로 불리는 사람들에 대한 이야기입니다. 나는 그냥 사역자라 부르겠습니다. 이 사람은 하나님의 집을 짓는 사람입니다. 하지만 하나님의 집을 무너뜨리는 자이기도 합니다! 역사를 통틀어, 다른 어떤 신자들보다도 더 많은 분열을 일으키고, 문제를 야기하고, 심령을 상하게 하고, 슬픔을 유발하며, 사람들의 삶을 파기했습니다. 가장 까다롭고, 말싸움에 능하며, 율법적이고, 타인을 견제하고, 자신의 사역에 집착하며, 다른 이를 비판하는데 일가견이 있습니다. 그들은 역사의 모든 페이지에서 최악의 역할을 맡았고 또 최악의 오점을 남겼습니다. 참으로 놀라운 일입니다. 무섭지 않습니까?

"그러한 오점을 남겼다면 사역자를 아예 없애버리면 어떻습니까?"

딱하게도, 해가 될지언정 사역자는 필수적인 존재입니다. 사역자는 이 지구 위에 교회를 세우도록 하나님이 특별히 지명한 사람입니다. 사역자는 하나님의 나라를 건설해나가는 데 있어 가장 필수적인 요소 중의 하나입니다. 다만 진실하고 신실한 사역자일 경우에 말입니다. 여러분 중에 혹 그런 사역자를 알고 계신 분이 있습니까?

문제는 사역자의 지위가 아닙니다. 그의 **자질** 때문에 공포에 떨게 됩니다.

사역자의 새로운 기준이 필요합니다. 사실을 말씀드리자면, 완전히 새로운 종種의 사역자가 대두될 필요가 있습니다. 미래 하나님의 사역에 필요한 가장 중요한 한 가지 요소를 꼽으라면 그것은 새로운 종種의 사역자라고 말씀드릴 수 있을 것입니다.

사역자에 대해 이야기해 봅시다. 사역자! 교회 역사 속의 **모든** 문제는 이와 연관이 있습니다. 그들의 처신을 보십시오. **거기**에 문제가 있습니다. 무엇이 필요합니까? 새로운 행동기준이 세워질 필요가 있습니다. 수 세기 동안 볼 수 없었던 새로운 수준의 행동기준!

지금 말씀드리는 것은 깊은 통찰력과 영적인 안목이 요구되는 영역입니다. 그것은 여러분의 시선을 사로잡을 것이고 심지어 두렵게 만들 어떤 것입니다!

새로운 유전자를 가진 사역자들, 새로운 종種의 사람들이 사역자의 행동기준을 다시 세워야 합니다. 엄밀한 의미에서 말씀드리면, 사실 사역자의 새로운 기준이란 표현 자체가 존재할 수 없습니다. 일반 신자들을 위한 기준보다 사역자들의 기준이 더 높아야 하는 것은 아니기 때문입니다. 사실 내가 사역자에 대해 말씀드리는 모든 것은 교회에 속한 모든 성도에게도 적용되는 말씀입니다.

이와 관련하여 두 가지 말씀을 차례로 드리겠습니다. 첫째, 우리에겐 이 주제와 관련해 하나님의 계시가 필요합니다. 그것은 지적으로 이해될 수 있는 사안이 아니기 때문입니다. 둘째, 절대 사역자가 되기 위해 **애쓰지 마십시오**. 주님께서 필요한 일을 하실 것입니다. 주님께서 여러분 안에 이 일을 작정하셨다면 여러분은 여러분의 심령 안에 타오르는 불을 꺼뜨릴 수 없습니다. 그것은 자연스레 이루어질 것입니다. 만약 여러분이 사역자가 맞다면 맞고 아니면 아닙니다. "하지만 우리가 좀 더 좋은 은사를 사모해야 하는 것 아닙니까? 또 그렇게 하라고 성경말씀이 가르치지 않습니까?고린도전서 12:31절. 역주" 물론입니다. 하지만 거기서 말씀하는 "더 큰 은사"는 사랑을 말합니다. 예, 사랑을 갈구하십시오!

이제 그 행동기준에 대해 말씀드리겠습니다. 바울은, "나를 본받으라"고 말한 적이 있습니다. 정말로 놀라운 권면입니다. 바울은 사람들에게 자기 자신을 따르라고 초청하고 있습니다. 얼마나 대담하고 얼마나 위험한 일인지 모릅니다. 감히 사람이 그런 초청을 하다니 말입니다.

그의 권면이 어째서 그리도 위험한 일인지 설명 드리겠습니다. 언젠가 어떤 사람이 내게 이렇게 말한 적이 있습니다. "당신은 우리 그리스도인들이 각자 자신이 존경하는 기독교 지도자를 모방한다는 사실을 알고 있습니까? 하지만 한 가지 더 아셔야 할 일은, 우리가 언제나 모방하는 것은 그 지도자의 **약점**입니다!" 안타깝지만 이 말은 사실입니다!

움직일 수 없는, 너무도 분명한 사실입니다!

나는 처음부터 이러한 사실을 알았기 때문에, 나와 가까운 그리스도인들에게 나를 닮지 말라고 간청했습니다. "부디 나의 유별남, 나의 괴팍스러움, 나의 약점을 닮지 마십시오. 나의 이 유별남을 닮아 가는게 결코 당신을 영적으로 만들어주지 못합니다. 십자가만이 당신을 영적으로 성장케 할 것입니다. 고통이 당신의 영적 성장을 돕는 것이지 에드워드라는 이 진흙 덩어리가 가진 기질은 결코 당신을 도울 수 없습니다. 나의 기질은 당신의 영적 성장에 머리카락 한 올 만큼도 도움이 되지 못할 것입니다."

내가 여러분의 모임에 들어와 여러분을 돕기 시작하던 초기, "남부 특유의 말투"가 여러분 가운데 유행처럼 번졌던 사실을 기억해보면 흥미롭습니다. 모임 안의 청년들이 저자 진 에드워드의 남부억양과 말투를 자신들도 모르게 따라하게 되었던 사실을 언급하는 것임. 역주 그 유행이 어디서 시작되었는지 굳이 말씀 안 드려도 여러분은 잘 알고 있을 것입니다. 감사하게도 그 단계가 지나갔습니다. 우리가 서로를 더 오래 알게 될수록 이러한 표면적인 모방은 더 적게 일어납니다.

젊은이들이 사역자를 모방한다는 사실은 사역자에게 말할 수 없는 책임감을 부여합니다. 사역자가 사랑받고 존경받을수록 더 많이 모방의 대상이 될 것입니다. 하지만 사람들이 **가장 많이** 모방하는 영역은 사역자의 약점입니다. 특히 영적인 연약함! 중요한 사실이 여기 있습니다. 사역자에게 연약함이 전혀 없는 것이 좋습니다.

이것이 다소 어려운 일임을 잘 알고 있습니다. 하지만 그것이 목표가 되어야 합니다.

　여러분이 누군가와 밀접한 관계를 갖고 오랜 기간 함께 일한다고 할지라도 여러분은 그 사람이 어떤 사람인지 전혀 모를 수 있습니다. 그 사람의 가장 깊은 부분은 **결코** 알 수 없는 노릇입니다. 하지만 사역자들에게 있어서만큼은 그렇지 않습니다. 여러분은 사역자가 누군지를 알 수 있습니다. 어떻게? 간단합니다. 5년 혹은 10년 혹은 12년쯤 지난 후, 그 사역자가 이룩한 사역을 보십시오. 그 결과로 여러분은 그가 누군지를 알 수 있습니다. 그때쯤 되면(그 이전엔 결코 판단할 수 없습니다. 왜냐하면, 그러한 분명한 흔적이 남겨지기까지는 오랜 시간이 걸리기 때문입니다.) 그 사역은 사역자를 비추는 거울이 됩니다. 핵심은 이것입니다. 사역자는 주님의 모습과 같아야 합니다.

　여러분이 어떤 그리스도인들의 모임을 방문할 수 있습니다. 이 사람들은 지금 그 모임을 그 도시의 교회로 여기며 모이고 있습니다.(제 말은 그들이 종교조직 밖에서 모이고 있다는 의미입니다.) 그 모임을 여러분이 잠시 방문했습니다. 여러분은 모임의 사역자가 무척 맘에 들고 존경스러울 수 있습니다. 그런데 그가 전개하는 사역에는 고개를 절래절래 흔들 수 있습니다. 하지만 명심하십시오. 그 둘을 분리할 수 없습니다. 그가 전개하는 사역 안에 그 사람이 녹아있는 것입니다. 다른 한편, 그가 전개하는 사역의 깊이에 매료되고 큰 인상을 받았는데 그 사역자가 영 맘에 들지 않을 수도 있습니다. 그러나 실제로 그 둘은 같은 존재입니다. 사역자의 모습이 그의 사역 내용과 달라보일지라도 그 둘은 분리될 수 있는 대상이 아닙니다. 10년 정도의 사역 말미에 잘 관찰해

보십시오. 여러분은 그 사역자가 어떤 사람인지 알게 될 것입니다. 내가 말씀드리고 있는 것은 사역의 규모를 말하는 것이 아닙니다. 사역의 이미지, 즉 그 성향과 깊이를 말씀드리고 있는 것입니다.

사역자 안의 실제적인 본성이 그의 사역에 의해 드러납니다. 7년 정도의 시간이 경과된 뒤에는 이런 숨겨진 사실이 드러날 수밖에 없습니다.

그러므로, 그리스도 외에 다른 어떤 것도 알지 않기로 작정하는 것이 좋습니다. 여러분이 7년 동안 일어나서, 활동하고, 숨 쉬고, 대화하는데 그리스도가 아닌 어떤 것을 더 깊이 알게 된다면, 7년 뒤엔 그 어떤 것이 교회에 드러나고 그것이 교회 가운데 녹아들어 교회의 한 부분이 될 것입니다!

다음과 같은 실례를 들어 설명해보겠습니다.

여기 7년 동안 바울과 함께 살아온 젊은이가 있습니다. 그는 바울이 일하고 금식하는 모습, 기도하는 모습, 교회가 어떻게 시작되며 그가 처음에 어떻게 교회를 일으켜 세우는지, 그리고 이후 어떻게 교회를 돌보는지 가까이에서 지켜보았습니다. 이 젊은이는 바울과 함께 살았고 그 사역을 함께 경험했습니다. 바울이 일으켜 세운 교회가 공격받는 모습 또한 목격했습니다. 사람들이 지어낸 말에 바울이 휘둘리고 모욕당하고 공격받는 모습도 보았고 그 교회가 거의 무너질 지경에 이르는 상황도 목격했습니다. 눈이 휘둥그레진 이 젊은이는 한 결 같이 그의 예상을 벗어나는 바울의 처신, 즉 언제나 자신의 타고난 본성을 거슬러 그 이면의 부르심을 따라가는 바울의 반응을 눈여겨보았습니다. 이 젊은

이는 지금 자신도 모르게 눈에 보이는 것 훨씬 이상의 것들을 배워가고 있습니다. 이 같은 상황에서 다른 방식으로 반응하는 것을 결코 본 적이 없고 언제나 바울의 이 품격 높은 처신만을 목격해온 젊은이는 바울이 당하는 고통, 그가 유지하는 침묵, 그에게 쏟아지는 공격과 적대감 등을 웬만큼 다루기 쉬운 것으로 생각하게 되었습니다. 그는 아직 그 자신 안에 숨어있는 차갑고 파렴치한 야수를 모르고 있습니다.

어느 날, 때가 이르러 이 젊은이가 사역의 현장으로 나갑니다. 그는 바울을 떠나갑니다. **단지** 바울의 발밑에 앉아 배우는 것을 넘어 이제 그가 사역자가 되었습니다.

그리스도인들의 행위, 말이 안 나오는 성도들의 연약함, 자신과 성도들의 심령 속에 잠들어있던 괴물을 직접 목격하면서 그는 충격받고 어안이 벙벙해집니다. 그리고 이런 상황을 가정하면서 그가 품고 있었던 이상이 무너져 내립니다. 그는 지금 공격받고 있습니다. 그리고 그 상황이 조금도 맘에 안 듭니다.

어느 날, 이 젊은이는, 인생 최초의 거대하고 악질적인 비판에 직면했습니다. 이전에 결코 맞닥뜨린 적 없던 일이 터졌습니다. 그는 자신의 정당성을 입증하고 싶었고 낭설을 일삼는 그 쓸데없는 이단자를 처단하고 싶었습니다. 젊은이가 사역해왔던 교회도 점차 격랑 속에 휩싸였습니다. 이제 사람들은 젊은이의 권위에 의심을 품기 시작하고 그의 말을 귀담아듣지 않으며 리더십에 의문을 품었습니다. 젊은이는 이렇게 중얼거렸습니다. "이건 **바울도** 절대 맞닥뜨리지 않았던 문제야. 혹 그에게 이런 일이 있었을지라도 적어도 내 눈으론 본 적이 없어." 어느 날,

잠자리에서 일어나보니 상황은 완전히 사면초가, 악화일로에 있었습니다. 젊은이는 완전히 의기소침해졌습니다. 그가 우려했던 최악의 상황이 전개될 지경에 이르렀습니다.

그는 고민하기 시작합니다. "여기서 벗어나야만 해. 어떻게 하지? 그래, 이렇게 하자. 그러면 그들의 입을 다물게 할 수 있어." 또 이렇게도 생각해봅니다. "이 모든 일을 공식적으로 드러내 버리자." 아니면 이렇게 생각할 수도 있습니다. "싸우겠어. 그것이 지금, 이 상황에서 내가 할 수 있는 최선의 일이야." "다음 모임에서 당당히 그들을 부숴버리겠어." "이건 너무 심해. 그 사람은 책망받아야 **마땅해**. 해도 해도 너무했어."

이 젊은 사역자는 마음속에 이 모든 수단을 가정해보며 고민을 거듭합니다. 모두가 꽤 괜찮아 보이는 방법들입니다! 무얼 택해도 먹힐 것입니다. 아니 **수많은 사람이** 그렇게 하고 있습니다. 그리고 이 모든 일을 넉넉히 뒷받침할만한 성경구절도 알고 있습니다. 그런데 단 한 가지가 마음에 걸립니다. 단 하나가 상대의 목을 칠 수 있는 이 많은 방법들을 실행에 옮기지 못하도록 젊은이를 막아서고 있습니다. 그것이 무엇이겠습니까? 젊은이는 바울이 그렇게 하는 것을 본 적이 없었습니다!

그는 이와 같은 곤경에 처하는 바울을 수도 없이 목격했습니다. 그러나 단 한 번도 바울은 **그와 같은** 해결책 중 하나를 선택한 적이 없었습니다. 젊은이는 머리를 쥐어짰습니다. 바울이 격노하거나, 상대를 위협하거나, 누군가를 제명해버린 적이 있었습니까? 단 한 번도 그런 적이 없었습니다.

그 순간 젊은이는 바울이 살았던 그 절제된 삶이 얼마나 고도로 훈련된 삶이었는지를 처음으로 깨닫기 시작합니다. 바울이 하고 싶은 말을 얼마나 속으로 삼켰을지, 얼마나 많은 신음을 속으로만 삭여야 했을지, 십자가에 의해 밖으로 표현할 수 없었던 말들과 아픔들, 젊은이는 매일 매일 죽어야 했던 바울의 삶을 이해하게 되었습니다.

이 한 가지 사실을 명심하십시오. 만약 바울이 단 한 번이라도 상대를 죽이고 그 행위를 정당화하는 모습을 이 젊은이가 보았다면, **그 역시** 그렇게 했을 것입니다! 바울이 단 한 번이라도 그렇게 했다면 **이 젊은이는** 종종 그것을 모방할 것이고, 바울이 했던 것보다 열 배는 더 심하게 복수했을 것입니다. 자신이 존경하는 사람의 연약함을 모방하는 것, 특별히 그것이 원수 갚는 일과 관련될 때는 그 결과가 이토록 무섭습니다.

내 말을 잊지 마십시오. **여러분**들은 사역자를 꼼꼼히 따져보게 될 것입니다. 즉, 여러분은 약점을 찾게 될 것입니다. 그리고 세월이 흘러 곤경에 처했을 때 **여러분의** 처신을 변호하기 위해 **그 사람**의 처신을 활용할 것입니다. 그 사람이 그렇게 처신했던 것을 떠올리며 모방함으로써 여러분은 상대를 공격할 자격을 확보하는 셈입니다!

그러나 하나 더 기억해두십시오. 언젠가 여러분이 사역자로 서는 날이 올지도 모릅니다! 그때는 젊은 신자들이 **여러분을** 지켜볼 것입니다. 여러분 앞에 가장 고상한 기준을 두고 그것을 지켜나가십시오. 그리고 기억하십시오. 하나님께서는 그분의 교회를 드러내시는 것보다 제대로 된 사역자를 먼저 찾으실 것입니다. 물론 하나님의 진짜 관심은 사역자보다 그분의 교회입니다. 그러나 올바른 사역자 없이 올바르게 반응하고 올바르게 드러나는 교회도 없습니다. 무슨 의미입니까? 교회보다 사역자가 **선행한다**는 말씀입니다. 하나님께서 사역자를 먼저 일으켜 세우시는 것이 바로 이 때문입니다. 여러분도 알다시피, 주님께선 그분의 교회 앞에 말할 수 없이 높은 기준을 두고 계십니다. 이 기준을 실현하시기 위해 주님께선 그분의 사역자들에게 최고의 수준을 요구하실 수밖에 없습니다. 만약 주님께서 타협을 일삼는 적당한 수준의 사역자들로 시작하신다면 그분은 문제투성이의 교회를 얻으실 수밖에 없을 것입니다.

그래서 여러분의 주님께서는 그러한 재앙을 미연에 방지할 비책을 갖고 계십니다. 주님께서는 종종 아직 자격을 갖추지 못한 사람들이 진실한 사역자의 **자리에** 올라서지 못하도록 막으십니다. 하나님 앞에 바르게 반응하는 교회가 그런 사역자의 손에 의해 세워지지 못하도록 그를 막으시는 것입니다. 그분만의 장애물 코스를 갖고 있다고 표현할 수도 있을 것입니다. 그분은 모든 사역자 앞에 이 장애물 코스를 두십니다.

그 장애물 코스를 눈여겨보십시오! 하나님께서 원하시는 걸 얻기 위해 얼마나 애쓰시는지, 얼마나 타협하지 않으시는지, 그분이 설정하신 그 정상이 실로 얼마나 높은지, 사역자로 부름을 받은 우리가 그분이 제시하신 수준에 도달하기가 얼마나 요원한지 확인하십시오.

그렇습니다. 여러분은 이제 막 이 코스를 출발했을 뿐입니다. 여러분은 젊습니다. 여러분은 아직 엉성하고, 쉽게 타협하고, 심각한 죄에 노출되어 있으며, 무지하고, 많은 실수 가운데 있을 수 있습니다. 그러나 안심하십시오. 주님께선 개의치 않으십니다. 특별히 출발 선상에 선 사람들에겐 말입니다. 내가 말씀드리고자 하는 핵심은 이것입니다. 여러분은 엉성하게 출발할 수 있습니다. **하지만**, 계속 그 상태를 유지할 수는 없습니다.

정말로 두려운 실례를 들어 설명해 드리겠습니다. 여러분들이 욕을 심하게 한다고 합시다. 그게 괜찮습니까? 솔직히 말씀드리면 그렇지 않다고 생각합니다. 하지만 주님께서 그분의 자녀들을 대하는 은혜에 잇대어 생각해보면, 그 모습이 바로 어쩔 수 없는 여러분의 속성 중 한 부분이고 그로 인해 여러분을 향한 그분의 사랑이 제한되거나 그분의 인내를 중단시키지는 못할 것입니다.(하나님은 인간보다 훨씬 더 개방적인 분이십니다.)

그러하니 욕하려면 욕하십시오. 하지만 여러분에게 묻고 싶은 것이 있습니다. 은혜 아래 술 취하고, 은혜 아래 욕하는 여러분에게 말입니다. 이 질문에 대답해보십시오. 하나님께서 **정말로** 여러분의 지금 그 습관을 유지하도록 내버려 둔 채로 하나님 나라의 중요한 사역을 여러분의 손에 맡기시리라고 생각하십니까?

맡기시지 않을 것입니다.

하나님께서는 모든 사역자의 삶 앞에 맞춤형의 장애물 코스를 마련해두십니다. 꽤나 어려운 코스입니다! 이 사람과 저 사람의 두 코스가 같은 예는 없습니다. 한 사람이 특정 장애물로 점철된 코스를 걷는데 다른 사역자는 그 장애물을 일생동안 한 번도 맞닥뜨리지 않는 예도 있습니다. 이 친구는 전혀 다른 장애물 목록을 가지고 있습니다. 각 사람마다 **그 사람의 연약함**을 다루기 위해 특수 제작된 맞춤형 코스를 통과하게 되어 있습니다. 이 장애물 코스의 목적은 무엇이겠습니까? 대답은 여러분에게 충격적일 수 있습니다. 이 코스는 여러분을 파괴하기 위해, 영적으로 여러분을 부수거나 약점을 노출하기 위해, 아니 적어도 여러분을 가로 **막기 위해** 하나님이 제작하신 코스입니다.

이 코스의 중간쯤 지난 어느 지점에서부터 하나님나라의 일, 즉 하나님의 지상사역이 여러분의 손에 위임되기 시작하는 것을 볼 수 있을 것입니다. 이 코스는 그런 일을 할 만한 자격이 안 되는 사람이 도중에 도태되도록 설계되어 있습니다. 그들은 어느 지점에선가 미끄러지거나 어떤 지점에서 더 이상 앞으로 나아가지 못합니다. 영원히 정상에 오르지 못합니다.

무슨 말인지 예를 들어 설명하겠습니다. 여기 하나님의 부르심을 받은 사람이 있습니다. 그리고 장애물 코스가 그의 앞에 주어집니다. 그는 달리기 시작합니다. 한동안 잘 달립니다. 하지만 인생의 위기가 찾아오는 순간, 즉, 쉽게 결판이 나지 않는 곤경의 교차로에서, 그는 안전한 길을 선택하고 맙니다. 미지의 영역에 들어가는 위험을 감수하지 않습니다. 안전과 익숙함이 그의 약점입니다. 그는 안정적인 것을 추구하는 자신의 모습을 십자가 위로 가져가지 않을 것입니다.

지금 그 사람은 어디에 있을까요? 중고차를 팔고 있을까요? 그렇지 않습니다! 그는 여전히 주님을 섬기고 있습니다! 모범적인 집에서 모범적인 아내와 모범적인 아이들을 기르며 동화책에 나올 것 같은 모범적인 삶을 살고 있습니다. 그는 큰 교회의 목사이거나 그가 속한 교단에서 높은 분으로 책상 앞에 앉아있습니다. 어쩌면 아주 유명한 부흥강사로 세계를 다니고 있을 수도 있습니다. 외적인 기준으로만 본다면, 그는 그 코스를 성공적으로 완주한 것처럼 보일 수 있습니다. 그러나 실상, 그는 그 장애물 코스의 예선전도 통과하지 못했습니다. 만약 그가 방향을 바꾸었다면, 그래서 불안정한 곤경의 코스로 계속 나아갔다면 그에게 무슨 일이 일어났을까요? 하나님께서 더 많은 것을 그에게 가르치시고 더 자주 그를 만나셨을 것입니다. 그 어둠의 시간을 통해 아주 소수의 사람에게만 주어졌던 방식으로 하나님을 알게 되었을지도 모릅니다. 그리고 지금쯤 하나님께서 마음에 두셨던 그 일, 하나님의 가장 큰 꿈을 맡아 수행하고 있었을지도 모릅니다.(분명한 것은, 이런 일이 그에게 일어났다면, 지금처럼 책상에 편안하게 앉아있지는 않을 것입니다.)

모든 사역자들 앞에는 각각, 그들에게 주어진 장애물 코스가 존재합니다. 여러분이 사역자가 맞다면 그 코스를 뛰어야 할 것입니다. 그 경주를 잘 해낸다면(만약 여러분이 이십대 초반에 출발했다면, 아마도 중년쯤 접어들어!) **아마** 하나님께서 그분의 나라에 속한 진짜 사역을 실제로 **여러분 손**에 맡기실 수도 있습니다.

그렇게 되면 장애물 코스가 진짜로 힘들어질 것입니다. 하루하루가 참을 수 없을 만큼 고통스러울 수도 있습니다. 하나님께서 자신의 도구로 활용하기 **시작하시는 때**가 바로 이 무렵입니다. 이때부터 시험은 더욱 더 어려워집니다. 그 범위도 제한이 없으며, 경계도 모호하고 판은 커집니다. 나 자신도 몰랐던 마음 깊은 곳에 숨어있던 동기들이 점점 드러나며 재판에 부쳐집니다.

내 젊은 시절을 돌아봅니다. 몇 년간의 신학생 시절과 그 직후 면 년 동안의 젊음의 시절이 떠오릅니다. 스스로에게 질문해봅니다. 그 시절 왕성하게 활동하고 열정에 불타던 부흥사들은 다 어디로 갔을까? 나는 부흥이 휘몰아치던 시절에 구원받았습니다. 그 시절, 열정에 불타오르던 젊은이들이 넘쳐났습니다. 그들은 극단적인 복음을 담대하게 외치며 다녔습니다. 지금, 그들은 모두 어디에 있습니까?

어떤 이들은 사역을 그만두었습니다. 아예 믿음을 버린 사람도 있습니다. 완전히 망가진 사람도 있습니다. 그리고 대부분은 책상 앞에 앉아 있습니다. 많은 이들이 주님께서 그들 앞에 두신 초기 단계의 시험에 정체되어 있습니다. 거기서 빠져나와 살아남은 몇몇 사람도 안전하다고 생각할 수 없습니다. 누구라도 절대 안전하지 않다는 사실을 명심하십시오. 하나님은 그분의 사역자들을 완전히 망가뜨리는 것을 주저하지 않으십니다. 사역자들은 하나님 나라의 최소 공통분모이자 필요에 따라 가장 먼저 처분할 수 있는 사람들입니다. 가장 낮은 곳에 위치한 사람들이라 볼 수 있습니다. 완전히 회복된 교회를 확보하는 것보다 제대로 된 사역자를 확보하는데 주님께서 신경을 더 쓰신다는 사실을 언제나 기억하십시오. 이유가 있습니다. 그분이 정하신 우선순위가 먼저 성취될 때 그다음 일이 성취되기 때문입니다.

여러분은 적절한 사역자를 발견하는 일보다 그분께 바르게 반응하는 교회를 하나님께서 더 원하신다고 생각하실 것입니다. 물론 그것은 사실입니다. 그럼에도 불구하고 사역자가 먼저 필요하다는 사실은 변하지 않습니다.(이브에 앞서 아담이 왔고, 교회에 앞서 그리스도가 오셨으며, 회복 이전에 에스라가 왔고 ⋯ 그렇게 교회 생활 이전에 사역자가 선행합니다.) 교회는 그를 **뒤따라** 등장합니다. 그래서 주님의 **우선순위**가 사역자를 일으켜 세우는 일인 것입니다.

하지만 기억해야 할 것은 이것입니다. 주님께선 말할 수 없이 높은 기준을 교회에 부여하십니다.(여러분도 알다시피 교회는 그분의 신부입니다.) 교회가 이 높은 수준에 부응하도록 주님께선 그분이 찾는 사역자들에게 그보다도 더 높은 수준을 요구하시는 것입니다. 만약 주님께서 타협하는 사역자들을 눈감아준다면 그분의 교회는 심각한 비극을 맞을 것입니다.

하나님께서 장애물 코스(부적절한 사역자들을 거르심=사역자들의 정화)를 기획하신 것도 바로 **이러한** 연유에서입니다. "바로 여러분 앞에 그 장애물 코스가 있습니다."(*독자 여러분. 지금 이 책에 기록된 말씀은 종교조직을 벗어나 믿음 생활을 하고있는 청년들에게 주어지고 있습니다. 이 사람들, 그리고 이들과 동역하는 이들에게는 매우 실제적이고 피부에 와 닿는 말씀이었겠으나, 만약 여러분들이 제도권교회 가운데 있다면 이 말씀들 중 상당부분이 여러분의 상황에 적용하기 힘들 것입니다. 다시 한번 말씀드립니다만, 지금 이 말씀을 듣고 있는 사람들은 제도권교회를 벗어나 매일 실제적으로 교회 생활을 경험하는 사람들입니다.)

그 코스 안에 어떤 장애물들이 있는지 전혀 예상할 수 없는 것은 아닙니다. 그 예상목록들을 열거하는 것이 도리인 것 같습니다.

1. 여러분이 돈을 얼마나 사랑하는지.

2. 여러분에게 안정감을 주는 안전지대와의 작별.

3. 윤리적인 처신.

4. 거짓말 여부, 즉 여러분에게 진실이 얼마나 중요한지.

5. 여러분의 사역을 기꺼이 내려놓을 수 있을지, 그리고 그 모든 상실을 감내할 것인지.

6. 다른 사역자들을 공격하거나 다른 사람을 비난할지 여부.

7. 함께 모이는 이들을 일치단결시키기 위해 율법주의나 공포심을 전략적으로 택할지의 여부.

8. 마흔 이상이 될 때까지 사역의 시작을 기다릴 수 있을지.

9. 다른 사역자에게 순종할 수 있을지.

10. 다른 사람의 사역(동의하기 어려운)에 복종할 수 있을지.

11. 동료들에게 복종할 수 있을지.

12. 어떤 이유로든 사역이나 교회를 분열시킬지의 여부! 여러분이 속해있던 어떤 모임에서 나올 때, 거기 속한 사람들이 여러분을 따라나오도록 허용할 것인지.

13. 여러분 자신의 사역을 하나님의 손에 기꺼이 위임할 수 있을지. 즉, 그것을 하나님의 손에 넘기고 거기서 영원히 떠날 수 있을지.

14. 일평생 돈을 받지 않고 사역할 수 있을지. 돈 없이 살 수 있을지, 비상금 없이 늙어갈 수 있을지.(아무런 후회 없이!) 이 모든 일을 기쁨으로 행하고 가난하게 죽을 수 있을지.

15. 게으르지 않을 수 있을지.

16. 공격받을 때 여러분 자신을 변호하지 않을 수 있을지.

17. "우리 모임 속에 숨어든 늑대"를 여러분이 어떻게 정의하며 이 늑대들을 어떻게 대할지.("이단"에 대해서도 마찬가지입니다. 우리 기독교인들은 다른 동료 그리스도인을 공격하는 것이 좋지 않다는 사실을 잘 알고 있는 듯합니다. 하지만 여러분의 동료가 어느 날, 늑대가 되고 이단이 된다면 그건 예외입니다. "이단"의 범주가 너무 광범위합니다. 누군가에게 이단이란 라벨을 서슴없이 붙임으로써 손쉽게 많은 사람들을 공격하려는 것입니다.)

18. 여러분이 노년에 이를 때까지 영적인 성장을 지속할 수 있을지.

19. " …에 대한 여러분 자신의 확고한 신념"을 고집할 것인지, 그리고 " …에 대한 결사항전"을 불사할 것인지.(잠시 후에 다루겠지만) 여러분은 주님의 사역을 감당하면서 한 가지 요령을 습득할 것입니다. 여러분을 따르는 사람들로 하여금 누군가를 미워하게 만들어 여러분 곁에 붙들어두는 기술입니다! 어떤 사람이나 어떤 사역에 적개심을 품도록 가르침으로써 그 적개심으로 사람들을 뭉치게 만드는 술수를 말하는 것입니다.

20. 포기하지 않을지. 거듭되는 상실, 절망의 융단폭격, 실패와 좌절의 한복판으로 기꺼이 걸어 들어갈지.

21. 하나님의 백성들에게 분노를 폭발시킬 것인지. 그들이 더디 배우고 쉽게 망각한다는 이유로!

22. 권위와 순종을 열심히 가르칠 것인지. 이 주제를 열심히 가르치는 사람들은 그들 안에 하나님이 주신 실제 권위가 없음을 스스로

반증하는 것입니다.

23. 여러분의 메시지가 그리스도 외의 다른 어떤 것에 중심을 두게 될지의 여부. 이를테면 여러분의 사역이나 여러분의 경험 등.

24. **여러분이** 정한 신념에 얽매이지 않고 그리스도의 몸을 이루는 일에 모든 신자들을 환영할 수 있을지.

25. 핍박받을 때 비열해질 것인지, 아니면 용감할 것인지. 타협하지 않을 수 있을지.(그러면 여러분은 이렇게 물을 것입니다. "어떻게 온유하면서도 즉, 굴복하고 복종하고 내어주면서도 여전히 용감할 수 있습니까?" 사랑하는 형제 여러분. 그것이 바로 이 장애물 코스가 어려운 이유입니다.)

26. 고통 가운데 살아갈 수 있을지. 그리고 그렇게 살면서도 영혼이 건강할 수 있을지.

이 목록은 얼마든지 연장될 수 있습니다. 이 장애물 코스에서 여러분을 기다리는 곤경, 장벽, 지뢰들을 모두 다 표시한다면 적어도 책 한 권 분량이 나올 것입니다. 하지만 지금 내가 여기서 말씀드리고자 하는 핵심은 이것입니다. 여러분이 그 코스를 통과하는 것이 어느 정도로 불가능한 일인지에 대한 안목을 갖게 되기를 바랍니다. 여러분이 오르도록 초청받은 그 정상의 높이가 얼마나 높은지, 거기까지 도달하는 일이 얼마나 불가능한 일인지를 하나님의 은혜 가운데 여러분이 깨달았으면 좋겠습니다.

물론, 주님은 은혜로우십니다. 그리고 용서하실 것입니다. 처음 출발하는 사람들에게는 더욱 그렇습니다. 그분은 여러분의 연약함을 눈감아주실 것입니다. 하지만, 영원히는 아닙니다. 또한 분명히 하십시오. 새롭게 출발하는 사람들조차도 해서는 안 되는 일이 있습니다. 여러분이 엉성하게 시작할 수 있지만 그렇게 끝맺을 수는 없습니다. 그리고 절대 그런식으로 출발해서는 안 됩니다. 엄격한 기준을 가지고 시작해야 합니다.(여러분이 정한 규율에 다른 사람들을 밀어 넣지 마십시오. 단지 하나님의 규율에 여러분이 복종하면 그만입니다. 그 밖에 다른 누구를 강제하지 마십시오.)

그러니 여러분의 삶을 단정히 하십시오. 그리고 여러분 안의 숨겨진 동기들을 십자가 위로 가져가십시오.

여러분 앞에 놓인 그 코스의 종착점에서, 아니면 거의 그곳에 이르렀을 즈음, 여러분은 그리스도의 사역을 시작하게 될 것입니다. 앞에서 설명해 드렸던 그 민망한 실례로 돌아가 봅시다. 이 장애물 코스의 종착점에 이르러서도 여러분이 욕을 하고 있다고 가정해봅시다! 심하게 하지는 않습니다. 거기에 자신의 전 존재로 주님을 사랑하는 젊은 그리스도인들이 있습니다. 그들에게는 미래가 있습니다. 그 미래가 여러분의 미래일 수도 있습니다. 그리고 그들은 그 코스의 마지막 지점에 서 있는 여러분을 천사 이상의 존재로 흠모하며 우러러보고 있습니다. 여러분은 그저 사소한 욕설 하나를 흘렸을 뿐입니다. 그게 뭐였는지는 중요하지 않습니다. 이유도 중요하지 않습니다. 여러분은 그 젊은이들의 심령을 파괴한 것입니다. 아니면, 여러분을 완전히 신임하고 흠모하던 그들은 이제 여러분에게 부여받은 증표를 목에 걸고 여러분을 모방할 것입니다. 그리고 그 연약함이 무엇이든 **여러분보다 10배는 더할 것입니다.** 그 약점이 무엇이든 마찬가지입니다. 나는 지금 "욕설"이라는 한 실례를 사용하고 있습니다만 실제로 내 마음속에 있는 것은 그것에 대한 걱정이 아닙니다. 그냥 가장 사소한 결함을 예로 든 것뿐입니다.

거칠게 말씀드린다면 주님은 **결코** 여러분이 그 장애물 코스를 쉽게 통과하도록 허용치 **않으실** 것입니다. 하나님나라가 여러분에게 달려있기에 여러분이 그 마지막 지점에 들어서는 것을 그분은 결코 쉽게 허락하지 않을 것입니다. 그런 치명적인 결함을 방치하는 것은 그분에게 있을 수 없는 일입니다. 그분은 전심을 다하여 막아설 것이고 여러분은 결국 그분에 의해 차단될 것입니다. 그분에게 있어 교회는 너무도 소중한 존재이고 사역자는 얼마든지 버려도 되는 소모품이기 때문입니다.

내가 보기에, 주님께선 그분의 기준에 부합하는 사역자를 발견하여 그분의 기준에 부합하는 교회를 얻기까지 1, 2천 년은 기꺼이 하늘에서 기다리실 분입니다.

그러니 가서 여러분의 마음대로 하십시오. 여러분은 한동안 그렇게 해도 됩니다. 담배나 파이프 담배, 맥주 한 캔, 욕설, 뭐든 좋습니다. 이 모든 일이 은혜 가운데 허용되는 범주입니다. 하지만 이런 일들은 그 장애물 코스 한복판을 달려가는 **사람들 안에서는** 결코 찾아볼 수 없는 일들입니다. 주님은 그 코스를 질주하는 사람들에게서 이러한 것들을 걸러내셨거나, 아니면 탈락시키셨습니다.

이미 말씀드린 것처럼, 제가 썩 좋은 예를 들진 못했지만, 핵심은 전달되었을 거라 믿습니다. 사역자에 대한 다음 장章의 메시지를 들으시고, 우리가 이르러야 할 그 지점이 어느 정도로 높고 그 기준이 어느 정도로 닿기 힘든지를 확인하십시오! 사역자의 기준이 얼마나 높고 숭고하며 접근하기 어려운지를 여러분이 알게 될 것입니다. 주님께서 그분의 사역자들에게 기대하시는 **실제의** 몸가짐과 처신을 바로 알게 된다면 지금 실례로 드는 이러한 사례들은 전혀 논의의 가치조차 없고 사소한 것들이어서 곧 **폐기처분** 될 것입니다.(똑같은 원리로, 어떤 기독교인도 그가 사역자이든 아니든 이 정도의 기준에 걸려 넘어진다면 그리스도를 깊이 경험하는 영적인 단계로 진입할 수 없습니다. 그가 주님과 그분의 십자가를 깊이 경험했다면 이 정도의 일들은 벌써 정리되고 정제되었을 것이기 때문입니다. 그게 아니라면 더 깊은 영적인 경험으로 가는 여정은 이미 멈춰선 상태입니다.)

내가 실례로 사용했던 사소한 습관들은 사실 우리가 거론할 가치조차 없는 것들입니다. 그러한 일들은 장애물 코스에서 제거되고 잊힌지 오래된 사례들입니다. 그 코스를 질주하는 사람들은 이미 오랫동안 엄청난 문제들과 씨름하고 있기 때문입니다. 여러분은 그 문제들이 무엇인지 알고 계십니까? 우리가 논의할 **진짜** 주제가 무엇이며 그것이 불러올 결과가 어떤 것인지 알고 있습니까? 지금 이 전쟁에서 무엇이 결정되는지 아시겠습니까? 답은 이렇습니다. 사역자는 지금 누가 영원을 다스릴 것인지를 놓고 벌어지는 전투에 참여하고 있습니다!

그 전투에 참여할 자격을 얻기 위해 여러분이 획득해야 할 조건은 실로 너무나 까다롭습니다.

제12장

사역이 위협받을 때

오늘날의 사역자들은 우리가 알고 있는 고대 1세기의 사역자들과 비슷할까요? 이번 장章에선 그 질문에 대한 답을 찾아보겠습니다.

오늘날의 사역자들이 사용하는 어떤 도구가 있습니다. 그들의 사역을 작동시키기 위해 사용하는 도구! 그리고 자신들의 사역을 보호하기 위해 사용하는 특별한 도구! 이 도구를 소개하면서 이번 주제의 말씀을 시작하고자 합니다. 오늘날의 사역자들이 사용하는 이 도구를 과연 고대의 사역자들도 사용했을까요? 그들의 사역을 일으키거나 보호하기 위해?

1세기의 사역자들은 인류 역사에서 가장 뛰어난 건축가들이었습니다. 그들이 교회를 세워나갔던 하나의 원리가 있었습니다. "지는 것이 이기는 것이다." 세상에나!

이번 장에서 드리는 말씀이 여러분에게 깊은 충격을 줄 수 있다면 좋겠습니다. 오늘날의 사역자들이 위기에 직면했을 때 드러내는 그 모든 반응에 질문을 던지고 싶습니다. 여기서 말씀드리는 위기란, 평생에 걸쳐 일군 사역에 **필연적으로** 찾아오는 위기, 반드시 찾아오는 위기, **평생의 사역이 보존될 것인가, 무너져 내릴 것인가**를 가늠하는 위기를 말합니다.

어쩌자고 그토록 무서운 전제가 내걸린 주제를 선택했을까요? 이유가 있습니다. 기독교 역사상 가장 추한 사건들은 결국 사역자들이 위기를 맞았을 때, 즉 그들의 사역이 위협받았을 때 일어났던 일들이 대부분이기 때문입니다. 그렇습니다. 바로 그때, 사역이 위협받는 그 순간에, 그 사람의 진정한 본성이 드러납니다! **그때,** 그 사람의 숨은 동기들이 드러납니다. **그때,** 그의 추한 본성이 올라옵니다. **그때,** 그가 하나님의 사역을 위해 헌신하는 진짜 이유가 밝혀집니다. 바로 거기에 그 사람의 숨은 동기가 "존재"하는 것입니다. 압박이 심해지고 사역이 공격받을 때, 사역이 완전히 무너져내리는 그 순간에, 사역자들은 상대에 반격을 가할 성경구절을 온종일 쏟아낼 수 있습니다. 하지만 사실은 그런 행동을 하게끔 충동하는 것은 그 사람 안에 숨어있던 동기들입니다.

대체 그 **숨은** 동기hidden motive에는 어떤 것들이 있을까요? 솔직히 말씀드리면 나도 잘 모르겠습니다. 하지만 추측해볼 수 있는 몇 가지가 있습니다.

만약 여러분이 자신의 사역이 무너지는 것을 보게 된다면, 여러분 안에 숨겨져 있는, 즉, 비밀스럽고 표현한 적 없고 그렇다고 생각해보지도 않는 그런 **여러분 내면의 동기들**이 여러분의 삶을 움직일 것입니다.

여러분이 절대 공공연하게 드러낼 수는 없지만 실제로는 여러분의 행동과 태도를 결정하는 어떤 요인들입니다.

여러분이 당장 어떤 조치를 취하지 않는다면 여러분의 사역은 실패할 것이고, 그렇게 된다면 다음과 같은 결과가 빚어질 수 있습니다.

(1) 여러분의 수입원이 없어질 것입니다.

(2) 교회 역사에서 여러분의 위치가 사라질 것입니다.

(3) 공동체 안에서 부끄러움을 당할 것입니다.

(4) 추종자들을 모두 잃게 돼, 처음부터 다시 시작해야 할 것입니다.

(5) 늑대가 **여러분의** 양떼를 취할 것입니다.

(6) 사역할 곳이 사라질 것입니다.

그러므로 그 사역을 지켜내기 위해, 여러분은 가능한 모든 도구를 챙겨들고 상대에게 반격을 가하게 됩니다. 지난 1900년 동안, 이 딱한 사람들은 꿈에도 상상할 수 없는 참혹한 도구들을 사용해왔습니다.

위에서 언급한 목록들을 믿을 수 없다고요? 그것은 믿는 사람들 사이에 벌어진 그 끔찍한 사건들의 실제 이유가 아니라구요? 이것 보십시오. 나는 교회 역사에서, 내부의 적이든 외부의 적이든 상대방이 자신의 사역을 망가뜨리게끔 가만히 두고 본 경우를 알지 못합니다.(칼에 의해 강제당한 경우를 제외하고는!) 모두가 싸웠습니다. 그리고 그 싸움의 결과는 그 사역이 없어지는 것보다 훨씬 더 잔혹한 결과를 빚었습니다!

내가 말씀드리고자 하는 핵심은 이것입니다. 나는 사람들이 정당성을 주장하는 모든 일에 의문을 품습니다. 즉 교회사 속의 **모든** 분열엔 그 나름의 정당성이 있었습니다. 각각의 분열마다 그 뒤에 열거된 **나**

름의 이유가 있었습니다. 그것들이 아무리 그럴듯하고, 또 거기에 성경 구절을 인용하여 정당함을 입증하더라도 나는 거기에 의문을 제기합니다!

사역자들 사이에서 발생하는 최악의 사건들 대부분이 바로 그들의 어두운 내면에 뿌리를 둔 것이라고 자신있게 주장할 수 있습니다. 차라리 그들의 사역이 황폐해지도록 놔두었어야 할 그 순간에 그들은 사역을 보호했습니다.

오늘날 수많은 소모임이 일어나고 있습니다. 어느 나라 어느 지역을 막론하고 수많은 소모임이 세워지고 있습니다.(정말로 수를 헤아릴 수 없을 정도입니다.) 몇 년 지나면 모르는 누군가가 그 모임에 들어와 갈등이 생길 것입니다.(시작부터 그렇게 될 수도 있습니다.) 그렇게 되면 그 추종자들 사이에 총격전이 벌어지고 맹렬한 전투가 시작될 것입니다. 물론 그들은 총알 대신 성경구절을, 칼 대신 성경말씀을 사용할 것입니다.

예를 들어, 한 사람이 모임에서 사람들을 **빼내고** 있다고 가정해 봅시다. 그는 눈에 띄지 않게 분열을 주도하든지 아니면 아예 공개적으로 그 모임을 공격할 수도 있습니다. 그 모임의 동기가 잘못되었다든지 하는 이유를 대겠지만 그리 중요하지 않습니다. 상황이 이렇게 되면 그 모임의 리더는 자신의 양떼를 잃었다고 생각하며 머리끝까지 화를 낼 것입니다. 그리고 양떼를 도둑질한 늑대를 공개적으로 공격할 것입니다. 누구 잘못입니까? 그걸 누가 알겠습니까? 다만 내가 아는 것은 두 가지입니다. **첫째,** 지금 묘사한 그 일들이 지난 1700년 동안의 실제 역사입니다. 양측 다 마찬가지입니다. 두 사람 중 어느 쪽도 정당성을 부여받을 수 없습니다. 양쪽 모두 변명의 여지가 없습니다.

둘째, 두 사람 사이에 일어난 이런 비극적인 분열은 그때마다 수십 명, 때론 수백 명에 가까운 주님의 사람들에게 회복할 수 없는 상처를 입혔습니다. 그런데 이런 일들이 너무 자주 일어납니다. 실제로 매일 어디에선가 이런 일들이 일어나고 있습니다. '성경적'이라는, 아니면 다른 어떤 애매하고 건조한 단어로 포장한 두 사람의 검은 마음과 숨은 동기로 인하여 오늘도 수많은 성도들의 영혼이 참혹하게 죽어가고 있습니다.

나는 교회 역사 속의 실례를 들어 이 사실을 설명할 수 있습니다.

유명한 두 사건을 짚어보겠습니다. 루터와 츠빙글리, 그리고 다비와 뉴턴이 그 주인공들입니다.

루터와 츠빙글리

교회사는 두 사람 사이에 격렬하게 전개되었던 "위대한 신학논쟁"에 대해 이야기합니다. 말도 안 되는 소리입니다. 그들이 싸울 수밖에 없었다고 이야기하는 그 **이유**에 대해서 나는 이의를 제기하지 않을 수 없습니다. 그리고 그것을 둘러싼 교회사가敎會史家들의 해석에도 마찬가지로 이의를 제기합니다. 나는 어려서부터 지금까지 사역자들이 맞서는 모습을 많이 목격했습니다. 그 싸움에 대한 그들의 고상한 이유도 들어보았고, 서로에게 가하는 잔인한 행동도 보았습니다. 그것은 신학 때문이 아니었습니다. 성경해석 때문도 아니었습니다. 수단 방법을 가리지 않고, 어떤 대가를 치르고, 어떤 핑계를 대서라도 싸웠던 이유는 자신의 사역을 **빼앗기지** 않기 위해서였습니다. 우리 사역자들은 자신의 모든 것을 상실하거나 전부를 내어주는 고통에 대해 배운적이 없습니다.

실례를 들어 설명해보겠습니다.

루터가 종교개혁에 불을 붙였습니다. 때는 약 1520년, 장소는 독일입니다. 당시 유럽인들과 그들이 속한 각 나라는 단일조직으로 존재하던 로마가톨릭을 조금씩 벗어나고 있었습니다. 그렇게 가톨릭을 떠난 사람들은 거의 모두 루터교회의 교인이 되었습니다. 최소한 루터와 독일 국가는 세상 모든 사람이 루터교인이 되길 **원했습니다.**

이 무렵 스위스로 내려가면 또 다른 인물, 츠빙글리를 만날 수 있습니다. 그의 영향력이 스위스 북부지역에 두루 미치고 있었는데, 안타깝게도 그는 루터교인이 아니었습니다. 따라서 루터는 츠빙글리를 공격했습니다.(공격에 그치지 않고 그를 조롱했습니다.) 역사가들은 그것이 교리를 둘러싼 차이 때문이었다고 해석합니다. 나는 그들의 관점에 전혀 동의하지 않습니다. 다른 어떤 것보다도 그것은 감정의 문제였습니다. 루터는 위협을 느꼈습니다. 아니, 그의 사역이 위협받고 있었습니다. 이런 일이 일어나면 사람들은 항상 (1) 상대의 가르침과 (2) 상대의 인생을 살핍니다. 그리고 그 두 곳에서 무조건 오류를 **찾아냅니다.** 근거가 빈약한 신학을 급조해서라도 상대의 가르침을 반박하고 상대방의 잘못을 찾아낼 것입니다. 즉석 신학입니다! 마음의 숨은 동기를 감출 용도로 말입니다. 나는 그 동기에 강한 의심을 품습니다. 종교개혁 동안에 튀어나온 **거의 모든** 신학은 다른 무엇보다 위협받는 자신의 사역을 지키려는 숨은 동기가 그 뿌리를 형성하고 있습니다.(다른 어떤 시대보다 종교개혁시대에 더 많은 신학이 쏟아져 나온 이유가 그 때문입니다.) 그렇다고 그 시대만 그러한 것은 아닙니다. 그 이후에 급조된 모든 신학 역시 마찬가지입니다. 간단히 줄이자면 숨은 동기가 대부분의 신학 논쟁을 낳았습니다.

어쨌든, 츠빙글리에 대한 루터의 공격은 더욱 더 날카로워졌습니다. 양측의 친구들이 중재를 시도했습니다. 화해를 하든지, 더 낫게는 두 사람이 연합할 수도 있었습니다. 1529년, 마침내 두 사람은 독일의 마르부르크Marburg라 불리는 도시에서 회동했습니다. 그리고 14개의 안건 중 13개의 안건에 서로 동의했습니다. 14번째 안건도 절반의 일치를 보았습니다. 14개의 안건 중, 13과 2분의 1의 안건이 일치를 본 셈입니다. 동의에 이르지 못한 것은 딱 반개의 안건!

여기서 한 학자의 기록을 인용하겠습니다.

> 루터 자신이 밝힌 바에 의하면, '비텐베르크 사람들과 함께 나아가고 싶은 것이 저의 간절한 소망입니다.'라고 츠빙글리가 눈물로 호소했다. 하지만 츠빙글리는 주님의 만찬에 대한 입장만은 굽히지 않았다. "주님의 만찬"은 주님을 따르는 신실한 영혼들이 감사한 마음으로 그분을 기억하는 행위라고 보았다. … 그러자 루터는 츠빙글리의 입장에 단호하게, 그리고 고집스럽게

반응했다. 결국, 루터는 그 스위스 형제츠빙글리를 내치기로 결정했다. 그리고 이렇게 말했다. '그의 영은 우리의 영과 다르다.'

여기까지 듣고 나서 여러분은 아마도 츠빙글리를 편들고 싶을 것입니다. 여러분이 그렇게 생각해도 비난하고 싶은 마음은 없습니다. 츠빙글리가 루터보다는 더 점잖고, 인내심도 많고, 덜 교리적으로 보이니 말입니다.(하지만 너무 서둘러 판단하지는 마십시오. 아직 이야기가 끝나지 않았습니다.)

그럼에도 불구하고 양측은 하나가 되지 못했습니다. 저는 츠빙글리가 루터의 진영에 서슴없이 뛰어들지 못했던 이유가 자신의 허술한 교리에 루터가 분노와 충격을 보였기 때문이라고 믿습니다.

여기서 츠빙글리가 실수한 것이 한 가지 있었습니다. 분명 그와 **그의** 추종자들은 루터교도들과의 **교제**를 원했습니다. 만약 그들이 루터교도들과 연합했다면 교회 역사는 달라졌을 것입니다. 그렇게 되었다면 루터는 츠빙글리로부터 아무런 위협도 느끼지 않게 되었을 것이고 그러면 지금과 전혀 다른 이야기가 전개되었을 것입니다.

츠빙글리가 공손하게 다가왔지만 그럼에도 루터는 자신의 리더십 밑에 있는 지역들을 츠빙글리에게 내어주고 싶은 마음이 없었습니다. 루터는 자신의 사역과 자신의 영향력 하에 있는 지역들, 즉 유럽 북부지역을 지키고 싶었습니다. 그런 점에서 츠빙글리는 루터에게 위협적인 요소로 작용했습니다. 루터는 이 지구상에 오직 루터교도들만 존재하길 원했습니다. 그런데 츠빙글리가 자신의 영토를 위협했던 것입니다.

츠빙글리 역시 마찬가지였습니다. 그에게도 지키고 싶은 영토와 사역이 있었습니다. 그는 그 나름대로 전혀 다른 대상에게 위협을 느끼고 있었습니다. 취리히에서 **그의 사역**을 내부적으로 위협하는 사람들이 있었습니다. 츠빙글리가 그의 고향에서 얼마나 훌륭하게 처신했는지를 보겠습니다.

스위스 북부의 모든 도시지역 주州들은 츠빙글리의 개혁 운동에 동참하고 있었습니다. 하지만 그의 고향에선 츠빙글리가 루터의 입장에 놓여 있었습니다. **자신의** 사역과 갈등을 일으키는 사람들에게 츠빙글리는 루터보다 더 신사적으로 대했을까요?

그가 내부적으로 위협을 느끼고 있던 대상은 스위스형제단Swiss Brethren이라 불리던 그룹이었습니다. 이들이야말로 개혁을 주도했어야 할 사람들이었습니다. 그럴 수도 있었지만 이들은 칼을 들지 않았습니다. 급진적이던 이 사람들은 다른 그룹들이 받았던 종교적 핍박을 모두 합한 것보다 더 심한 핍박을 받으며 목숨을 잃었습니다. 다른 나라들도 마찬가지입니다. 어디서나 급진주의자들은 철저하게 제거되었습니다. 수만 명, 혹은 수백만 명이나 말입니다. 오늘날 우리는 그 사건들을 '대학살'이라고 일컫습니다.

여기 이 스위스형제단의 리더들이 어떤 대접을 받았는지에 대한 역사적인 기록들이 남아있습니다. 그레벨Grebel은 추방당해 격리되어 있던 중 흑사병으로 죽었습니다. ; 만츠Mantz는 츠빙글리의 시 의회city council에 의해 취리히 호수에 수장되었습니다. ; 블라우록Blaurock은 채찍에 맞고 사형선고를 받은 후 추방되었습니다. ; 후프마이어Hubmeier는 베를린에서 기둥에 묶인 채 화형당했습니다.

어떻게 이런 일이 일어날 수 있었을까요? 모두가 알다시피 츠빙글리가 이 일을 시작했습니다. 그는 이 작은 그룹으로부터 자신의 사역이 위협받는다고 느꼈습니다. 그러자 루터가 했던 그 짓을 이 사람도 똑같이 행했던 것입니다. 실제로 루터가 츠빙글리를 거부한 그 해에 츠빙글리는 스위스 형제단을 거부했습니다. 여러분은 루터보다 조금 더 고상했던 이 사람에게 관용을 기대했을지 모릅니다. 루터가 그에게 보였던 처신보다는 좀 더 자비로운 반응을 기대했을 것입니다!(그렇습니다. 자신의 사역이 위협당하는 그 현장에 서 있는 사역자를 과소평가하지 마십시오. 그는 무슨 짓이든 저지를 수 있는 사람입니다.)

여기 츠빙글리의 직접적인 영향력 아래에 있던 취리히의 시의회가 법으로 규정해놓은 조항들을 읽어보십시오. 시의회는 츠빙글리의 직접적인 지도하에 이 칙령을 선포했습니다.

우리는 우리지역 안의 어떤 재세례파도 용납하지 않을 것이다. 여하간, 그들과 어떤 교제도 있어서는 안 된다.

이후, 1529년 취리히 시 정부 명의의 칙령이 다시 발표되었습니다.

재세례파에 속한 사람들은 나이와 성별을 무론하고, 칼, 화형, 여타의 방식들로 사형에 처한다. 설교를 하거나 그들을 돕는 사람, 주장을 굽히지 않는 사람, 탈퇴한 후에 다시 그들 가운데로 돌아가는 이들 역시 사형에 처한다. 어떤 예외도 없다.

대서양에서 동유럽 변방까지 물들였던 이 피의 숙청은 가장 끔찍하고 믿을 수 없는 인류역사의 한 페이지를 장식했습니다.

이제 이 이야기를 정리하고자 합니다. 나는 지금까지 (1) 개신교에 속한 루터가 개신교에게 무슨 일을 저질렀는지, 그리고 (2) 또 다른 개신교도인 츠빙글리가 또 다른 형제단에게 무슨 일을 저질렀는지를 설명해 드렸습니다. 이제는 가톨릭교회로 넘어가서 그들이 저질렀던 일들을 살펴보겠습니다.

그렇습니다. 그로부터 2년 뒤에 가톨릭이 행동에 나섰습니다. 스위스 북부의 농촌 지역이 군대를 조직해 츠빙글리의 취리히로 진격해 들어갔습니다.

츠빙글리의 개신교 군대와 가톨릭 군대가 충돌했습니다. 결과는 츠빙글리의 패배였습니다. 승리한 가톨릭 병사들은 츠빙글리의 시신을 찾으려고 그 전쟁터를 뒤졌습니다. 마침내 츠빙글리의 시신을 찾은 그들은 오물더미 위에 츠빙글리의 시신과 돼지의 시신을 절단해 쌓아놓은 후 거기에 불을 질렀습니다.

여러분들은 이것이 끔찍한 이야기라고 생각하실 것입니다. 교회 역사상 최악의 끔찍한 사건이라고 생각할 수도 있습니다. 그렇지 않습니다. 그것은 그저 교회 역사의 평범한 한 부분일 뿐입니다. 여러분이 지금 막 들었던 이야기들은 고작 3년에 걸쳐 일어났던 일들입니다! 그런데 350년부터 1700년까지의 교회 역사 가운데 어느 페이지를 들춰봐도 이런 내용들은 쉽게 발견됩니다. 그 전체 역사에 비춰볼 때 3년 동안 벌어진 사건은 그리 놀랄만한 일도 아닐 것입니다!

그것이 바로 기독교입니다. **그것이** 바로 종교조직입니다. 하지만 그 무엇보다도 **그것이** 바로 자신의 사역이 위협받았을 때 종교적인 사람들, 하나님의 종, 다시 말해 사역자들이 택하는 방식임을 여러분이 명심해야 할 것입니다! 어떤 사역자의 사역을 위협해보십시오. 자신의 사역을 보호하기 위해 무슨 짓이든 해내는 한 사람을 보게 될 것입니다! 그리고 그때마다 그 행동을 뒷받침할만한 근사한 성경구절들이 등장할 것입니다. 루터가 그랬고 츠빙글리가 그랬으며 가톨릭도 그렇게 했습니다.

그리고 그러한 행태는 지금까지도 여전히 유지되고 있고, 그런 것들이야말로 이제 우리에게서 끝나야 할 것들입니다. 이것이 바로 우리에게 주어진 임무입니다.

변하지 않은 상황

우리가 나눈 마지막 이야기에서, 우리는 종교조직 안에 있었던 세 그룹(루터, 츠빙글리, 가톨릭)과 종교조직 밖에 있었던 한 그룹(스위스 형제단)에 대해 살펴보았습니다.

그런데, '역사는 반복된다'는 말을 상기시키는 또 하나의 흥미로운 사례가 있습니다. 아니, 타락한 사람 안에 머무는 종파주의적 본성을 보여주는 사례라고 표현해야 할까요?

스위스형제단은 누구도 핍박하지 않았습니다. 그들은 오직 핍박받은 사람들이었습니다. 하지만 이 사실을 주목해보십시오. 스위스형제단 가운데 간신히 살아남은 몇몇 사람들이 있습니다. 바로 메노나이트 Mennonites입니다. 메노나이트는 한 세기 혹은 그 이상 동안 핍박을 받았던 사람들입니다.(핍박으로 말할 것 같으면 교회 역사상 누구도 필적할 만한 대상이 없을 정도입니다!) 여러분은 아마도 이 평화주의자(여러분이 이 용어에 동의하신다면!)들은 행여 자신들을 핍박했던 그 사람들의 방식을 절대 따라하지 않을 것이라고 생각할 것입니다. 하지만 1750년쯤, 한 메노나이트 형제가 모라비안 형제단을 사납게 공격하는 책을 저술했습니다. 물론 그 책의 내용은 사실에 기반을 두지 않았습니다. 그러나 그 책의 내용은 삽시간에 사람들 가운데 퍼져 믿을 수 없는 소문들을 양산해냈고 거의 한 세기 동안이나 모라비안 형제단을 따라다니며(사람들은 그 소문을 사실로 믿었습니다.) 괴롭혔습니다. 슬픔의 역사는 그렇게 이어지고 있었습니다.

하지만, 지금까지 말씀드린 것만으로는 부족한 것 같으니 하나 더 들려드리겠습니다.

325년부터 1520년까지는 로마가톨릭이 핍박을 주도했습니다. 그 후, 1520년부터 1750년까지는 각국의 국교회들, 즉, 세금을 면제받는 각 나라의 거대 종파들이 그들의 동료 그리스도인들을 죽이고, 화형에 처하고, 수장시키고, 몸을 찢어 죽이는 행위들을 서슴지 않았습니다. 이들에 의해 박해를 받았던 사람 중 대부분은 이 계급구조의 서열상 제일 하부에 위치한 사람들, 즉, 대부분이 "형제단brethren"이란 별명으로 불리던 급진적 단체들이었습니다. 그들은 핍박을 받았을 뿐 누구도 핍박하지 않았습니다. **종교조직 밖에 있는 사람들은 그 당대에 누구도 핍박하지 않았습니다.** 그들은 핍박을 가했던 사람들이 아니라 핍박을 당했던 사람들입니다.

그렇습니다. 기독교 역사상 **제3의 흐름**에 속한 이 그리스도인들은 비록 종교조직을 비판했을지언정, 개신교회 신자든 가톨릭교도든 **어느 쪽도** 핍박하지 않았습니다.

그 후, 1750년부터 종교자유의 시대를 맞이했습니다. 한 개인으로나, 그룹으로나 사람들은 더 이상 형벌을 받거나 죽임을 당하지 않고도 조직화된 종교 밖으로 나올 수 있게 되었습니다. 얼마 뒤 교회사에서 새로운 사건들이 벌어지기 시작했습니다. 세상에, 이제 종교조직 **밖에** 있는 신자들이 서로를 공격하기 시작했습니다! 실제로 그들은 지난 천년 가까이 종교조직이 사용했던 그 수치스러운 도구들을 집어 들었습니다. "바른 신앙이 아니라는 이유"로 다른 그리스도인들을 공격했던 그 도구들 말입니다.

그래서 여기 그 슬픈 이야기의 제2막이 펼쳐집니다. 그렇게 많이 알려지지 않은 이야기지만 기독교 신앙에 실로 엄청난 영향을 미친 사건입니다. 이것은 종교조직 밖에 있었던 사람들 가운데 있었던 이야기입니다.

다비와 뉴턴Darby and Newton

1820년경입니다. 장소는 아일랜드의 더블린입니다. 기독교 역사상 가장 위대한 한 시대가 이제 막 열릴 참입니다.

한 무리의 그리스도인들이 더블린에서 모임을 시작했습니다. 그 모임의 특징은 성직자가 없는 단순한 모임이라는데 있었습니다.

그 모임은 큰 반향을 일으켰고, 곧 하나의 운동movement으로 성장하기 시작했습니다. 내가 알기론 그로부터 얼마 후, 이 모임의 특징에 중대한 변화가 있었던 것 같습니다. 그리스도를 머리로 두고 직접 교제하는 이 매력적인 **모임** 안으로 성경말씀을 가르치려는 한 사람이 걸어들어옵니다.(초기의 그 자유롭고 개방적이던 모임은 점차, "내가 말할 테니 당신들은 들어라"식의 모임으로 바뀌었습니다.) 이 모임에 대체 왜 이런 변화가 시작되었을까요?

그것은 이때로부터 강력한 영향력을 행사하기 시작한 한 사람에 의해 촉발되었습니다. 한 개인이 교회 역사에 미친 영향력으로 보았을 때 루터를 제외하곤 필적할 수 없는 인물이라고 볼 수 있습니다. 아마도 여러분은 그 이름을 결코 들어본 적이 없을지도 모릅니다. 그의 이름은 존 다비John Darby입니다. 그는 현대 복음주의기독교의 아버지인 동시에 근본주의기독교의 아버지입니다. 이 사람은 아무것도 없는 무無에서, 그것도 혼자만의 힘으로, 오늘날 그토록 유명한 천년왕국설과 그와 관련된 교리 전반을 발명해낸 인물입니다. 그는 오늘날 교회에서 가르치는 약 80퍼센트에 가까운 근본주의교리 및 복음주의교리의 아버지입니다. 그의 가르침은 성경을 해석하는 거의 유일한 방식으로 사람들 가운데 스며들었습니다. 너무나 폭넓고 깊숙이 스며든 나머지 대부분은 자신들이 배우는 교리체계가 이 사람에게서 흘러온 것인지조차 모르고 있습니다. 다비즘Darbyism은 복음주의에 속한 대부분의 사람에게 **지금도** 거의 성경이나 마찬가지입니다.

그렇습니다. 형제단에 들어간 후 얼마 안 있어, 다비는 곧 그 모임을 장악했습니다. 그리고 그 모임은 성경공부 운동이 되어버렸고 약 이십여 명의 위대한 교사들이 그 안에 포진하게 되었습니다. 특정한 지도자 없이 모이던 초기의 매력적인 모임은 곧 빛이 바랬습니다. "서로" 말씀을 나누던 사람들이 몇 곡의 찬송가를 함께 부른 후, 하염없이 앉아서 "듣는 사람들"이 되었습니다.('주님의 만찬'은 예외였습니다. 그때는 설교자가 따로 없었기 때문에 믿음의 사람들은 서로 자기 이야기를 나눌 수 있었습니다. 그 모임들은 매우 영광스러웠다고 전해집니다.) 참고로 당시의 교사들은 아주 탁월했습니다. 역사상 견줄만한 사람이 사실상 없을 정도였습니다. 거기 앉아 있었던 사람들은 주님의 사도들이며, 가장 위대한 사람들로부터 말씀을 듣고 있는 것으로 착각할 정도였습니다.

이제 이 이야기의 슬픈 대목에 이르렀습니다.

실제로 영국 플리머스에 거대한 사역이 펼쳐졌습니다. 그리고 다비는 그 사역의 중심인물이 되었습니다.

다비는 사역확장을 위한 여행을 결심했습니다. 몇 년 동안 그 모임을 떠나게 되었습니다. 그가 자리를 비운 동안, 뉴턴Newton이란 사람이 플리머스 형제단의 리더로 등장했습니다. 사람들은 **뉴턴**을 추종했습니다. 얼마 안 있어 다비가 돌아왔고 곧 뉴턴을 이단으로 몰아세웠습니다. 바로 그렇게, 한번에, 순식간에 뉴턴은 상종 못할, 악랄한, 사악한, 위험한 이단자 그리고 불신자가 되었습니다.

결국, 뉴턴은 그 부근 일대를 돌아다니며 회개했습니다. 그래도 다비의 마음을 사기엔 "충분치 않았습니다." 다비는 뉴턴의 설교를 들은 사람과 그에게 동조했던 사람들이 오염되었기 때문에 누구도 그들과 친교를 나누어선 안 된다고 말했습니다. 그는 다른 지역의 모임에도 경고했습니다. 뉴턴을 공식적으로 비판하지 않는 한, 어떤 지역의 모임도 플리머스 출신의 형제들을 모임에 받아들여선 안 된다는 고지였습니다. 만약 이 형제들을 받아들이는 모임이 있다면 그들 역시 이 운동 movement에서 배제될 수밖에 없었습니다. 뉴턴과 직접 교제하지 않았어도, 그를 알고 있는 어떤 사람과 간접적으로 교제하는 것만으로도 축출될 수밖에 없었습니다.

여러분의 사역이 위협받을 때 그 문제를 간단하게 처리할 수 있는 좋은 방법입니다. 위협이 퍼져나가지 못하도록 막는데 아주 효과적입니다. 실제로 다비는 자신의 사역이 위협받을 때마다 별다른 배경도 없는 새로운 성경교리를 불쑥 개발하여 자신의 문제를 해결해나갔습니다. 그는 플리머스 형제들이 부정하다는 사실을 성경말씀으로 **증명**해냈고, 나아가 사도시대 역시 부정한 그리스도인들을 그와 같은 방식으로 축출했다고 역설했습니다.

놀랍게도 사람들은 다비를 믿었습니다.

그렇게 120년 이상의 세월이 흘렀습니다. 하지만 형제단에 속한 어떤 사람들은 마치 지난주 화요일에 그 사건이 있었던 것처럼 아직도 그 문제를 갖고 싸우고 있습니다. 어떤 형제들은 이렇게 말하고 다른 형제들은 저렇게 말합니다. 양쪽 모두 굉장한 교리를 다루듯이 그 문제에 접근하고 있습니다.

그들 중에 어떤 이들은 차라리 아프리카 줄루족과 친교를 나누는 것이 그들 상호간에 친교를 나누는 것보다 훨씬 더 쉬울 것으로 생각합니다!

지금까지 우리가 이야기했던 이 모든 사건에 대한 내 느낌을 말씀드리자면, 결국 이 모든 일은 올바른 신앙과 관련된 문제들을 중심에 놓고 겪었던 갈등이 아니었다는 의심을 지울 수 없습니다. 이단 시비가 그 핵심이 아니었습니다. 새로 정립된 교리가 성경적인지 아닌지에 대한 고민도 그 핵심이 아니었습니다. 믿음을 지키는 것과 연관된 문제도 당연히 아니었습니다. **사역**이 그 핵심주제입니다. 다비는 자신의 사역에 위협을 느꼈습니다. 나머지는 감추기 위해 지어낸 것일 뿐입니다. 어쩌면 머리 속의 생각이 아니라 그냥 감정이 그랬는지도 모릅니다. 단순히 사역이 위협받고 있다고 느낀 것, 그게 핵심이었습니다.

사역자들은 자신의 사역이 위협받을 때, 위협요소가 되는 그 사람을 거의 악마에 가까운 이단으로 규정하거나 성경을 믿지 않는 불신자로 몰아붙임으로써 자신이 펼치는 그 운동의 주도권을 회복하려 듭니다.

플리머스형제단을 무시하지 마십시오. 이것은 그저 **하나의** 실례에 불과할 따름입니다. 교회 역사의 매 페이지마다 이 같은 사건들은 얼마든지 존재합니다. 그리고 **매 사건들마다** 그것이 역사 속의 첫 번째 논쟁

(그리고 유일한 사례)인 것처럼 그들은 서로 싸웠고, 마치 거룩한 왕좌가 걸려있는 것처럼 격렬한 전투를 서슴지 않았습니다.

우리의 사역이 위협받을 때면 우리는 반드시 싸웁니다. 예외가 없습니다. 우리는 바로 그때 가장 사나워집니다. 교회 역사의 한 페이지 한 페이지가 그 사실을 증언합니다. 여러분이 아무 종파나 교파를 하나 선택해보십시오. 그리고 그 역사를 뒤적여보십시오. 어떤 단체, 어떤 가정 성경공부 모임이라도 가보십시오. 어떤 모임, 어떤 가정교회라도 방문해보십시오. 어떤 초교파선교단체의 본부라도 찾아가 보십시오. 어디서나 동일한 이야기를 들을 수 있을 것입니다.

사역자들은 싸웁니다. 사역자들은 서로를 비난합니다. 사역자들은 상대의 목을 조이기 위한 용도로 "즉흥적인 이단규정 교리"를 만들어냅니다. 사역자들은 교회와 운동에 분열을 일으킵니다. 사역자들은 서로를 비난하기 위해 소책자를 발간합니다. … 만약 합법적으로 용인된다면 그들은 서로를 죽일 것입니다!

이제 결론입니다.

전혀 새로운 종種의 사역자

전혀 새로운 종種의 사역자가 이 땅에 등장해야 합니다. 공격하거나 비난하거나 비판하지 않는 사람. 쉽게 말하면 자신의 사역을 보호하려 들지 않는 사람. 자신의 사역이 무너지는 현장에서 그것을 그저 바라보며 서 있을 수 있는 사람. 사람들이 자신의 사역을 무너뜨리도록 수용하는 사람. 하지만 결코 **싸우지 않기로** 작정한 사람.

물론 알고 있습니다. "그런 태도는 성경적이지 않다"고 여러분은 말하고 싶을 것입니다. 여러분이 옳을지도 모릅니다. 그렇다면 나는 이렇게 대답하고 싶습니다. 오늘 우리가 처한 상황은, 과거에도 마찬가지지만, 너무 지독히 왜곡되어 있어서 사람들이 흔히 말하는 "성경적 방식"으로는 회복될 수 없다고! 그보다 훨씬 더 높은 수준의 반응이 절실하다고!

이것은 전례 없는 제안이 아닙니다. 바울은 언젠가 이렇게 자신의 견해를 피력한 적이 있습니다. "하나님의 일군이 그 수고하는 교회에서 수입을 얻는 것은 지극히 성경적인 방식입니다. 일군은 그 노동의 대가를 받을 자격이 있습니다. 곡식을 밟아 떠는 소에게 망을 씌우는 법은 없습니다. 하지만 ⋯ **나 바울은 그보다 더 고상한 방식을 고수**합니다. 나는 나의 **생계를 스스로 해결**합니다! 나는 교회에서 받는 보수를 한사코 거절합니다. 성경에 명시된 것보다 더 높은 기준을 택하기로 작정한 것입니다."

어떤 희생을 치르더라도 자신의 사역을 방어해야 한다는 태도가 성경을 해석하는 오늘날의 (그리고 과거의) 관점이란 사실을 나도 잘 알고 있습니다. 나 역시 "믿음을 지키는 자가 되라", "그러므로 늑대들을 경계하라"는 성경 구절을 읽었습니다. 사람들은 그 구절을 손에 들고, 주변의 모든 늑대들을 때려잡을 수 있습니다. 늑대에 대한 **그들의** 해석 안에 포함되는 대상이라면 그것이 무엇이든 파괴할 수 있는 것입니다. 그 구절에 의해 수많은 사람이 죽어왔고 지금까지도 그 구절은 끔찍한 행동들을 지지하는 수단이 되고 있습니다.

이러한 해석에 이의를 제기하지 않을 수 없습니다. 첫째, 그 안엔 십자가가 존재하지 않습니다. 그 안에는 고통도 패배도 없습니다. **하나님의** 사역은 언제나 패배와 상실의 터전 위에서 세워지는데도 말입니다. 두 번째, 그러한 관점은 예수 그리스도의 모범과도 일치하지 않습니다. 마지막으로 바울이 그렇게 한 적이 있는지 묻고 싶습니다. 바울은 자신의 입으로 말한 그 늑대들을 공격한 적이 없습니다!

잠깐 찾아보는 걸로 답이 나지는 않습니다. 나는 성경구절로 그 사실을 입증할 수 없습니다. 우리는 바울이 쓴 모든 편지와 그의 전체 생애를 재구성(문맥과 역사적 배경에서 떨어져 나온 "성경구절"이 아니라)한 다음, 바울이 무엇을 말하고자 했는지를 살펴볼 필요가 있습니다. 만약 그렇게 한다면, 우리가 알고 있는 바울과 전혀 다른 모습의 바울이 걸어 나올 것입니다. 그리고 우리가 단편적으로 사용해왔던 그 구절들은 전혀 다른 메시지로 우리에게 다가올 것입니다.

홀로 떨어져 나온 성경 구절을 조심하십시오.

사람들이 흔히 사용하는 한 구절을 내가 인용해보겠습니다!

바울은 신자들 안에 일어나는 분쟁과 싸움에 대해 매우 흥미로운 언급을 한 적이 있습니다. 그는 "이런 일들이 일어나야 한다"라고 말했습니다. 사역에 대한 우리의 일반적인 견해들, 즉 "사역을 지켜내라", "분쟁을 피하라", "훼방꾼들을 저지하라", "믿는 사람들 안에서 분쟁과 싸움이 **있어선 안 된다**", 이렇게 이야기하지 않았습니다. 무엇보다도 바울은 "우리가 일으키는 운동의 일치단결을 위해 다음과 같은 387

개의 규율을 정하자. 그리고 모두가 이 규율을 지키게 하자. 지키지 않는 사람들은 우리 사역의 적이다"라는 견해를 취하지 않았습니다.

바울은 오히려 "이런 일들이 **일어나야 한다**"고 말했습니다!

왜 그랬을까요? 어째서 바울은 교회 가운데 이런 분쟁과 위기가 찾아와야 한다고 말했을까요?

그로 인해 여러분이 정말 하나님의 사람인지 아닌지가 드러나기 때문입니다.

늑대들이 존재합니다. 늑대들은 언제나 존재해왔고 앞으로도 존재할 것입니다. 막으려 하지 마십시오. **그런 일들은 일어나야 합니다.** 그 일을 통해 누가 하나님의 사람인지 드러날 것입니다.

"하지만, 양떼들이 흩어지는 것은 누가 책임질 것입니까? 많은 사람이 상처를 입을 것도 자명합니다. 그것은 안 됩니다! 우리는 양떼를 보호할 것입니다. 바울도 그렇게 했습니다." 그렇습니까? 바울이 그렇게 했습니까? 행여 바울이 그렇게 했을지라도, 지금 여러분이 품고 있는 마음과 같은 마음이었습니까? 게다가 여러분이 바울입니까? 무슨 권위로 여러분은 교회사 속에서 바울이 차지하는 위치에 여러분을 놓습니까? 행동을 취하는 정당한 배경이 있을 수 있습니다. 그 정당성은 온유함과 깨진 마음으로 고통을 인내하며 십자가를 지는 것에 뿌리 박고 있어야 합니다. 도끼자루로는 안 됩니다!

좋습니다. 그 부분에 대해 말해봅시다. 여러분의 골방을 찾아와 자고 있는 여러분의 어깨를 툭툭 쳐 깨우면서, "일어나 교회를 개척하라"라고 말해준(아니면 특정 장소, 특정 대상게 복음을 전할 초교파 기독교단체, 비영리 선교단체를 세우라고 말해준) 그 천사에 대해 말씀해주십시오. 여러분이 한 무리의 사람들을 한자리에 모이도록 만들었다고 해서 그것이 느닷없이 **하나님의** 사역이 될 수 있습니까? **여러분이** 여러분의 사역을 시작했을 뿐입니다. 여러분이 혼자 세운 조직에 그 많은 성경구절을 갖다 붙힐 권리가 여러분에게 있습니까? 언제부터 여러분이 하나님 백성들의 복종을 받는 대상이 되었습니까? 그 권위는 어디에서 왔습니까? 어떤 천사가 여러분에게 그 권위를 주었습니까? 어떤 마법을 통해 이 모든 일이 일어났습니까?

"이런 일들이 있어야 합니다."라고 말했던 바울이 그런 일들을 일으킨 "늑대들"의 목을 친 적이 한번이라도 있었는지 나는 강한 의심을 품습니다. "늑대들"의 목을 칠 권위를 여러분은 누구에게 얻은 것이며 여러분이 일으킨 그 그룹을 "양떼"로 승인한 권위는 또 어디에서 획득한 것입니까?

무슨 권위로 여러분은 느닷없이 그 거룩한 성경말씀을 부여잡고 모든 구절을 **여러분의** 사역에 적용하고 있습니까?

"**하나님**이 맡기신 양떼를 돌보아야 한다고요?" 당신 말고 다른 누가 여러분에게 돌보는 자의 권위를 부여했습니까? 대략 백 명 정도의 신자들을 모아 모임을 만들었다고 해서, "우리 모임에 적용되는 말씀이다."라고 주장하는 것이 정당화되지는 않습니다. 하나님께서 정말 여러분을 감독자로 삼으셨습니까? 아니면 여러분 스스로 여러분을 감독자로 삼았습니까?

누가 여러분을 보냈습니까? 여러분은 정말 보냄을 받은 사람입니까? 그것도 하나님에 의해? 나는 그 사실을 의심합니다. 아주 진지하게 그 사실에 이의를 제기합니다. 여러분이 "늑대들"을 대하는 태도 때문이 아닙니다.

사실을 명확히 알 수 있는 한 가지 방법이 있습니다. 여러분이 하나님에 의해 승인되었는지, 또한 여러분에 의해 이끌리는 **사람들**이 정말 양떼인지를 알 수 있는 분명한 방법이 존재합니다.

"이러한 일들이 있어야 한다"라고 말했던 바울의 그 "이러한 일"들이 여러분 가운데 실제로 일어날 때, 바로 그때 여러분이 정말 하나님에 의해 보냄을 받은 사람인지 아닌지가 드러납니다.

여러분은 하나님에 의해 승인된 감독입니까? "늑대들"의 목을 치는 것이 그 사실을 증명하겠습니까, 아니면 그 반대를 증명하겠습니까?

한 가지 실례를 들어보겠습니다. : 여기 어떤 사람이 사역을 시작합니다.(물론 그의 사역입니다.) 약 2년 동안 모임이 유지됩니다. 그리고 분쟁이 시작됩니다. 이런 일들은 **일어날 수밖에** 없습니다. 언제나 일어나는 일들입니다. 자고로 예외가 없습니다. 앞으로도 그럴 것입니다. 모든 사역은 위기의 골짜기를 통과합니다. 바로 그 위기가 찾아왔을 때, 똑바로 보십시오! 성경구절들이 튀어나오고, 그 다음 도끼가 등장합니다. "교리적인 차이"는 사실 그다지 두드러지지 않습니다.

사역자가 성경말씀을 인용하고, 누군가를 공격하며, 비난의 기사를 쓰거나 비판을 쏟아낼 때의 모든 행위는 사실 다음과 같은 토대 위에서 일어나는 일들입니다. "나의 사역을 지켜내야 한다. 양떼를 보호해야 한다. 위험(예를 들어 지역의 경쟁자)으로부터 내 사람들을 보호해야 한다." 결국, 그 사역자의 주장은 바로 이것입니다. : "**내 사역은 반드시 보존되어야 한다!**" 다른 어떤 이유가 없습니다. 하지만 형제 여러분, 사실은 그 반대가 맞을 수도 있습니다. 바로 이 위기 가운데서 하나님이 여러분을 시험하는지도 모릅니다. 그 상황에서 더 고상한 반응은 사역을 지키는 것이 아니라 완전히, 전적으로 사역을 상실하는 것일 수도 있습니다! 그렇지 않다면 그것이 여러분이 하나님에 의해 승인된 사역자가 아님을 입증하는 것입니다.

안절부절못하고, 비난하고, 공격하는 모든 처신은 **여러분의** 사역을 보전하려는 마음에서 기인하는 처신들입니다. 이기적이고, 자아 중심적이고, 쉽게 겁에 질리며, 스스로 왕좌에 앉은, 공포에 사로잡힌 **아이.**

여러분의 사역을 보호하려고 안간힘을 쓰는 것은 하나님이 여러분을 보낸 사실이 없다는 증거가 됩니다. 그것은 그 사역이 바로 하나님의 사역이 아닌 여러분 자신의 사역임을 입증하는 것입니다. 그래서 여러분은 겁에 질려 있는 것입니다. 가용한 모든 도구와 무기를 전부 사용하지 않으면 무리 중에 있는 악한 괴물이 여러분의 사역을 무너뜨릴까 무서운 것입니다. 두렵고 겁에 질린 여러분은 "권위"와 "순종"을 들고 나올 것이며 표현은 거칠고 과격하고 날카로워질 것입니다. 하지만 하나님은 여러분 옆에 계시지 않습니다. 사역을 지켜내려는 여러분의 노력이 곧 그분이 여러분과 함께하지 않는 증거입니다. "이런 위기가 찾아올 필요가 있습니다." 이런 위기는 미연에 차단하거나 싸워 이기거나 진압해야 할 대상이 아닙니다. 오히려 불평 없이, 그리고 저항의 몸짓 없이 받아들여지고 포용 되어야 할 대상입니다. 이런 일들은 일어나야 합니다. 그래야 하나님의 승인을 받은 사람이 누군지 우리가, 천사들이 그리고 하나님께서 확인하실 수 있습니다.

만약 하나님께서 여러분을 보내셨다면, 즉 여러분이 실제로 보냄을 받은 사람이라면 여러분의 사역을 위협하는 사람들에게 이렇게 반응하진 않을 것입니다. 하나님의 사역이란 하나님 **그분의** 사역을 의미합니다. **하나님께서 행하신 일들은 파괴될 수가 없습니다.** 다시 한번 반복하겠습니다. 하나님의 사역은 파괴되지 않습니다. **여러분의** 사역은 언젠가는 무너질 것입니다. 여러분이 아무리 펄쩍펄쩍 뛰더라도 말입니다.

어둠의 시대 가톨릭은 형제단들을 죽이지 말았어야 합니다. 만약 가톨릭이 진정한 하나님의 사역이었다면 그 작은 그룹들에 의해 위협받겠습니까! 루터, 츠빙글리 등도 마찬가지입니다. 불같은 격노는 다름 아닌 그 사람의 두려움, 즉, 하나님이 그 사람과 함께 한다는 확신이 결여되어 있음을 입증하는 증거입니다. 만약 여러분이 하나님의 사역에 붙들려있다면 사역은 위기를 뛰어넘어 살아남을 것입니다. 그렇습니다. 거기엔 분명히 상실이 따를 것입니다. 맞습니다. 숫자상으로는 상실이 있을 수 있습니다. 그러나 잃는 것은 여러분이지 하나님은 잃는 것이 없습니다. 하나님 그분의 사역은 상실되지 않습니다. 말해보십시오. 여러분의 사역을 보호하려는 이유가 무엇입니까? 그토록 덕스럽지 못하게, 그리고 사납고 무례하게 여러분의 형제를 공격하는 이유가 무엇입니까?

감히 한번 더 말씀드립니다. 최악의 순간에 여러분의 사역을 놓고 걸어 나와보십시오. 한 번 그렇게 해보십시오. 그럴 용기가 있습니까?

그렇게 할 만큼 그 사역에 확신이 있습니까? 여러분이 거기에서 걸어 나와도 그때까지 전했던 말씀들이 지속될 것이라고 생각하십니까? 하나님이 여러분에게 주신 평화와 여러분이 그동안 전했던 메시지와 여러분의 추종자들에 대해 확신이 있으십니까? 무엇보다도, 하나님이 여러분을 그 사역 가운데로 보내셨음을 확신한다면 여러분이 거기서 걸어 나와도 큰 문제가 생기지 않을 것을 믿어야 하지 않겠습니까? 나는 여러분에게 그럴만한 용기가 있는지 의심스럽습니다. 바로 그 지점에서 다른 사람을 공격하기로 한 결정이 **옳지 않다**는 사실이 증명됩니다. 정말 보냄을 받은 사람은 두려워하지 않습니다. 그리고 자신의 사역을 방어하지 않습니다. 그들은 "**이런 위기가 있어야 한다**"는 사실을 알고 있습니다!

대부분의 사역자는 두려움 가운데 살고 있습니다. 지금 하고있는 사역이 망가지면 다시는 회복할 수 없다는 두려움입니다. 자신의 사역이 공격받는 바로 그 순간에 사역자들의 맘속에서 들려오는 속삭임이 바로 다음과 같습니다.(물론 그들은 큰 소리로 이 사실을 발설하지 않습니다. 그럴 경우 그 마음속의 의도와 숨은 동기들이 전부 드러날 수 있기 때문입니다.) "이 사역을 놓치면 다신 사역의 기회가 주어지지 않을지도 몰라. 이 사역으로 하나님이 나와 함께 하심을 증명해야 해. 만약 **여기서** 실패한다면 내 사역이 끝날지도 몰라. 그러니 허리를 펴고 이제 골치 아픈 문제를 야기하는 저 인간들을 처단해야 해." 두려움의 뿌리가 여기에 있습니다. 적절한 사역의 기회를 잃을지도 모른다는 두려움. 망신을 당할지도 모른다는 두려움. 명성을 잃을 것에 대한 두려움. 실패할 것에 대한 두려움. 그 **두려움**이 어디서 옵니까? 여러분이 하나님으로부터 보냄 받지 않았기 때문에 엄습하는 두려움입니다!

그토록 피로 얼룩진 방법을 통해 지켜낸 그 사역들 위에 장차 어떤 거룩한 일들이 일어날 수 있을까요? 모든 수단을 동원하여 처절하게 싸운 그 사람들, 그렇게 위기를 지나온 그들에게 또 무슨 신령한 일이 일어날 수 있을까요? 모든 싸움이 지나간 후에, 거기엔 무엇이 남아있을까요? 때때로 가장 잔혹한 방법을 통해 약간의 사역이 살아남을 수 있습니다. 그것도 아주 조금! 그리고 그 후 여러 해 동안 살아남은 그 사람들은 그 사건에 연루되었던 다른 사람들을 끊임없이 입에 올리며 비판하게 될 것입니다. 이것은 결코 하나님의 사람들이 선택할 방식이 아닙니다. 무슨 일이 일어났든 간에!

한편, 또 다른 한쪽의 사정은 어떨까요?(분쟁엔 언제나 그 분쟁과 연루된 다른 쪽 상대가 존재합니다.) 이단으로 지목되어 그룹 밖으로 내던져진 사람들에겐 어떤 일이 일어날까요? 무엇보다 그 분쟁으로 인해 그들이 펼치던 사역운동에 심각한 훼손과 수적인 감소를 겪은 경우, 양 분파의 지도자들에게 일어날 일은 무엇일까요? 따르던 추종자를 완전히 잃어버린 지도자에게 벌어질 일은? 거대한 폭풍이 지나간 후, 절망과 원통한 마음만 남게 됩니다. 그들이 과연 그 재난의 후유증을 떨쳐버릴 수 있을까요? 계속해서 그들의 주님을 사랑할 수 있을까요? 지금까지 설교해왔던 그 비전에 계속해서 사로잡힐 수 있을까요? 원한이나 쓴 뿌리를 품지 않고, 다시 **기쁨**으로 원래의 자리로 돌아가 사역을 지속할 수 있을까요? 여러분 스스로가 대답을 알고 있을 것입니다! 안 됩니다.

그들은 절대 그럴 수 없습니다! 바로 **이 사실**이 그들이 보냄을 받은 하나님의 사람들이 아니라는 사실을 **다시 한번** 입증하고 있습니다. 그들이 지금까지 펼쳤던 사역이 **하나님의** 일이 아닌 사람의 일이었다는 사실을 **또다시** 확인해주는 증거입니다. 그렇습니다. 그래서 이런 일들이 일어날 필요가 있습니다. 이 역시 여러분이 통과해야 할 장애물 코스의 한 부분입니다! 하나님께서 직접 여러분에게 위기를 주셨고 온 우주가 **여러분의 반응**을 주목할 것입니다. 여러분이 스스로 한번 대답해보십시오. 여러분은 하나님에 의해 승인받은 사역자입니까, 아니면 실격된 사람입니까?(도로를 마주하고 있는 두 중고차 판매점을 한번 떠올려보시기 바랍니다. 구매자들은 제한되어 있습니다! 각 판매점의 세일즈맨이 자신의 고객들에게 길 건너 판매점에 대해 험담하는 말들을 들어보십시오. "그 사람은 사기꾼입니다." "그는 훔친 자동차들을 팔고 있습니다." "지금 경찰이 그 사람을 조사한다는 소문이 있습니다." "그 사람은 고소를 당할 것입니다." … 여러분은 지금 이들 사이에 무슨 일이 벌어지고 있는지 잘 알고 있습니다. 그렇지만 우리는 종종 바로 이것이 같은 지역이나 동일한 영역의 사역을 전개하는 사람들이 다른 그룹의 사람들을 이단자로, 광신도들로, 사단의 자식으로 부르고 싶은 내면의 동기요, 또 우리를 둘러싼 사역 환경임을 정확히 인식하지 못하고 있습니다. 교회사 가운데 일어난 분쟁들은 상대를 그 지역이나 영역 밖으로 쫓아내려는 중고차 판매상과 너무나 자주 일치합니다. 단지 신학적 용어를 쓸 뿐입니다.)

여러분의 사역이 **불 시험**을 당하는 것은 선하고 필요한 일일 뿐 아니라 지극히 중대한 일이기도 합니다!!!(그리고 그 일은 반드시 여러분의 사역 가운데 임합니다.) 그날을 소망하십시오. 그날을 기대하십시오. 그리고 그날이 왔을 때 사역 밖으로 걸어 나와 모든 것이 불 속에 들어가도록 놔두십시오. 그 불 속에서 살아남은 것, 즉, 상처 없고, 녹지 않고, 해를 입지 않은 것은 ··· **하나님의 사역입니다.**

이제 여러분은, 내가 새로운 종種의 사역자가 이 지구상에 절박하다고 말했을 때, 그 말이 담고 있는 깊이를 알게 되셨을 것입니다. 바로 싸우지 않을 사람입니다. 그렇습니다. 파괴되지 않을 것으로 하나님의 집을 짓는 사람. 거대한 위기가 휩쓸고 지나간 그 이후에 하나님에 의해 승인받는 사람. 사람의 입술이 아닌 하나님에 의해 사역자로 승인받는 사람. 두려워하지 않는 사람. 자신의 사역이 파괴되는 것을 관망할 수 있고, 또 기꺼이 보길 원하는 사람. 다른 말로 하면, **보냄을 받은** 사람. 두려움이 없는 사람, 원래 두려움이 없어서가 아니라, 그들이 이 지구상에서 원하는 것은 자신의 사역이 아니라 오직 하나님의 일이기 때문에 그들 자신과 그들이 펼치는 사역이 그다지 중요하지 않은 사람. 하나님을 두려워하는 사람.

"하나님의 승인을 받은 사람이 누구인지를 **알기** 위해선 이런 일들이 일어날 필요가 있습니다." 그것은 이중二重의 지식입니다. 사람의 손에 의해 간신히 살아남은 사역이 아니라 불 시험 가운데 살아남았기에 하나님의 사역자로 승인된 사람입니다. 그리고 화염이 휩쓸고 지나간 한 편에서 죽지 않고 걸어 나오는 그 신자들 역시 그 불 시험에서 살아남았기에 하나님의 승인받은 **신자들**임을 확신해도 좋습니다. 나는 그런 사역들이 세워질 것을 믿습니다. 하나님, 싸우지 않을 사람을 우리에게 주옵소서. 필요하다면 모든 것을 잃을 수 있는 사람을 주소서!

그러한 사람이 세워지는 것을 보는 것, 이것이 바로 우리의 미션입니다.

제13장

사역자의 모범

우리는 지금 사역자들에 대해 말씀을 나누고 있습니다. 이제 나누게 될 메시지 가운데 얼마간의 바울에 대해 여러분께 말씀드리고자 합니다. 무엇보다 잘 알려지지 않은 바울의 모습에 대해 여러분과 나누고 싶습니다.

특히, 인생과 사역의 위기를 맞이했을 때 주님께서 그를 어떻게 제한하셨는지, 즉, 주님께서 그를 얼마나 옴짝달싹 못 하게 하셨는지, 위기 한복판에서 처신할 수 있는 범위가 얼마나 좁았는지를 살펴보도록 하겠습니다. 그의 처신 범위가 너무도 한정된 나머지 바울은 어리석어 보일 만큼 아무것도 할 수 없었습니다.

그리고 이것이야말로 오늘 우리 가운데 회복될 필요가 있는 사역자의 모습입니다. 사실 주님의 종들이 사역을 방어하기 위해 선택할 수 있는 수단이란 그토록 **제한적**입니다. 사역자 자신이 스스로를 방어하거나 생존할 수단이 존재하는지조차도 모르겠지만 혹 그런 것이 있다 할지라도 지극히 제한적이라는 말씀입니다. 사역자는 막다른 골목에 몰릴 수밖에 없습니다. 할 수 있는 말이나 행동이라곤 별로 없습니다. 방어할 지적 능력도 없고 문제를 해결할 가장 단순한 방법조차 모르는 것 **처럼 보일 수** 있습니다. 결과적으로 아무런 방어도 못 하니 그가 잘못한 것으로 결론날 수 있습니다. 그가 옳다면 **무슨 말이든** 해야 하는데 아무 말도 못 하니 말입니다! 그를 추격하고 파괴하는 사람 앞에서, 그리고 세상 앞에서, 사역자는 유능해 보이기보단 바보 얼간이 같습니다. 침몰시키려 마음만 먹으면 침몰당할 사람 같습니다. 빼앗으려 마음만 먹으면 쉽게 빼앗길 사람 같아 보입니다. 희망이 없습니다. 아이라도 그를 이길 수 있을 것입니다.

자, 생각해보십시오. 어떻게 하나님의 종이라는 사람이 그렇게 엉망인 상황에 빠질 수 있습니까? 하지만, 그럼에도 불구하고 우리가 눈여겨보아야 할 사실이 있습니다. 그 무력한 상황 속으로 그를 밀어 넣은 분이 다름 아닌 **하나님**이란 사실입니다. 어떻게 그런 일이? 그렇습니다. 당연한 질문입니다. 그리고 이제 우리가 그 답을 찾아야 합니다.

하나님께서 여러분을 부르십니다. 처음에는 여러분이 꽤 많은 잘못을 저질러도 눈감아 주십니다. 실수해도 못 본 척해주십니다. 하지만 십년 후엔? 여러분이 처신할 폭이 매우 제한될 것이고 옴짝달싹 못 하게 될 것입니다. 살아남는 데 필요한 최소한의 도구조차 허락되지 않을 것입니다. 쏟아지는 공격 앞에서 여러분은 무장해제당할 것입니다. 그리고 두 손 두 발 다 묶여 아무것도 못 한다는 것이 하나님의 종이라는 표지가 될 것입니다.

위기를 맞은 하나님의 사역자는 그렇게 무장해제 되고 꼼짝도 못합니다. 사역자는 말을 타고 마을 한복판으로 쳐들어가 악당을 제압하는 겁없는 서부의 총잡이가 아닙니다. 위기에 처한 사역자는 오히려 반격할 도구조차 없고 방어능력도 상실한 사람입니다. 그는 민족의 영웅보다는 동네 얼간이에 가깝습니다. 하나님은 위기에 처한 사역자의 퇴로를 차단한 후, 그분의 사역자에게 다만 고통을 감내하며 모든 것을 상실하는 것 외엔 아무것도 할 수 없도록 만드십니다.

어떻습니까? 말 그대로 아무 것도 할 수 없는 지점, 바로 그 영적인 지점에 이를 의향이 있습니까? 그것은 여러분의 노력으로 닿을 수 있는 지점이 아닙니다. 다른 한편, 그곳에 이르지도 않고서 이른 것처럼 가장할 수 있다고도 생각지 마십시오. 안됩니다. 그렇게 할 수 있는 일이 아닙니다. 방어벽을 전혀 구축하지 않는 그 지점에 오르는 일! 그것은 평생에 걸쳐 진행되는 변화의 과업임을 여러분도 곧 알게 될 것이고 오직 하나님만이 그 프로젝트를 담당하고 계심을 분명히 보게 될 것입니다.

이제 바울의 삶으로 돌아가 보겠습니다. 그러면 내가 말하는 것이 무엇인지 곧 확인하게 될 것입니다. 이 사람을 알기 위해 우리는 좀 더 주의를 기울일 필요가 있습니다. 그를 통해 위기 한복판에서 사역자에게 요구하시는 하나님의 높은 기준을 여러분은 가늠할 수 있게 될 것입니다.

먼저, 바울의 편지를 살펴보겠습니다. 그는 총 13편의 편지를 기록했습니다. 이 편지들로부터 우리는 그가 어떤 사람인지를 배울 수 있습니다. 이 편지들의 특징을 잠깐 살펴보겠습니다.

신자의 삶을 포괄적으로 안내하는 편지, 세 편

로마서, 골로새서, 그리고 회람 서신인 에베소서는 바울이 만난 적이 없었던 교회들에 보낸 편지입니다. 방문하지 못한 교회들에 쓴 편지이기 때문에 당시 바울이 어떻게 말씀사역을 펼쳤는지를 추측해볼 수 있습니다. 다시 말하면 로마서, 골로새서, 에베소서와 같은 편지들은 만약 바울이 그 교회에 있었더라면 실제로 **그렇게 말했을** 법한 내용들이기 때문에 이 세 교회에 보내진 편지의 내용은 그 외 나머지 교회들이 글이 아닌 말로 직접 바울에게 **들었음 직한** 내용이라는 의미입니다. 바울이 생긴지 얼마되지 않은 이 세 교회에 권면했던 말씀들과 포괄적인 가르침들은 다른 편지들에선 찾아볼 수 없는 것들이 대부분입니다. 이 세 편지와 병행하는 사도행전의 몇몇 구절들이 우리에겐 매우 귀중한 단서가 될 수 있습니다.

사적인 편지, 두 편

빌립보서와 빌레몬서에서 여러분은 개인적으로 잘 아는 사람처럼 바울을 만나게 됩니다. 이 편지들은 매우 친밀하게 기록된 서신입니다. 한 편은 사랑스러운 교회에게, 한 편은 사적으로 알고 있는 친구에게 보낸 편지입니다.

젊은 두 사도에게 보낸 편지, 세 편

두 편은 디모데에게, 다른 한 편은 디도에게 보내졌습니다.

위기에 처한 다섯 교회에 보낸 편지, 다섯 편

이제 다섯 편의 편지가 남았습니다. 바울이 사람들 가운데 "터프가이tough guy"로 각인된 것이 바로 이 다섯 편의 편지를 통해서입니다. 그리고 오늘날, 자신과 자신의 사역을 보호하기 위해 다른 형제를 공격하는 사역자들이 자신들의 추한 행위를 정당화하기 위해 끌어오는 성경구절들이 바로 이 다섯 편의 편지 안에 들어있습니다.

이 다섯 편의 편지는 위기에 처한 교회들을 위해 기록한 서신들입니다. 다섯 편 모두 개인이 아닌 교회들에게 보내졌고 그가 이 편지를 쓸 때 각각의 교회들은 모두 위기의 시간을 맞고 있었습니다. 모두 바울에 의해 세워진 교회들이었고, 세워진 직후 바울이 곧바로 **떠났던** 교회들입니다.

이들 중 한 편의 편지가 바로 바울이 갈라디아에 소재한 네 교회에 보낸 갈라디아서입니다. 이 편지를 쓸 때, 바울은 거의 폭발하기 직전이었습니다. 편지 중에 제일 먼저 기록된 이 편지는 A.D. 51년, 바울이 첫 번째 교회 개척 여정을 마치고 난 뒤 얼마 지나지 않아 쓴 것입니다.

다른 두 편의 서신은 바울의 두 번째 교회 개척 여정 중, 데살로니가에 있는 한 교회에 보내졌습니다. 그 교회는 이제 1년 정도 된 교회였습니다.

위기에 처한 교회들에 보냈던 다섯 편의 편지 중 이제 남은 두 편의 서신은 바울이 고린도교회에 보냈던 것들입니다. 이 편지를 받을 무렵, 고린도교회는 여섯 살 정도 된 교회였습니다. 이 두 편지를 작성할 당시, 바울은 죽음의 그림자를 느끼고 있었고 인생에서 최악의 어둠을 통과하고 있었습니다.

위기에 직면해 기록된 이 편지들을 새로운 각도에서 살펴봅시다. 바울은 이 편지들 안에서 누구도 알지 못했던 바울 자신에 대해 언급하고 있습니다. 이 글들을 통해 우리는 바울에 대한 새로운 관점을 갖게 될 것이고, 아울러 하나님의 사역과 그 사역자들, 특히 위기에 직면한 사역자들에게 갖고 계신 그분의 높은 기준에 대해 전혀 새로운 관점을 얻게 될 것입니다. 그리고 짐작건대, 여러분이 바울에 대해 갖고 있던 "터프가이"라는 이미지가 슬그머니 자취를 감추게 될 것입니다.

갈라디아서는 어떤 편지일까요? 그것은 바울이 갈라디아 지역의 네 교회를 떠난 지 거의 1년쯤 되었을 무렵에 보냈던 편지입니다.

데살로니가전·후서는 바울의 2차 교회 개척 여정 중에 보내진 편지입니다. 데살로니가교회는 세워진 지 1년 만에 이 편지를 받았습니다.

마지막 두 편지는 심각한 위기를 맞고 있던 고린도교회에 보내진 편지입니다. 특히나 바울은 고린도후서에서 자신이 처했던 위기의 상황을 다루고 있는데 그 이유는 **고린도전서**를 기록할 당시 일부러 자신의 상황을 숨기고 있었기 때문입니다. 그래서 여러분이 고린도후서를 읽을 때는 고린도전서를 기록할 당시의 바울이 어떤 끔찍한 상황에 부닥쳐있었는지 확인해보는 관점으로 읽어나가면 새로운 안목을 얻게 될 것입니다!

자, 됐습니다. 이제 이 편지들을 통해 이 사람, 바울을 구체적으로 살펴볼 시간이 되었습니다. 여러분은 전혀 뜻밖의 사실들을 발견함과 동시, 바울이라는 이 특별한 하나님의 종에 의해 세워진 사역자의 높은 기준을 통찰할 수 있게 될 것입니다. 우리 시대엔 사라져버린 기준. 그러나 우리가 다시 회복하지 않으면 안 될 그 기준! 이제 저와 함께 바울의 여정을 추적해 보겠습니다.

새로운 도시 한 가운데로 들어가기

생전 처음 보는 도시 한복판으로 이제 막 들어서는 바울의 모습을 상상해보십시오. 그는 지금 그 도시에 교회가 세워지길 소망하며 발길을 옮기고 있습니다. 자, 지금 이 사람, 바울 속에 경험으로 축적된 지식이 무엇인지 한번 가늠해봅시다!(데살로니가나 고린도 같은 도시를 여러분의 마음속에 떠올려보십시오!) 그는 지금 자신이 멸시받는 존재임을 잘 알고 있습니다. 최근에 떠나온 도시에서도 멸시당했고 그 이전의 도시에서도 그러했으며 다메섹에서도 그러하였고 예루살렘에서도 미움을 받았습니다. 바울은 이제 막 들어서는 그 도시의 회당에서 자신이 말씀을 전하게 되리란 사실을 알고 있습니다. 그리고 최소한 몇 주 안에 자신이 그 회당에서 내쳐질 것과 **결코** 다시는 그곳에 들어갈 수 없게 되리란 사실도 이미 알고 있습니다.

어쩌면 이후 도시 전체가 그에게 등을 돌리고 죽이려 덤벼들 수도 있고, 아니면 최소한 그를 도시 밖으로 내몰아 그 지역에서 추방할 것입니다. 하지만 그 와중에도 교회는 세워질 것이며 그렇게 세워진 교회가 오롯이 홀로 남겨지게 될 것을 바울은 알고 있습니다. 그러나 바울이 다른 무엇보다도 지금 확실히 알고 있는 것은 자신이 그 교회를 떠나고 나면, 그렇게 홀로 남겨진 교회 안에 무슨 위험과 재앙이 다가올지 **정확히, 틀림없이, 분명하게** 알고 있다는 사실입니다.

바울은 심지어 아직 시작되지도 않은 그 신자들의 모임에 장차 무슨 일이 발생할지 세세히 알고 있습니다. 그 도시에 도착한 그 날부터 바울은 그 사실을 알고 있었습니다! 그는 이 **모든** 사실을 경험으로 알고 있었습니다.

할례당이 일어날 것입니다. 거짓 형제들(유대주의화 된 복음을 가르치는 사역자들), 사기꾼, 돈을 탐하는 거짓 일군들, 불화, 분열, 끔찍한 타락과 지독한 혼란도 밀려올 것입니다. 그는 이 모든 것을 알고 있었습니다. 분명히 말씀드립니다. 바울은 그 사실들을 모두 **알고 있었습니다.**

그럼에도, 그 도시에 머무는 내내, 그는 그 일들에 대해 **절대** 말하지 않을 것입니다. 그 애처로운 사람들, 순진무구한 사람들, 이제 막 고난의 수렁으로 끌려들어 갈 사람들에게 바울은 어떤 사실도 경고하지 않을 것이며 그에 대비하도록 조치하지 않을 것입니다. 그들이 겪게 될 그 모든 혼란에 대해 알고 있었음에도 바울이 그것에 대해 말해준 분량은 믿을 수 없을 만큼 적었습니다.

그렇다면 그는 무엇을 말해주었을까요? 여러분이 바울이라면 그들에게 무엇을 말해주겠습니까? 오늘날의 사역자들이라면 무엇을 말해줄까요? 당연히 좀 전에 열거했던 모든 사항을 빠짐없이 말해줄 것입니다. 사역자들은 사역 중 상당 부분을 주님의 백성들에게 경고를 쏟아붓는데 할애합니다! 바울은 어떤 경고도 그들에게 내리지 않았습니다. 마치 그 모든 것에 대해 전혀 모르고 있는 것 같았습니다. 사실은 방금 떠나온 그 도시에서 그 모든 일을 실제로 겪었는데도 말입니다.

그렇다면 바울은 무엇을 말해주었을까요? 그는 그리스도에 대해 말했습니다. 그는 자신이 겪은 상실을 극복해냈습니다. 오직 그리스도를 공급했습니다. 그들이 바울에게 받은 것은 오직 그것이 전부였습니다. 그리스도.

그렇습니다. 바울은 마음 속에 많은 것을 묻어 놓았습니다. 이를테면, 자신이 하나님의 부름을 받은 존재임도 알고 있었고, 또 하나님에 의해 보냄을 받은 사실도 알고 있었습니다. 무엇보다도 바울은 자신이 **왜** 보냄을 받았는지를 알고 있었습니다. 그게 가장 힘들었습니다. 너무나 많은 일이 자기 어깨에 걸려있다는 사실을 알고 있었기 때문입니다. 바울은 그리스도에 대한 계시를 품고 있었습니다. 너무 엄청난 계시여서 말하기조차 부담스러웠습니다. 다른 한편, 향후 발생하게 될 어두운 일들 또한 바울은 알고 있었습니다. 앞서 말씀드렸던 것처럼, 자신이 교회를 세우고 나면 다른 사람들이 와서 교회를 전혀 다른 방향으로 유인할 것을 알고 있었습니다. 가장 기막힌 사실은 이것입니다. **바울은 그들을 어떻게 막아야할지 알고 있었습니다!** 그는 각 교회가 직면하게 될 위험을 간파하고 있었고, 이에 대비해 자신의 사람들을 무장시킬 수 있었습니다. 사람들을 불러 앉혀놓고 자신이 이전에 겪었던 모든 야비하고 유감스러운 일들에 대해 세세히 말해줄 수 있었습니다. 어떤 유형의 사람들이 어떤 말로 무슨 짓을 할지 모조리 말해줄 수 있었습니다. 거짓 형제들을 낱낱이 폭로할 수도 있었고, 그들을 폄하하며 공격할 수 있었습니다. 바울은 그들을 **막을 수 있었습니다.** 그 위협으로부터 교회를 **보호할 수 있었습니다.** 교회의 생존을 담보할 수 있었습니다. 밀어닥칠 적들에 대한 완전한 방어벽을 구축할 수 있었습니다. 하지만 바울은 지혜로웠습니다. 이 모든 것에 대해 알고 있었지만, 이 지식들 외에 그가 가진 또 다른 지식이 있었습니다. 만약 자신이 이 모든 방법을 동원한다면 교회의 심장과 영혼을 찢게 될 거란 사실이었습니다. 자신이 일으킨 몇몇 모임들을 보호하는 데는 성공하겠지만, 그리스도에 못 미치는 어떤 것, 그분의 교회에 못 미치는 어떤 모임을 이 땅에 들여오는 꼴이라는 사실을 바울은 잘 알았습니다.

계속합니다. 바울이 가진 지식에는 어떤 것들이 있었을까요? 바울은 언젠가 이 도시를 떠나야 한다는 사실을 알고 있었습니다. 사랑하는 성도들과 작별을 고하게 될 것을 알았습니다. 바울 역시 그들이 홀로 남겨지기엔 어리다는 사실을 잘 알고 있었습니다. 그들이 쉽게 부서질 수밖에 없는 연약한 존재들임을 알고 있었습니다. 무엇보다도 바울은 그들이 **순진무구**하다는 사실을 알고 있었습니다. 앞으로 이 교회를 세우기 위해 바울 자신이 겪어야 할 지난한 고통이 있음을 알고 있었습니다. 때때로 이 교회를 생각하며 온 종일 괴로워할 것입니다. 밤을 지새워 기도하는 날도 있을 것입니다. 어느 날엔가는 이 두 가지를 동시에 해야 할 것입니다. 그는 금식하게 될 것입니다. 수만 가지 잡다한 질문들에 답변해야 할 것입니다. 개개인 신자들이 겪는 수많은 위기에 개입해야 할 것입니다. 그는 자신의 생명을 쏟아부을 것입니다. 그 와중에도 하루 여덟 시간에서 열 시간을 뙤약볕 아래서 노동해야 할 것입니다. 교회에서는 한 푼도 받지 않을 것입니다. 물론 그 수고에 대해 격려받는 날도 있을 것입니다. 하지만 때때로 더 잘하지 못해 비난받게 될 것입니다.

그는 한발 한발 힘써 나아갈 것입니다. 땀 흘려 일할 것입니다. 목숨을 걸 것입니다. 피를 흘리거나 돌에 맞을 가능성이 큽니다. 자신의 사람들을 위해 더 열심히 일할 것이고, 누구보다 더 많이 자신의 삶을 나눠줄 것이고, 누구의 상상보다도 더 헌신적으로 그들을 위해 자신을 쏟아부을 것입니다. 그는 그 교회들에 대한 전적인 권리를 주장할 수 있었고, 또 방어할 권리를 갖고 있었습니다.

하지만, 그 모든 것을 넘어서는 어떤 지식을 바울은 갖고 있었습니다. 여덟에서 열 개 정도 되는 이 작은 교회들이 얼마나 중요한 존재인지 바울은 알고 있었습니다. 작고, 연약하고, 왜소하며, 속속들이 이방인의 피가 흐르는 거칠고 엉성한 이 교회들! 어쩌면 그리 중요해 보이지 않을 수도 있습니다. 그럼에도 바울은 이 교회들 속에 숨겨진 비밀을 알고 있었습니다. 그는 이 교회들이 지구상 가장 순수한 진짜 교회에클레시아. 역주의 표현임을 알았습니다. 자신이 전한 복음이야말로 이 지구 위에서 가장 순전한 복음임을 알고 있었습니다. 실상, 장차 이 땅 위에 세워질 하나님나라의 미래가 이 한 줌밖에 안 되는 연약한 교회들의 성공에 달려있다는 사실을 알고 있었습니다. 영원성eternity과 관련된 지상의 운명이, 아니 지구상의 모든 운명이 바로 이 보잘 것 없는 무리의 성패에 달려있음을 알고 있었던 것입니다.

왜 그렇습니까? 진정한 복음, 순수한 복음, 아무것에도 얽매이지 않는 복음이 이 교회들을 세웠고, 그 복음으로 세워진 **이 교회들 안에서만** 그 복음의 순도純度가 보존될 수 있었기 때문입니다. 그가 전한 복음은 당시 유대지역에서 경험되는 것보다 상위의 복음이었습니다. 교회가 빚어내는 믿음의 표현도 유대인 신자들 안에서보다 훨씬 더 고결했습니다. 다른 말로 하면, 구원 사역, 그리스도의 사역, 복음의 향방, 하나님의 나라, 기독교 역사의 미래 … 이 모든 것들이 바로 이 사람들에게 달려 있었습니다. 그는 이 모든 것이 사실 그대로임을 알고 있었고, 실상 그가 보냄을 받은 것도 바로 이를 위함이었습니다. 바울은 이 모든 사실을 알고 있었고 이 엄청난 사실을 매일 인지하며 살고 있었습니다.

말씀드렸듯이, 바울은 이 교회들과 하나님의 지상사역을 무너뜨리기 위해 들이닥칠 사람들을 알고 있었습니다. 사역을 방어하는 것을 더 이상 미룰 수 없는 시점이었습니다! 인간의 역사에서 딱 한 번, 보호막과 방어벽을 형성할 수 있다면 지금이 바로 **그 순간**이었습니다. 바울도 이 사실을 알고 있었습니다. 그는 경계태세에 돌입해 장차 일어날 모든 일을 설명하고, 그 일에 대비해 성도들을 교육시키고, 임박한 위험들을 감지할 방법들을 정확히 가르치며, 침입자들과 그들이 즐겨 가르치는 교훈, 그리고 순수한 사람들을 집어삼키려고 호시탐탐 노리는 온갖 종류의 늑대들을 어떻게 분별하고 경계해야 할지 말해줬어야 했습니다.

그는 분명히 그의 사람들에게 사악한 자들과 다가올 재앙에 대해 경고했어야 마땅합니다.

그리고 **우리는** 실제로 바울이 그렇게 했을 거라고 **믿고 있습니다!** 여러분 안에는, 바울이 각각의 교회를 향해 이렇게 경고하는 장면이 선명하게 각인되어 있을 것입니다. "머잖아 더러운 자들이 들이닥칠 것입니다. 그들은 여러분에게 할례를 강제할 것입니다. 그들은 또 나를 공격할 것입니다. 조심하십시오. 그들의 말을 듣지 마십시오. 그들은 내가 가는 곳마다 따라다니며 말썽을 일으키고 나를 괴롭히며 나에 대한 거짓말을 일삼고 내게 돌을 던지는 자들입니다. 내가 떠나고 나면 금새 그들이 여기 도착할 것입니다. 이 끔찍한 사람들의 말을 듣지 마십시오."

바로 이것이 바울에 대한 우리들의 이미지입니다. 그리고 바로 이것이 지난 수백 년 동안 사역자들이 말하고 행동해왔던 방식들입니다. 사역자들은 자신들의 행동에 정당성을 부여하기 위해 너무도 자주 바울을 끌어다 썼습니다. 하지만 우리 사역자들이 잠깐만 멈춰서 우리 안의 검은 마음을 들여다본다면, 우리의 숨은 동기들이 결코 고상하거나 거룩하지 않다는 사실과, 그러한 처신들이 사실은 사역이 무너질 것에 대한 두려움과 우리의 탐욕과 야망에 기인한 것들임을 어렵지 않게 알 수 있을 것입니다. 바울의 사례를 끌어와 자신의 처신에 정당성을 부여하는 행위는 성경에 대한 진지한 자세나 숭고한 동기에 이끌리는 사역이라기보다 자신의 사역을 방어하고자 하는 어두운 인간성의 한 부분일 뿐입니다. 사역자들이 자신을 따르는 그리스도인들에게, 원수, 이단, "이단사설", "마귀의 가르침" 등등에 대해 과도한경고와 경계를 일삼는 것은 시대를 거듭하며 깨어지지 않고 전해 내려오는 하나의 전통이 되었습니다. 비극적인 사실은, 그러한 말들이 종종 한때 친구였던 사람을 겨누는 경우가 너무 많다는 사실입니다. 이것은 분명 정상이라고 보기 어렵습니다!

우리는 주님의 사람들에게 잘못된 교리에 대해 경고합니다. 이를테면 우리는 이렇게 경고하는 것을 좋아합니다. "한번 구원받았으면 영원히 구원받은 것이다. 이런 가르침은 마귀에 속한 자들의 교훈입니다." 또 이렇게 경고하기도 합니다. "한번 구원받았으면 영원히 구원받은 것이다. 이런 가르침 외의 모든 가르침은 마귀에 속한 자들의 교훈입니다." 우리는 이렇듯 사람을 경계하라고 경고합니다. 때때로 노골적으로 경고할 때도 있지만 어떤 경우엔 그보다 더 교묘하게, 눈썹을 살짝 찡그리며 마음 아픈 듯 경고하는 경우도 있습니다. 우리는 심리학의 달인들입니다. 칭찬하는 척하지만 사실은 다른 사람을 비난할 때도 있습니다. 그리고 그것을 능력으로 여기는 사람들도 있습니다.

여러분, 단순한 그리스도인들에게 이 모든 가능성에 대해 꾸준히 가르친다고 생각해보십시오. 경고하고, 다시 경고하고, 잊을만하면 다시 강력하게 경고해야 할 것입니다. 여러분의 주변을 둘러보십시오. 그러한 경고들이 신자들의 순진무구함에 어떤 영향을 주는지를 살펴보십시오. 그것이 그들의 타고난 순수함에 어떤 해를 가하는지 주목하십시오. 그것이 원래 개방적이던 그들의 포용력에 어떤 변화를 주는지 살펴보십시오. 그것이 형제들 사이의 사랑에 가하는 타격을 눈여겨보십시오. 오, 주여, 우리 형제들을 도우소서. 이러한 처신은 끝나야 합니다.

다시 바울에게로 돌아가 보겠습니다.

감사하게도, 바울은 한 가지를 더 알고 있었습니다. 아니면 하나님께서 그에게 가르쳐주신 것일까요? 부정적인 흐름을 형성하여 그 위에 교회를 세우는 것은 결코 성공할 수 없다는 사실을 그는 알고 있었습니다. 과거의 상처를 성토하는 것과 미래에 닥칠 위험요소들을 끊임없이 경고하는 것으로는 교회가 세워지지 않습니다. 바울도 자칫, "할례에 대한 경고", "유대인에 대한 경고", "10,000가지도 더 넘는 위험요소들에 대한 경고"에 근거해 교회를 세울 수 있었습니다. 그렇게 할 수 있었습니다. 많은 사역자가 실제로 그렇게 하고 있습니다. 그 부정적인 흐름 위에 세워진 사람들이 장차 어떻게 될까요? 그들은 바위틈을 뒤지고, 나무 밑을 살피며, 모든 동굴을 조사해 저주받을 할례파 중의 한 사람이 숨어있는지 찾아내서 혼내주는 일에 평생을 소비할 것입니다. 그들은 평생 다른 사람들에게 경고를 일삼으며 부정적인 기류를 형성하게 될 것입니다. 그리고 이것이 바로 경고와 경계의식을 주입받은 사람들이 하게 되는 일들입니다!

바울이 다가올 위험들에 대비해 최소한의 방어벽은 세우지 않았을까요? 그가 주님의 백성들에게 경고 조치를 내리지 않았다면 그들은 결국 할례파의 손에 넘어가지 않았을까요? 그리고 모든 일이 끝나버리지 않았을까요? 바울도 당시 어떤 조치를 취하지 않았을까요?

바울은 전적으로 아무런 조치도 취하지 않았습니다.

바울은 하나님의 통제를 받는 사람이었습니다. 그는 손발이 묶여 있었습니다.

오늘 우리의 현실을 보십시오. 우리는 온갖 종류의 실제적인 위험들 가운데 노출되어 있습니다.(동시에 온갖 종류의 상상속 위험들 가운데 살고 있기도 합니다.) 우리 시대의 그리스도인들은 사람의 가르침, 사람이 만든 교리를 배우며 자라납니다. 그들은 이 교훈과 교리들이 유익하다고 배웁니다. "**성경은** 여러분이 이 모든 교리를 알아야 한다고 말씀하고 있습니다." 하지만 이 교리의 많은 부분(사실은 대부분에 가까울 것입니다.)은 성경에서 흘러나온 것이기보다는 어느 시대엔가 뜬금없이 불쑥 튀어나온 것들입니다. 자신의 사역을 방어하려는 어떤 사역자에 의해 즉흥적으로 만들어진 것들입니다. 우리는 이러저러한 위험들에 대해 경계할 필요가 있다고, 그것들을 방어하며 그들과 어떤 관계도 맺어선 안 된다고, 또, 그들 혹은 "그"가 심각한 이단이라고 배워왔습니다. 교회는 수없이 많은 마귀에 대해 지속적으로 경고를 받아왔습니다. 말도 안 되는 쓰레기입니다! 사기입니다! 그런 경고들은 그리스도인들을 돕지 못합니다. 그것들은 그리스도인들을 파괴하고 균형을 잃게 하며 순수성을 도적질하며 종파주의자로 만듭니다. 최악의 경우, 순진무구한 그리스도인들이 느닷없이 감시관이 되기도 하고 보초병이 되기도 합니다. 부정적인 기류가 형성됩니다. 그리고 그 부정적인 기류는 그들을 극히 율법적이고 방어적인 사람으로, 지극히 편협한 사람으로 만들어갑니다. 단순하고, 정겹고, 순수하고, 아름답고, 사랑스럽고, 명쾌하던 그리스도인들이 **모든** 성도에 대한 자신들의 개방성을 접어버립니다. 무엇보다도, 우리 사역자들의 슈퍼 과잉보호는 공포심을 조장합니다. 존재하지도 않는 것들에 대한 공포 속에서, 그들의 순진무구함과 순수함이 사역의 보존을 위해 희생됩니다. 이것이 바로 비극 중의 비극입니다. 다시 한번 반복합니다. 보존이 필요한 사역은 보존할 가치가 없습니다. 다른 말로 하면, 그리스도에 못 미치는 것들, 그리스도에 훨씬 못 미치는 것들만 남습니다.

여러분 중에 이렇게 항변하고 싶은 사람이 분명히 있을 것입니다. "진, 당신은 중요한 사실을 빼먹는군요. 갈라디아서를 보세요. 바울은 그 사람들을 호되게 공격할 뿐 아니라 여러 유형의 위험들에 대해 경고하고 있어요." 정확한 지적입니다. 다만 한 가지 부탁하는 것은 성경을 한 개인의 생각이나 주장을 뒷받침하기 위한 증거본문으로 사용하는 것을 멈춰주시기 바랍니다.(그동안 충분히 많이 그래왔습니다.) 이 편지는 살아 숨 쉬는 한 남자가 살아 숨 쉬는 한 공동체에 보낸 편지이고 그들은 아주 독특한 상황에 처해 있었습니다. 신약 성경 속의 다른 모든 문서처럼 이 편지 역시 역사적인 배경을 갖고 있습니다.

이 편지를 쓸 때 바울은 울부짖고 있었습니다. 그렇습니다. 어쩔 줄 몰라 우왕좌왕하고 있었습니다. 그러나 그 울부짖음과 안절부절은 바울 안에 깃들어있던 하나님의 마음을 드러내는 증거입니다. 이것이 자신의 사역을 보존하기 위해 하나님의 사람들에게 경고를 일삼았다는 증거와 바울이 그렇게 했으니 나도 그렇게 해도 된다는 증거본문으로 사용될 수는 없습니다. 역주 첫째, 이 교회들은 바울의 1차 교회 개척 여정 중에 세워졌습니다. 둘째, 바나바와 바울은 이 네 교회에 그리스도만 심었고 그 외에 다른 어떤 것도 제시하지 않았습니다. 바울과 바나바는 교회를 세웠을 뿐 어떤 경고도, 어떤 방어벽도 세우지 않았습니다. 그런 다음 두 사람은 교회들을 떠났습니다. 남겨진 사람들은 늑대들 속에 둘러싸인 양이었습니다. 위험에 대해 어떤 경고도 받지 않은 상태였습니다. 그저 순수함, 순진함 그리고 자유를 누리고 있었습니다. 바울은 이 교회들에 무슨 일이 닥칠지 예견하고 있었을 것입니다. 또한, 자신이 이 교회들을 위해 얼마나 많은 수고를 그동안 치러왔는지도 잘 알고 있었습니다. 그러나 바울은 그들에게 어떤 경고 조치도 취하지 않았습니다. 그가 이 주제에 대해 입을 연 것은 할례파가 갈라디아지역을 휩쓸고 지나간 **이후**였습니다.("이후"라는 단어를 주목하십시오.) 자신의 사역이 불속에 들어가고 교회들 스스로가 위기에 빠졌다는 사실을 인지한 후에야 바울은 **오래전부터 알고 있었던 상황**에 대해 입을 열었습니다. 과연 그럴까 하는 의심이 든다면, 갈라디아서와 고린도후서를 좀 더 주의 깊게 살펴보십시오. 그 두 편지에 그 사실이 고스란히 녹아있습니다! 그 두 도시의 그리스도인들은 바울의 적들을 두 팔 벌려 환영했습니다! 갈라디아와 고린도의 신자들은 이 거짓 형제들을 받아들였고, 먹여주었고, 신뢰했고 거의 추종하는 단계까지 나아갔습니다. 어떤 이들은 바울과 바울이 전한 복음을 거의 부인하는 지경에 이르렀습니다. 상대에 대한 전적인 순수함을 갖고 있었고 아무런 경고도 주어지지 않았기에 벌어졌던 일들입니다!

그렇습니다. 바울은 그의 공공연한 적들을 공격하지 **않았습니다**. 그들의 존재를 전혀 언급조차 하지 않았습니다!!!

하지만 사역자들이 좀 더 주목할 부분이 있습니다. 지금 중요한 것은 어떤 보호 장치도 없이, 바울의 사역이 **시험당하고 있다는 사실**입니다! 그리고 자욱한 연기가 사라졌을 때, 모든 시험이 지나갔을 그때,(시험이 지나가기 전까지는 어림도 없습니다.) 여러분은 그곳에 살아남은 교회를 볼 수 있습니다. … 피를 흘리며, 후들거리는 다리를 간신히 지탱하며, 여전히 거기에 서 있는 교회!

어째서 바울은 이 사실을 **미리** 말하지 않았을까요? 해줄 말이 없었을 것이라는 대답은 너무 무성의합니다. 벌어진 상황에 놀랐을 거라는 대답도 문맥상 맞지 않습니다. 이 모든 일을 미리 예상치 못했다는 대답 역시 적절치 않습니다. 바울이 사전에 발설하지도 않고, 바로잡지도 않으며, 경고하거나 방어하지도 않았던 유일한 이유가 있습니다! 그는 그럴 수 없었습니다. 하나님께서 **묶어 놓으셨기 때문**입니다! 하나님께서 그가 가진 모든 무기를 거두어가셨습니다. 그에겐 말하거나 조치할 수 있는 어떤 도구도 없었습니다. 최소한 순전한 마음에서 경고하거나 조치를 취할 수 있는 수단은 없었습니다. 순전한 동기로 그가 할 수 있었던 유일한 조치는 그런 일들이 발생할 것을 알면서도 침묵을 지키며 관조하고 **다만** 그 모든 과정에 **그리스도**를 지속적으로 **공급**하는 것뿐이었습니다. 할렐루야! 바울과 같은 종족이 점점 늘어나기를!

그렇습니다. 바울이 이 갈라디아 교회들, 즉 루스드라교회, 더베교회, 이고니온교회, 비시디아안디옥교회에 편지를 쓰기까지는, 그리고 이 편지가 전달되어 사랑하는 성도들이 두루마리로 된 이 편지를 펼치기 전까지는, 할례파의 침입이나 다른 어떤 불길한 일들이 일어날 것에 대해 그들은 전혀 학습되거나 준비되지 않은 상태였습니다! 그리고 그들이 마침내 받아든 바울의 편지는 충격적이었습니다. 그들은 아무런 단서 없이 그 사건들을 맞았는데 바울이 편지 속에서 그 내용을 다루고 있었기 때문입니다.

편지를 다시 읽어보십시오. 저와 다른 결론에 다다른 분이 계십니까?

그뿐만이 아닙니다.

여러분은 사전에 경고조치를 할 만한 사역적인 은사가 바울에게 없었다고 보십니까? 왜 네 교회에게 경고를 내리지 않았겠습니까? 그는 사랑하는 성도들을 그 할례주의자들에게 내주었습니다. 대체 왜?

바울은 **예수 그리스도**의 사역자였습니다. 경고와 경계를 일삼는 사역자도 아니었고 바울 운동을 이끄는 사역자도 아니었습니다. 그리스도가 사역의 중심이자 최대 범위였습니다. 할례는 그리스도가 아닙니다. 유대인을 공격하는 것도 그리스도가 아닙니다. 다른 그리스도인을 공격하는 것 역시 그리스도가 아닙니다. **자신의** 사역을 보호하는 것도 그리스도가 아닙니다. 부정적인 기류를 형성하고 그 위에 교회를 세우는 것도 그리스도가 아닙니다.

바울은 그러한 사람들이 찾아올 것을 알고 있었습니다. 하지만 그는 갇혀 있었습니다. 그리스도 안에 갇혀 있었습니다. 말하도록 허락받지 못했습니다. 조심하십시오. 하나님께서는 사역자들에게 정확히 이런 것들을 요구하는 분이십니다.

바울 역시도 자신의 주변을 둘러보았을 것입니다. 사방에 도구가 있었습니다. 온갖 종류의 무기들이 그의 앞에 놓여 있었습니다. 훌륭한 도구와 효과적인 무기가 있었습니다. 약간의 방어, 약간의 비방, 약간의 공격, 약간의 용기 등. 집어 들어 사용하면 분명 효과가 있었을 것입니다. 모두 다 정당한 방식입니다. 다만, **그 어떤 것도 그리스도**는 아닙니다.

누군가를 두려워하게 만들기 위해 우리 사역자들은 가치없는 것들을 성도들의 귀에 집어 넣습니다. 물론 그것들을 사용해서 할 수 있는 것이 한 가지 있습니다. 우리가 말하고 행동하는 그 경악할만한 일들로 한 사람의 그리스도인을 우리 그룹에 더 붙들어둘 수는 있습니다.

바울은 하나님께서 교회를 위해 예비하신 그 온전한 지식 안에서 매일 살았습니다. 그리고 매일 죽었습니다. 내주는 것이 그의 사역이었습니다!

그의 고통을 살펴보십시오. 침묵과 고뇌 속에 몸부림치는 한 사람이 여러분의 눈에 들어올 것입니다.

이 외의 일은 고사하고 아직도 날마다 내 속에 눌리는 일이 있으니 곧 모든 교회를 위해 염려하는 것이라.

마지막으로 한 가지 사실에 여러분의 주의를 환기시키며 마치고자 합니다. 바울은 그의 사역을 방어하지 않았습니다. 그 결과, 많은 사람이 그의 사역을 짓밟는 것을 그저 지켜봐야 했습니다.(그는 무방비상태로 그의 사역을 남겨두고 떠났을 뿐 아니라 단 한 차례도 다른 사람의 사역이나 그 영역을 침범한 적이 없습니다. 단 한 번도! 바울은 언제나 최전선에 있었습니다.) 어떤 무기도 없이 전쟁터에 남겨진 사람! 하나님 안에 갇힌 사역자! 그저 앉아서 바라보고 기다리는 것 외에 그에겐 어떤 것도 허락되지 않았습니다. 자신이 평생 일군 사역이을 짓밟힐 때 바보처럼 앉아서 구경할 수밖에 없는 사역자. 그리고 그렇게 패배함으로써 그 사역은 살아남았고 절대 무너지지 않게 되었습니다. 여러분의 눈을 크게 뜨십시오. 그리고 그러한 방식으로 일하시는 하나님의 아름다움을 목격하십시오.

바울은 사역자의 기준을 이 높은 곳까지 올려다 놓았습니다. 한번 올려다보십시오. 그 깃발이 저기 있습니다! 저기 매우 높은 정상에! 보이십니까? 지난 천 몇 백년 동안 아주 극소수의 사람들만 저 눈부신 정상에 올랐습니다. **저곳**이 우리의 목적지입니다. 저기서 깃발이 나부끼고 있습니다. 우리 안에 어떤 목표를 세워야 한다면 바로 저곳이 되어야 합니다. 다시 저 높은 산을 오릅시다. 그것이 우리의 임무입니다.

제14장

비난에 대한 반격이 성경적 지지를 얻을 수 있을까?

지금쯤 여러분 안에선 바울에 대한 그동안의 이미지가 조금씩 바뀌고 있을 것입니다. 이 사람을 조금 더 깊이 들여다보겠습니다. 누가 뭐래도 그는 교회 역사에서 가장 잘 알려진 사역자입니다. 그래서 많은 사람이 사역자로서의 자신의 입지를 구축하기 위해 그를 즐겨 인용해왔습니다.

바울이 자신을 변호했다는 확고부동한 의견에 거의 모든 사람이 동의하고 있고, 결국 제가 말씀드린 것들이 근거 없는 주장이라고 생각하실 분들도 있다는 사실을 잘 알고 있습니다. 그 가장 좋은 실례가 바로 사도직과 관련된 바울 자신의 변명일 것입니다. 사람들은 바울 자신이 사도였음을 증명하기 위해 긴 시간 동안 몸부림쳐왔던 것으로 믿고 있습니다. 여러분에게 종종 이렇게 말해왔던 사람들이 있었을 것입니다. "당신이 당신 자신을 변호할 수 있어야 합니다. 바울도 그러하지 않았습니까?" 여러분에게 적대감을 가진 사람들은 또 이렇게 여러분을 자극할지도 모릅니다. : "당신이 _____라는 사실을 증명해보시오."(밑줄 친 곳에 여러분에게 맞는 이름을 써넣을 수 있습니다. "하나님의 부름을 받은 자"일수도 있고 "하나님의 보내심을 받은 자"일수도 있습니다. 그 밖에 "하나님의 진실한 종", 또는 "예언자", "사도" 등 어떤 것도 좋습니다.) 사람들은 여러분에게 그렇게 요구할 것입니다. "그것을 증명해보시오! 바울도 그렇게 했소."

바울은 그렇게 하지 않았습니다!

다시 한번 새로운 눈으로 성경을 열어봅시다. 바울이 언제 그 자신을 변호했습니까? 가련한 바울, 왜 사람들은 그들의 부도덕한 행동을 정당화하기 위해 바울을 인용하는 것일까요? 정말 바울의 삶이 그들 주장의 근거가 될까요?

그는 다메섹에서 회심했고 회심하자마자 그 자리에서 말씀을 전하기 시작했습니다. 그리고 곧 다메섹 성 밖으로 내쳐졌습니다. 그 후 수 년간 아라비아 사막에 머물다가 다메섹으로 복귀한 그는 거의 죽음 직전의 위기에 몰렸다가 간신히 그 도시를 탈출하여 예루살렘으로 들어가고자 했습니다. 그러나 거기서도 탈출할 수밖에 없는 상황을 맞아 결국 여러 해 동안 고향 다소에 은둔해 있었습니다. 그때 바나바가 다소를 방문해 안디옥으로 그를 이끌었습니다. 바울은 안디옥의 형제들과 4년을 함께 살았습니다. 그와 바나바가 성령의 보내심을 받은 것은(즉 사도가 된 것은) 바로 거기 안디옥에서였습니다.

그때부터 사람들 사이에서 그가 정말 진정한 사도인지, 아닌지에 대한 의구심이 끊임없이 제기되었습니다. 그때 바울이 자신의 사도직을 변호했습니까?

그 후, 바울과 바나바는 2년 동안 교회 개척 여정을 떠났고, 네 교회를 세웠습니다. 이 기간 동안 그가 자신의 사도직을 변호했다는 기록은 전혀 존재하지 않습니다.(그 2년 동안은 어떤 방호도, 어떤 변호도 없었습니다.)

바울과 바나바는 1차 교회 개척 여정을 마친 후 그들을 파송한 안디옥교회로 복귀했습니다. 그리고 바나바와 함께 일으켜 세웠던 갈라디아의 네 교회에 거짓 형제들이 침입했다는 소식을 들었습니다. 그는 서둘러 한 편의 서신을 써 내려갑니다. 거짓 형제들은 네 교회 가운데 바울과 바울이 전한 복음, 그리고 그와 관련된 **모든 것**에 의문을 제기했습니다. 그는 자신에 대한 그 공격들을 모른 체했습니다. 바울은 한 줄도 안 되는 문장으로 그의 사도직에 대한 질문에 답했습니다. "사람의 의지로 말미암은 것이 아니라 오직 하나님의 의지로 예수 그리스도의 사도가 된 나 바울은 …." 그리고 그는 곧장 문제의 핵심인 예수 그리스도의 중심성 속으로 돌진합니다. 우리가 그것을 보고 바울이 자신의 사도직을 변호했다고 주장할 수 있습니까?

이후, 바울은 두 번째 교회 개척 여정에 나섭니다. 그는 더 많이 알려졌고, 그럴수록 더 논란의 중심에 섰으며, 더욱 노골적인 공격과 핍박에 노출되었습니다. 실제로 그를 뒤쫓는 사람들이 따라붙기 시작한 것이 바로 이때였습니다.

2차 교회 개척 여정의 중반쯤에 이르러 그는 한 편의 서신을 기록하게 됩니다.(실제로는 두 편이었다고 볼 수 있습니다. 데살로니가 전·후서) 이때 바울이 그리스도에 대한 주제를 내려놓고 자신의 사도직을 변호했습니까? 데살로니가교회에 보낸 두 편의 편지를 읽어보십시오. 방어적인 논조입니까? 자신의 사역을 보호하려는 사람이 쓴 편지로 보입니까? 그렇지 않습니다. 그것은 깊은 환난 가운데 처한 교회를 뜨거운 사랑으로 바라보며 기록한 편지입니다.

그 편지를 쓸 당시 바울에게는 이제 한번 반의 전도 여행이 남아있었습니다. 그게 다였습니다. 그 편지 안에도 사도직에 대한 변론은 없습니다. 그 편지는 "예수 그리스도의 사도된 바울은 … "이란 말로 시작하지도 않습니다. 매우 단순하지만 아름답게, "바울, 실라, 그리고 디모데는 데살로니가교회에 …"라는 구절로 시작하고 있습니다. 그가 사도직에 대한 도전을 받고 있었다면 그 도전은 그에게 아무런 영향을 주지 못하고 있었음이 분명합니다. 미안하지만 이 편지에도 사도직에 대한 변론은 없습니다.

안타깝지만 궁지에 몰린 여러분 자신을 변호할 근거가 필요하다면 어딘가 다른 곳으로 가봐야 할 것 같습니다.

자, 이제 바울이 자신의 사도직을 변호했던 단 한 차례의 사례를 새로운 시각으로 접근해보겠습니다. 그렇습니다. 그는 자신의 사도직을 변호한 적이 있습니다. 단 한 번. 언제? 이제 죽음만을 앞두고 있다고 생각했던 시점입니다.

그 이야기를 시작해보겠습니다.

바울은 **세 번째** 교회 개척 여정을 **마무리**하고 있었습니다.(이즈음, 그는 최소한 11년 이상을 사도로 살아오고 있었습니다. 이 기간 동안 그는 결코 자신의 사도직을 방어한 적이 없습니다.) 그가 예루살렘으로 올라갈 경우 암살당할 것을 염려하며 이를 만류하는 형제들의 권면이 하루를 멀다 하고 들려왔습니다. 바울은 자신이 사형 선고를 받았다고 여기고 있었습니다.

그럼에도 그가 말할 수 없이 아름다운 편지를 고린도교회에 써 보낸 것이 이 시점이었습니다. 바로 그런 상황에서 말입니다. 삶 자체를 정리하는 그 시점에서야 바울은 비로소 그의 부르심과 보냄을 받은 직책에 대해 변론합니다.

하지만 이 사실을 주목하십시오. 그는 지금 세워진 지 6년 된 교회에 편지를 쓰고 있습니다. 자신이 세웠지만 거듭거듭 자신의 자격을 문제 삼았던 교회입니다. 그럼에도 바울은 6년 동안이나 그에 대해 언급조차 하지 않았습니다. 그 오랜 사역기간 동안 이와 관련된 변명, 즉, 자신의 사도직을 방어하는 모습을 본 사람은 없습니다. "당신의 자격을 증명하라"는 강도 높고 지속적인 압박을 받으면서도, 또 변론 할 경우, 훨씬 더 쉽게 많은 문제를 비켜갈 수 있었는데도 말입니다. 그리고 마침내, 죽음이 임박한 시점(임박했다고 느낀 시점)에 이르러서야 그는 장엄하게 그 사실을 털어놓습니다! "그런 것들은 이제 털어놔도 아무런 의미가 없는 문제이니 그동안 말하지 않았던 것들을 여러분에게 말씀드리겠습니다"라는 의미로 털어놓는 그 바울의 고백을 자신과 자신의 사도직에 대한 방어라고 보아야 할까요?(6년 동안 바울은 그들에게 노출되어 있었습니다. 그 6년 내내 그의 사도직은 공격받고 있었고 그럼에도 그 기간 동안 고린도교회는 그것에 대해 변론하는 말을 그에게 들은 바 없습니다.)

참으로 흥미로운 것은, 그가 안디옥교회에서 바나바와 함께 경험한 특별한 성령 체험과 그 역사적인 순간을 바울 자신이 언급한 적이 없다는 사실입니다. 자신의 사도직을 방어하기 위해 얼마든지 무기로 삼을 수 있었던 그날의 사건을 좀처럼 입 밖에 내지 **않았습니다**. 오히려 자신의 사도직을 변론하기 위해 고린도교회 존재 자체를 그 증거로 삼았습니다!

무슨 말입니까? 이 사실을 주목하십시오. 바울은 고린도교회를 세웠습니다. 그리고 그 교회를 떠났습니다. 수년 후에 거짓 형제들이 고린도교회에 당도했습니다. 이 비열한 사람들은 단 한 가지 목적, 즉 바울로부터 그 교회들을 떼어내기 위해 그의 뒤를 추적해왔습니다. 바울은 그들이 언제쯤 도착할지, 와서 무엇을 할지에 대해 알고 있었습니다. 하지만 이것을 주목하십시오. 고린도교회는 자신들의 도시에 나타난 그들의 정체를 전혀 알아차리지 못했습니다. 바울로부터 그들에 대한 어떤 경고도 없었던 것입니다. 놀라운 일이 아닐 수 없습니다.

여러분도 그렇게 할 수 있습니까? 십자가를 지고 완전히 침묵할 수 있겠습니까? 모든 것이 걸려있는 상황에서 그토록 오랫동안 침묵하실 수 있겠습니까?

그 거짓 형제들이야말로 바울이 짊어져야 했던 가장 무거운 십자가였습니다. 그의 인생에서 가장 큰 고통과 아픔을 준 자들입니다. 하지만, 고린도교회는 그 사실을 전혀 모르고 있었습니다! 고린도교회는 두 팔 벌려 그들을 환영했습니다. 전폭적인 경제적 지원을 자청했고 그 사기꾼들이 쏟아내는 말들을 다 믿었습니다!

사랑하는 여러분, 이 사실이야말로 인류 역사상 한 개인에게 보낼 수 있는 가장 위대한 찬사 중 하나가 아닐 수 없습니다. 왜 그렇습니까? 거짓 형제들에 대한 고린도교회의 반응은 곧 바울이 고린도교회의 새 신자들에게 그들과 관련된 어떤 준비도 시키지 않았고, 자신의 사역을 보호하기 위한 아무런 조치도 취하지 않았다는 사실을 반증하기 때문입니다. 바울은 새 신자들의 심령을 무서운 경고로 황폐화시키지 않았습니다. 바울은 자신의 사람들을 하나님의 손에 넘겼습니다. 그들에게 위기를 **겪을 특권**을 주었습니다. **위기로부터** 그들을 격리시키지 않았습니다. 그 외의 다른 방법은 그들을 속박하는 것이나 다름없음을 알고 있었던 것입니다. 이것이 바울의 사역과 다른 사역자들의 사역 사이에 드러나는 가장 큰 차이일 것입니다. 그는 위기가 찾아오도록 허락했습니다. 바울은 그리스도 외에 아무것도 알지 않기로 작정한다고 고백했고 자신이 말한 것을 그대로 실행에 옮겼습니다. 자신의 그룹 안에 속한 주님의 백성들이 행여나 위기 근처에라도 닿을까 밤낮으로 전쟁을 멈추지 않는 오늘날의 사역자들과 얼마나 다른지를 보십시오!

이 위대한 하나님의 사람은 그의 사역이 화염에 휩싸이는 것을 마다하지 않았습니다. 그리고 한 가지 주제, **오직** 한 대상에만 매달렸습니다. 바로 그리스도입니다.

다른 한편, 그 사람들거짓 형제들은 바울에게 추천서가 없다는 문제를 제기했습니다. **그들은** 예루살렘교회로부터 발급받은 추천서를 갖고 있었기 때문입니다. 바울은 이와 관련하여 이렇게 말한 바 있습니다. "아닙니다. 나에게도 추천서가 **있습니다!** 여러분교회이 바로 내 추천서입니다." 바울 이외에 감히 누가 그런 추천서를 내보일 수 있겠습니까? 늑대들의 사나운 발톱도 견딜 수 있는 교회, 그 공격 밑에서도 상처 없는 영혼으로 여전히 활기차고, 여전히 순수하며, 여전히 믿음을 간직하는 교회 말입니다.

거짓 형제들은 절대 못하는 일입니다. 그들은 교회를 세울 수 없습니다. 바울이 제시한 **그런** 종류의 교회는 더더욱 불가능합니다! 하지만 바울은 가능했습니다. 물론 그들은 공격할 수 있었습니다! 교리적으로 싸울 수도 있었습니다. 오늘날의 사역자들이 하는 모든 것을 그들도 할 수 있었습니다. 그러나 바울은 **그런 일을 할 수 없었습니다.** 바울은 오직 **그리스도만 공급**할 수 있었습니다. 그리고 **침묵을 유지**할 수 있었습니다. 그렇습니다. 바울이 할 수 있었던 유일한 것은 교회를 세우는 일이었고, 그 교회들은 진짜였습니다.

바울은 이렇게 말하고 있습니다. "나는 울부짖었고, 고초를 겪었고, 피 흘렸으며, 푸대접을 받았습니다. 하지만 그 모든 상실로부터 교회가 태어났습니다. 그리고 여러분교회이 태어나자마자 문제가 생기기 시작했습니다. 거대한 해일처럼 위기가 밀려왔습니다. 한 번, 두 번 그리고 계속되었습니다. 밖에도 늑대가 있었지만, 안에도 있었습니다. 유대인들의 회당, 로마제국, 내부에서 발생하는 문제들, 비난하는 사람과 의심하는 사람들, 폭동과 소요들이 있었습니다. 그러나 교회, 즉 여러분은 그 모든 것을 극복해왔습니다. 여러분은 살아남았습니다! 그런 여러분이 바로 내가 사도라는 증거입니다."

"그녀교회를 비난하고 나를 모욕하는 당신들에게 말합니다. **당신들이** 교회를 세워보십시오. 순진무구하며, 순수하고, 사랑스러우며, 개방적인 교회! 율법에 얽매이지 않고 율법을 두려워하지도 않는 교회! 공격을 받고도 살아남을 그런 사역을 여러분이 한번 일으켜보십시오."

"두려움에 떨지 않는 교회. 신선하고 살아있는 교회. 언제라도 다시 시작할 수 있는 교회. 여러분에게 그런 추천서가 있다면 내게 보여주십시오. 당신들은 나를 비난했고, 그녀교회를 공격했습니다. 그리고 나와 그녀를 파괴하려 했습니다. 그러나 이제 보십시오. 그녀와 견줄만한 존재가 당신들에게 있습니까?

"나를 비난하는 사람들과 내 추천서를 보고싶어하는 사람들에게 물어보십시오. 그들이 과연 나와 같은 추천서를 갖고 있는지! 내가 세운 여덟 교회는 모두 굳건히 서 있습니다. 그것이 바로 내가 사도라는 증거, 나의 유일한 증거입니다.(안디옥교회의 기도 모임 중에 성령님께서 말씀하신 그 사건보다도) **그 교회**들이야말로 하나님께서 나를 여러분 가운데 보내셨다는 **증거**입니다."

여기까지가 바울의 변론, 그의 유일한 자기방어였습니다. 그리고 이조차도 자신의 생명이 모두 끝났다고 믿었던 시점에서야 내놓았습니다.

그렇습니다. 이제 모든 것이 명백해졌습니다. 사역자들은 분명 자기 자신을 방어할 성경적인 권리가 **있습니다.** 딱 한 번 바로 바울의 이

방어로 여러분을 방어하십시오! 그 외 다른 기회는 없습니다. 순수하고, 순전하고, 무너지지 않는 바로 그 교회가 "여러분 자신"을 방어하는 유일한 증거입니까?(우리들! 우리 사역자들 가운데 바울을 실례로 삼을만한 사람이 어디 있습니까? 신경질적이고, 까다롭고, 방어적이고, 자기 변론에 능하며 작은 비판에도 언제든 전쟁을 선포할 준비가 되어있는 우리 사역자들 가운데 말입니다.)

바울은 어째서 자기 스스로를 방어하지 않았을까요? 어째서 교회들에게 그들을 기다리는 대적과 위험들, 그리고 문제들을 경계하도록 가르치지 않았을까요? 대체 왜? 이유는 한 가지입니다. 그 모든 일이 그리스도에 미치지 못하는 것이었고, 그리스도께 집중하는 데 방해가 되었기 때문입니다.

게다가 바울은 자신이 누구인지 알고 있었습니다! 그는 자신의 사역이 굳게 설 것을 믿었습니다. 그러니 방어할 필요가 없었습니다. 오늘날, 그러한 사역자, 그 토록 고결한 사역자를 우리가 어디서 찾을 수 있습니까?

바울은 어떤 도시에 걸어 들어가면서 그곳에서 무슨 일이 벌어질지 이미 알고 있었습니다. 하지만 거기 들어올 때나, 머물 때나, 떠날 때나, 바울은 자신이 알고 있는 그 사실들에 대해 **전혀** 언급하지 않았습니다. 바보처럼 가만히 서서 일체의 방어도 하지 않았습니다. 그 문제들에 대한 유일한 대응책은 그리스도였습니다. 오직 그리스도께 집중했습니다.

그는 자신을 따르는 사람들이 그토록 많은 고통을 겪지 않도록 이끌 수도 있었고 그 엄청난 아픔 가운데서 스스로를 구할 수도 있었습니다. 성도들로 하여금 발생할 상황들에 대비하도록 미리 경계를 내리고 사전조치를 취할 수도 있었습니다. 하지만 그런 주제를 제시하는 것 자체가 이미 그리스도에 미치지 못하는 것이었습니다.

그렇다면 기꺼이 상실을 감내하려는 그러한 소극적인 담대함이 빚은 결과는 무엇이었을까요? 바로 화염이 휩쓸고 지나간 자리에서 걸어나오는 한 여인, 즉 그리스도의 짝이 되기에 합당한 교회였습니다.

"나는 여러분을 불안함 속에 밀어 넣지 않을 것입니다. 여러분을 공포와 의심, 그리고 어두운 그늘 밑에 살게 하고 싶지 않습니다. 여러분들을 그리스도로 충만하게 해드리고 싶습니다. 그렇게 될 때, 여러분들은 공격받기 아주 좋은 대상이 됩니다. 그렇습니다. 한 번의 날카로운 비난이 만 번의 긍정적인 말보다 더 강력하다는 사실을 나도 알고 있습니다. 그리스도 외에 아무것도 받은 것이 없는 사람들은 단 한 번의 공격으로도 무너질 수 있습니다. 그리스도만 받은 모임은 깨지기 쉽고, 무너지기 쉬우며, 매우 연약하고, 상처받기 쉬우며, 너무 쉽게 사라질 수 있습니다. 그 반대인 모임은 매우 강력하고, 매우 경탄할만하며, 강력한 파괴력을 가진 동시에 압도적이고, 일시에 전체를 불사를 수 있습니다. 하지만 나는 굴복하지 않을 것입니다. 나는 여러분에게 그리스도를 공급할 것입니다. 다른 사람들이 여러분에게 나무와 건초와 짚을 공급한다면 나는 어쩔 수 없습니다. 그렇게 하라고 하십시오. 그런 후에 그 모든 것들이 불 속에 들어가도록 내버려 두십시오. 그녀가 화염에 휩싸이고 산산이 부서지도록 허락하십시오. **모든 사람의 사역은 반드시 이 시**

험을 통과해야 합니다. 그것은 피할 수 없고 막을 수도 없습니다. 그러니 오라고 하십시오. 그 폐허와 잔해 속에 여전히 남아있는 것은 얼마간의 금, 은 그리고 고귀한 보석들일 것입니다. 그 외에는 아무것도 남아있지 않을 것입니다. 그리고 그 남은 것들로만 그리스도의 몸이 형성될 것입니다."

언젠가 여러분 중 일부는 사역자가 될 것입니다. 많은 위기를 경험하고 많은 갈등에 직면할 것입니다. 여러분은 본능적으로 엄청난 것들을 배우게 될 것입니다. 그중 어떤 것들은 굉장히 좋은 것들이지만 어떤 것들은 전혀 그렇지 않을 것입니다. 여러분은 어떻게 문제를 피할 수 있을지, 어떻게 그 위기를 멈추게 할지, 그 혼돈의 상황을 어떻게 끝내야 할지를 배우게 될 것입니다. 사람들을 속이고 성도들을 겁먹게 하는 방법들, 싸움에서 이기는 방법들, 지배하고 다스리는 방법들, 안과 밖의 위협을 분쇄하는 방법들을 배우게 될 것입니다. 수많은 도구가 있습니다. 기술은 무궁무진합니다. 여러분이 하나님의 집을 짓는 데 도움이 될 만한 수많은 도구들이 생겨날 것입니다. 그리고 여러분은 그 도구들을 사용하는 법을 알게 될 것입니다.

한 가지 실례를 들겠습니다. 내가 젊은 목회자였을 때 보았던 도구가 있습니다. 그 도구가 무엇인지 여기서 알려드리겠습니다.

여러분, 연합과 일치를 원하십니까? 그 비법을 하나 말씀드리겠습니다. 절대 실패하지 않는 방법입니다. 그 방법은 언제나 유효합니다. 연합을 위협하는 요소가 있습니까? 사람들을 금새 하나로 연합하게 만들 방법이 있습니다. 어떻게요?

하나님의 백성들에게 공공의 적을 제공해주면 됩니다. 사람들에게 목적을 제시하고 공공의 적을 세워놓으면 일치단결할 수 있습니다. 핵심은 증오를 가르치는 것입니다. 사람들을 공포에 떨게 할 적을 설정하고 그 적과 맞서 싸우게끔 해보십시오. 즉시 하나가 될 것입니다. 얼마나 훌륭한 도구입니까? 이 도구가 여러분의 것이 될 수 있습니다. 언제든 필요하면 사용하십시오. 누구든 무엇이든 공격하면 됩니다. 어떤 사람이든, 교리든, 운동movement이든 상관 없습니다. 즉석에서 만들어낸 이단도 괜찮습니다. 금새 모두를 삼켜버릴 것 같은 어떤 두려움의 대상을 창조하십시오. 지금 드리는 말씀의 요지가 선명하게 와 닿지 않는다면, 『동물 농장』영국작가, 조지 오웰이 전체주의와 그 전체주의 정치를 비판하기 위해 우화의 형식을 빌려 쓴 20세기 소설. 역주을 읽어보십시오.

나폴레옹동물농장의 주인공. 역주이 위기에 처할 때마다 국면전환을 위해 그의 대적인 스노볼의 이름을 어떻게 사용했는지 살펴보십시오. 교회 역사가 흘러오는 내내 사람들도 똑같이 행동해 왔습니다. 그간 숱하게 사용되어왔던 효과적인 도구가 여기 있습니다. 사용하기 원하신다면 여러분 것입니다.

맞습니다. 이것은 효과적일지는 몰라도 그리스도에 못 미치는 것입니다. 아주 한참 못 미치는 것입니다. 그리고 이 사실을 기억하십시오. 여러분의 사역이 시험을 통과해야 할 날이 옵니다. 그날을 미룰 수는 있을지 모르겠으나 완전히 피할수는 없습니다. 불 시험의 날은 반드시 옵니다.

그날이 눈앞에 닥쳤을 때, 여러분은 어떤 도구를 사용하시겠습니까?

여러분 손안에 있는 그 모든 도구들은 그리스도가 아니라는 사실을 깨닫기 바랍니다. 그 도구들은 항상 여러분 앞에 놓여 있을 것입니다. 사실 여러분을 유혹하는 것들입니다. 그리고 분명 그 도구를 집어들고 싶을때가 있을 것입니다.(사람들은 1700년 동안 그 도구들을 사용해왔습니다.) 그때 주님의 손이 여러분을 만류할 것입니다. 여러분은 절망할 것입니다. 그리고 울부짖을 것입니다. "저보고 어떻게 하라는 말입니까? 내 손안엔 아무것도 없습니다. 주님, 당신은 내게서 모든 것을 거둬가셨습니다. 나는 무방비상태입니다. 나는 지금 바보나 다름 없습니다. 내 입을 여는 것조차도 허락하지 않고 계십니다! 주님, 한마디 말도 못합니까? 인상 한번 쓰는 것도 안 됩니까?" 바로 그 순간, 주님이 **여러분을 가두신다**는 말이 무슨 뜻인지 깨닫게 될 것입니다!

그리고 또한 여러분은 교회가 곧 무너질 거란 사실도 알게 될 것입니다. 수많은 사람이 쓰러질 것입니다. 맞습니다. 여러분 눈 앞에서 넘어지고 산산조각날 것입니다. 희망이 없습니다. 끝입니다. 그리고 여러분이 사랑하는 수많은 형제 자매들이 돌이킬 수 없는 상처를 떠안게 될 것입니다. 그들은 어떻게 합니까? 처참한 학살의 현장이 될텐데 말입니다. "주님, 이 참혹한 시간 내내 당신은 제가 아무것도 못 하게 막으셨습니다!"

그 어둠의 시간, 여러분이 예수 그리스도의 신실한 목회자라면 이렇게 말해야 합니다. "좋습니다. 주님, 교회는 무너질 것입니다. 할 수 없습니다. 성도들은 만신창이가 될 것입니다! 그것도 할 수 없습니다.

주님,(여러분 영혼의 중심이 죽는 지점이 바로 여기입니다. 바로 이곳에서 여러분의 숨은 동기와 어두운 내면이 겉으로 드러나 다뤄지게 됩니다.) 내 평판과 사역은 모두에게 한낱 웃음거리가 될 겁니다.(여기에 한 가지 고백이 더해져야 합니다. "내 수입도 끊겼습니다!") 그래도 할 수 없습니다. 주님, 내가 그리스도를 공급할 수 없다면, 내가 순전한 마음으로 그분을 나눌 수 없다면, 만약 내가 한순간이라도 그리스도보다 못한 수준으로 떨어져야 한다면, 난 차라리 아무것도 하지 않겠습니다. 다 무너지도록 내버려두겠습니다. 내게 부여된 하나님의 사역이 무너지는 것과 그리스도보다 못한 것을 사람들에게 주는 것 사이에서 선택해야 한다면 나는 사역의 패배를 택하겠습니다." 성도 여러분, 이 기준을 붙드십시오. 가장 멋진 승리는 **십자가**가 이기는 그 순간입니다!

제15장

가시

　우리는 지금 사역자에 대해 살펴보고 있습니다. 그리고 우리가 지표로 삼을 행동 기준을 모색하는 중입니다. 이제 우리가 나누게 될 이야기는 역사상 가장 믿을 수 없는 이야기 중의 한 편이고 바로 그 기준을 우리에게 가장 확실하게 제시해주는 내용입니다. 바로 바울과 그 유명한 육체의 가시와 관련된 이야기입니다. 그것은 참으로 엄청난 가시였습니다. 어쩌면 하나님께서 정확히 이와 동일한 가시를 우리에게 주실 수도 있습니다.

　바울은 거짓 형제들에게서 오는 위험에 대해 이야기 했습니다. 앞서 말씀드린 것처럼, 우리는 이 거짓 형제들로부터 오는 곤경이 무엇인지를 살펴보게 될 것입니다. 그리고 유대인과 이방인들로부터 주어지는 위험에 바울이 어떻게 반응했는지를 살펴보았던 것처럼, 거짓 형제들로부터 오는 위험에 그가 어떻게 반응했는지도 살펴보겠습니다.

결국, 우리의 이야기는 다음 두 가지 사안을 다루게 될 것입니다. 첫째, 바울의 **가시**란 대체 무엇이었으며 둘째, 그가 직면할 수밖에 없었던 **거짓 형제들**의 위험이란 무엇이었는지. 앞에서 나눈 그 어떤 내용보다도 이 이야기가 주님께서 우리를 어디로 부르셨는지를 잘 보여줄 것입니다. 지금 우리가 서 있는 곳에서 정상이 얼마나 먼지, 그 경사가 얼마나 가파른지, 또한 이것이 얼마나 무모한 도전이며 가당찮은 포부인지도 확인하게 될 것입니다. 하지만 그토록 무모하고 승산 없는 도전임에도 우리에겐 선택의 여지가 없습니다. 왜냐면 우리가 부름 받은 장소가 바로 그곳이기 때문입니다.

이제 바울이 회심한 그 지점부터 이야기를 시작해보겠습니다.

가시 이야기

바울이 회심했을 때, 그에겐 누구와도 견줄 바 없는 위대한 계시가 임했습니다. 무엇보다, 자신이 이방인의 사도로 부름받게 될 것을 그는 그리스도인의 삶 초기부터 알고 있었습니다. 그가 받은 복음의 계시는 너무도 선명했습니다. 그 사실에 대해 생각해보십시오. 그에게 임한 계시는 하나님으로부터 직접 흘려 받은 지식입니다. 그러한 계시를 받은 사람은 지나친 확신을 갖게 되어 그 확신이 그를 파괴하기에 이릅니다. 바울이 받은 계시는 그토록 엄청나서 그를 무너뜨릴 만한 충분한 잠재력을 지니고 있었습니다.

회심 후 약 10년이 지나 아마도 그의 나이 40에 접어들었을 무렵,

그는 사도로서의 사역을 시작했습니다. 계시를 받은 **이후** 10년이 지났을 무렵입니다. 그 10년은 **기다림**의 시간이었습니다. 마침내 그는 바나바와 함께 2년 동안의 교회 개척 여정에 나섰고 네 교회가 세워졌습니다. 그리고 두 사람은 안디옥교회로 돌아왔습니다. 눈부신 성공이 아닐 수 없었습니다. 고난도 있었지만 그것은 명백한 **승리**였습니다. 주님의 일을 하는 사람들을 위험에 빠뜨릴 만큼의 승리! 자만과 자긍의 두 망령이 기지개를 펼 만큼의 승리!

　이제 이 파멸의 씨앗이 바울 안에 뿌려져 꽃을 피우게 될까요? 그렇지 않습니다! 하나님께선 그런 바울을 위해 가시를 준비해놓으셨습니다! 제1차 교회 개척 여정을 마치고 안디옥의 거처로 돌아온 **이후**, 첫 번째 충격이 바울을 강타했습니다. 그것은 하나님께서 주신 것이지만 바울의 입장에선 경악스럽고 견딜 수 없는 고통이었습니다. 그러나 그 고통은 효과적이었습니다. 바울은 그 가시로 인해 연약해지고 깨졌습니다. 지나친 자신감은 없어졌고 대신 … 남은 생애동안 그 고통을 감수해야 했습니다. 그 가시란 대체 무엇이었을까요? 사람들이 흔히 추측하는 안질이었을까요? 아닙니다. 그보다 훨씬 더 끔찍한 어떤 것이었습니다.

　이제 그 이야기로 직접 들어가 보겠습니다. 첫 번째 교회 개척 여정이 끝났습니다. 두 사람은 안디옥의 거처로 돌아왔습니다. 하지만 문제가 생겼습니다. 예루살렘에서 내려온 누군가가 안디옥교회를 방문해 엄청난 문제를 야기한 것입니다. 예루살렘!에서 안디옥을 찾아온 그리스도인! 방문객들은 안디옥교회 신자들이 할례를 받아야 한다고 주장했습니다. 그래야 진정한 그리스도인이 될 수 있다는 것입니다. 당연히 우리는 질문할 수밖에 없습니다. 대체 누가 이 그룹을 이끌고 내려왔을까요? 그 사람의 이름은 무엇일까요? 우리로선 그 답을 알 수 없는 노릇입니다!

문제는 심각했습니다. 상황이 악화되고 혼란이 깊어지자 바울과 바나바는 이 모든 문제를 해결하기 위해 예루살렘으로 올라가지 않을 수 없었습니다. 예루살렘에서 내려온 방문객들은 안디옥교회 신자들의 믿음을 흔들어놓았습니다. 어떤 조치든 내리지 않으면 안 될 상황에 이른 것입니다. 갈등의 원인이 예루살렘교회로부터 왔으니 결국 예루살렘교회 안에서 답을 찾아야 했습니다. 바나바와 바울, 그리고 안디옥교회의 몇몇 대표들이 **거룩한 도시** 예루살렘을 방문했습니다

문제를 해결하기 위한 모임이 예루살렘에서 열렸습니다. 그것은 영적인 거장들이 함께한 위대한 역사적 모임이었습니다. 열네 명의 사도들, 교회의 장로들, 몇 명의 안디옥교회 그리스도인들, 그리고 어떤 사람들, … 우리는 그 "어떤 사람들"의 이름을 알 수 없습니다.

긴 논의를 거쳐 사태는 중대국면으로 접어들었습니다. 마침내 베드로가 해결책을 제시했고 야고보가 동의했습니다. 바울과 바나바의 사역은 인정받게 되었습니다. 그들은 기뻐했습니다. 또 하나의 승리가 추가되었습니다. 이방인의 복음이 이겼습니다. 예루살렘회의에 참석한 사람들은 한 편의 공동서신을 작성하여 **다섯** 이방인교회안디옥교회와 바울·바나바의 1차 교회 개척 여정 가운데 세워진 비시디아안디옥교회, 이고니온교회, 두라디라교회, 더베교회. 역주에 보냈습니다. 역사적인 승리가 아닐 수 없었습니다. 예루살렘에서 안디옥을 방문했던 반대자들이 잘못한 것으로 결론이 났

습니다. '진정한 신자가 되기 위해 반드시 할례를 받아야 할 것인가'와 관련된 문제는 이제 진정국면으로 접어들었습니다.

하지만 그것은 단지 시작에 불과했습니다.

당시엔 누구도 관심을 두지 않았지만 예루살렘 공의회가 열릴 당시, 아주 흥미로운 또다른 일이 벌어지고 있었습니다. 그 회의에 어울리지 않는 어떤 사람이, 아니 어쩌면 잘 어울리는 사람이 거기 들어와 있었습니다. 그는 예루살렘 공의회가 내린 결정에 내심 동의할 수 없었습니다. 이방인들의 자유를 "엿보기 위해"갈 2:4 거기 들어와 있던 사람들이 있었던 것입니다. 아마도 이 사람, 혹은 이 무리가 땅 끝까지라도 바울을 추적해 그와 그의 사역을 대적하고 파괴하기로 결정했던 것이 바로 이 예루살렘 공의회에서였던 것 같습니다.

드디어 거짓 형제들이 무대에 등장했습니다.

바울 자신은 아직 그 사실을 모르고 있었지만, 그때를 기점으로 사나운 사냥개와 같은 무리가 평생 바울을 뒤쫓게 됩니다. 이제 우리의 이야기에 등장하기 시작한 이 사람은 누구일까요? 그는 베일에 가려진 인물입니다. 우리는 그 이름조차 알 수 없습니다.

우리가 확실히 알 수 있는 바는 이것입니다. 바울은 두 번째 교회 개척 여정을 떠났습니다. 그는 이전에 세운 네 교회를 재방문했습니다. 하지만 그가 그곳에 도착했을 때는 우리 이야기에 막 등장한 이 베일에 가려진 인물이 이미 바울보다 앞서 그 교회들을 다녀간 뒤였습니다!(갈라디아서 전체 내용을 다시 한번 살펴보십시오.) 이 사람, 혹은 이 사람들은 바울에 의해 그리스도인이 된 갈라디아교회 신자 거의 대다수를 유대그리스도인 모임으로 돌려놓았습니다. 이 사람은 자신의 가르침이 "더 깊이 있는 복음"이라 주장하며 갈라디아 신자들의 마음을 빼앗았습니다. 그들 중의 얼마는 이미 바울을 떠나 이 사람의 가르침을 따르고 있었습니다. 이 사람은 대체 누굴까요? 우리는 알 수 없습니다.

분명한 것은 바울이 위기에 직면하고 있었다는 것입니다. 그 위기란 다음과 같습니다. "내가 이 사람을 어떻게 해야 할까? 이 사람의 영향을 받은 네 교회는 또 어떻게? 만약 앞으로 세워질 이방인교회들에 이 사람이 다시 영향을 미친다면 그땐 또 어떻게 해야 할까?"

바울이 이 사람에게 반격할까요? 갈라디아교회들에 편지를 쓴 지 얼마 안 되었을 무렵, 어쩌면 바울이 갈라디아교회들을 재방문했을 때, 바울은 이 사람이 교회에 끼친 피해를 직접 귀로 듣고 눈으로 확인할 수 있었습니다. 그가 주님께 나아가 자신의 인생에서 이 사람을 거둬가 달라고 간구했던 것이 이 무렵입니다. 안디옥교회를 거의 망가뜨렸던 이 사람은 이제 갈라디아에서도 큰 성공을 거두고 있었습니다. 이 사람을 어떻게 대해야 할지 하나님께서 바울에게 계시하셨을 때 바울은 극심한 고뇌로 비틀거렸을 것이 분명합니다. 하나님께선 이 사람에 대한 어떤 방어 수단도 바울에게 허락하지 않으셨습니다.(바울이 그의 가시를 받아들였던 것이 바로 이때였음을 여러분들이 곧 알게 될 것입니다.)

이로 인해 바울의 확신은 흔들리기 시작했습니다. 그 내면의 동기가 시험을 통과하기 시작했습니다. 그리스도인으로서 그가 받았던 은혜와 은사들도 연단 가운데 들어갔습니다. '다른 뺨도 돌려대라'는 복음은 아주 극단적으로 시험받고 있었습니다. 그가 외치던 그 복음이 그의 내면에 실존하는지 확인받고 있었던 것입니다. 바울 자신이 불 속에 던져졌습니다. 바울에게 있어 가장 약한 부분, 가장 예민한 부분은 그의 사역, 즉 그가 세운 교회였습니다. 그의 부르심이 거기 있었기 때문입니다. 하나님께서는 바로 그 부분을 건드리시면서 바울에게 믿기 힘든 요구를 하셨습니다. 사역자의 기준이 거기 세워지고 있었습니다. 하나님께서는 바울에게 그분 자신의 기준을 제시하셨습니다.

한 남자가 자신의 인생을 바쳐 이방인의 복음, 이방인의 교회, 그리고 이방인의 사도를 죽이려고 하고 있었습니다. 이미 세워진 이방인교회들과 아직 세워지지도 않은 이방인교회들이 파괴당할 운명에 처했습니다. 하나님은 바울을 옴짝달싹 못 하게 가두셨습니다. 바울의 무장을 해제하고 입에 재갈을 물렸습니다. 바울이 할 수 있는 일이란 자신을 뒤쫓는 그 사람이 교회를 부수고, 또 부수고, 또 부술 때까지 그저 침묵하며 기다리는 것뿐이었습니다. 바울에 필적할만한 에너지를 갖고 바울을 파괴하기 위해 혈안이 되어 있는 한 사람이 보이기 시작합니다. 한쪽은 그의 전 생애를 이방인교회를 세우는데 헌신하고 다른 한쪽은 그의 전 생애를 그것들을 부수는데 쏟아 붇습니다.

그는 대체 누구일까요? 우리는 알 수 없습니다. 하지만 이것만은 확실합니다. 바울은 자신이 가는 모든 도시와 자신이 세우는 모든 교회마다 그가 찾아올 것을 알고 있었습니다. 그는 이 사실을 매일 의식하고 있었습니다. 하지만 바울은 결코 이 사실을 입 밖에 내지 않았습니다! 여러 해 후에, 그가 빌립보, 데살로니가, 베뢰아, 고린도를 거쳐 마침내 에베소에 이르렀을 때, 그리고 죽음의 그림자가 그를 덮치고 있음을 확신했던 그곳에서, 바울은 자신의 뒤를 빠짐없이 추적해온 사람이 마침내 고린도까지 당도했다는 소식을 듣게 됩니다.

바울의 삶을 따라다니며 괴롭히는 이 사람이 누군지 여러번 물었습니다. 우리는 모릅니다. 물론 바울은 이 사람이 누군지 분명히 밝힙니다. 이야기하지만 그것은 이 끔찍한 십자가를 □어지고 산지 오랜 시간이 지난 후였습니다.

우리는 지금 이름도 모르는 사람에 대해 이야기하는 중입니다. 바로 "거짓 형제들"입니다. 잠시 주제를 바꿔, 바울이 말한 가시에 대해 좀 더 구체적으로 알아보겠습니다.

바울은 고린도후서에서 "사탄의 사자"에 대해 언급하고 있습니다. 사탄을 거의 무시하다시피 하는 바울의 입에서 아주 드물게 튀어나온 표현이 아닐 수 없습니다.

"사자"messenger. 역주라는 표현을 좀 더 깊이 들여다봅시다. 우리를 깜짝 놀라게 할 사실이 숨어있습니다.

이 "사자" 때문에 바울은 겸손하고 약할 수밖에 없었습니다. 바울이 **가시**라고 부르는 이 "사자"란 대체 무엇일까요? 우리는 바울의 가시를 통상적으로 "그것it"으로 부릅니다. 그것, "it"이 사람들이 흔히 말하는 안질이든, 간질이든, 성적인 욕망이든, 아니면 다른 무엇이든! 역주 하지만, **바로 같은 본문**에서 바울은 고린도에 침투해 **"다른 복음을 가르쳤던"** 어떤 **사람**에 대해 말하고 있습니다. 매우 기만적인 이 사람은 정확히 표현하자면 한 사람의 사역자입니다.(고린도후서 11:13-15을 보십시오.) 그렇습니다. 하지만 이 가시란 대체 무엇일까요? 아니면 누구일까요? 이 "사자"란 대체 **무엇**일까요? 아니면 **누구**일까요? 바울이 지금 두 가지 서로 다른 대상을 말하고 있는 것일까요? 아니면 한 대상을 말하고 있을까요?!

하나님께서는 왜 이 가시를 바울의 삶에 두셨을까요? 어째서 이 십자가를 그의 삶에 두셨을까요? "내가 받은 계시가 지극히 커서 … 나를 절제시키고 … 나로 자만하지 않도록 … "

그렇다면 그 "가시"와 다른 복음을 가르쳤던 그 "사람"이 하나란 말입니까? 그렇습니다. 그 증거는 흘러넘칩니다. 고린도후서 11:13-12:9을 다시 읽어보십시오. 그 가시와 사자는 **동일한** 대상입니다. **그 가시와 사자**는 곧 **한 사람**입니다! 여기 해당 본문에 대한 위스트Wuest의 흥미로운 번역이 있습니다.

이 〈사자〉와 관련하여 나는 세 번이나 **그**를 내게서 떠나게 해달라고 주님께 간구했습니다. 그러자 주님께서 내게 말씀하셨고, 지금도 여전히 동일하게 말씀하십니다. 나의 은혜가 너에게 족하다. 능력이란 매 순간, 연약함 안에 있을 때 그 온전한 힘을 발휘하고 온전히 역사하기 때문이다. 고린도후서 12:8-9

이 특별한 번역에 있어서 가장 흥미로운 점은 "가시"가 "그"로 불리고 있다는 점입니다. 바울의 "가시"는 사람이었습니다! 그리고 바울은 세 번이나 **이 사람**을 어떻게 좀 조치해달라고 하나님께 구했습니다! 그때마다 하나님께선, "네가 연약함 속에 있는 것이 좋다. 그 사람이 하는 일을 내버려 두어라. **나는 그를 제거하지 않을 것이다.** 대신 그 사람의 파괴를 견디고 그것을 묵묵히 지켜볼 수 있도록 내가 네게 은혜를 베풀 것이다. 바울아, 너의 능력은 너의 연약함 속에서 온전해질 것이다"라고 말씀하셨습니다!!!

주의하십시오! 여러분 중에 사역자가 되실 분들에게 말씀드립니다! 여러분 앞에 무슨 일이 전개될지 잘 살펴 보십시오.

이쯤 되면 우리의 호기심이 걷잡을 수 없어집니다. 과연 이 불가사의한 인물은 누구일까요? 그는 이제 고린도교회까지 접근했고 교회는 그 사람을 두 팔 벌려 환영했습니다! 우리는 그가 누군지 모릅니다. 하지만 조금씩 그 단서들을 모아가고 있습니다! 그 정체가 조금씩 드러나고 있습니다. 한 가지는 분명합니다. 그는 바울의 가시입니다.

그가 누구든 간에 그는 분명히 사역자였습니다. 그는 대단히 존경받고 있었습니다. 예루살렘교회의 파송을 받았기에 예루살렘교회로부터 발급받은 추천서를 갖고 있었습니다. 추천서에는 이 사람이 얼마나 진실되고 능력있는 사도인지가 써 있었습니다. 바로 그 사람이 지금 고린도교회에 도착해있는 것입니다. 예루살렘교회에서 내려온 사도가 말입니다. 고린도교회는 그를 받아들였고, 치켜세웠으며, 그의 말을 귀담아들었고, 그에게 여비를 주었으며, 그가 하는 **모든** 말을 믿었습니다.

이전의 모든 교회에서 그랬던 것처럼, 이 사람은 거기 고린도에서도 아주 교묘하게 바울에 대한 의심의 씨앗을 뿌렸습니다. "모든 사도는 자신이 사도임을 증명하는 추천서를 갖고 있습니다. 그런데 바울은 없다고요? … 바울이 사랑의 선물즉, 사례비, 역주을 받지 않는다고요? 흠, 그것 참 이상한 일이군요."

고린도교회는 당시 7년 된 교회였음에도 이 사람에 대해 전혀 들어본 바가 없었습니다. 어떤 사전경고도 듣지 못했습니다. 하지만 정작 바울 자신은 그때까지도 매일매일 이 사람 때문에 고통스러워하며 살아가고 있었습니다. 무엇보다 이 사람은 아주 명석했습니다. 그는 고린도교회의 마음을 교묘히 사로잡아 자신 쪽으로 돌려놓았습니다. 얼마나 상황이 안 좋았는지 바울이 다시 고린도교회로 돌아갈 수 있을지조차 불투명해졌습니다. 그럼에도 바울은 이 사람에 대해 고린도교회에 말한 바가 없었고, 그의 강력한 복음이 얼마나 위험천만한지 경고한 적도 없었습니다. 또한, 그가 안디옥과 갈라디아의 교회들에게 무슨 짓을 했는지 그리고 다른 교회들 가운데 미친 영향이 무엇인지에 대해서도 말하지 않았습니다! 7년이란 긴 세월 동안 고린도교회의 신자들은 이 사람에 대해 바울에게서 들은 것이 하나도 없었습니다. 바울을 가장 무겁게 짓누르던 십자가였는데도 말입니다! 이제 곧 사역자가 될 분들은 여기에 별표 치십시오!

그토록 올곧은 길을 여러분도 갈 수 있겠습니까? 그게 가능한 사람이 있기나 합니까? 기억하십시오. 바울은 분명히 그렇게 처신했습니다!

바울을 고린도까지 뒤쫓아 온 이 사람은 누구일까요? 우리는 알 수 없습니다. 하지만 마침내, 바울은 고린도교회에 보내는 편지에서 이 사람의 존재에 대해 **넌지시 입을 엽니다.** 바울은 이 편지가 자신의 마지막 서신이 될 것이라고 생각했습니다. 바울은 자신의 사역과 생명이 끝났다고 확신했던 순간 마침내 이 상황-이 사람-에 대해 언급합니다.

이점을 잊지 마십시오. 바울은 죽음이 임박했다고 느낀 그 시간까지 자신의 최대 원수에 대해 말한 적이 없습니다. 도무지 견디기 힘들고 말할 수 없이 힘든 그 십자가에 대해 언급조차 하지 않았습니다. 따라서 고린도교회는 이 사람에 대해 전혀 모르고 있었습니다.

대체 이 사람은 누구일까요? 우리는 모릅니다. 여러 단서들을 한번 종합해 봅시다. 어쩌면 누가가 이 사람에 대한 최초의 단서를 제공할 수도 있습니다. 누가는 예루살렘의 "성전 제사장들"이 그리스도를 믿고 개종한 사실을 기록하고 있습니다.(이후 이 개종한 제사장들이 예루살렘교회 안에서 주도권을 잡았을 수도 있습니다.) 다음으로, 우리는 예루살렘 출신의 중요한 인물들이 안디옥을 방문한 사실을 기억하고 있습니다. 그다음, 예루살렘 공의회에 들어와 있던 "스파이들"을 알고 있습니다. 또 예루살렘에서 갈라디아의 네 교회에 침투해 성도들을 전부 할례 시키는 데 성공할뻔했던 사절단에 대해 서로 알고 있습니다.

이 사람들은 이후, 빌립보와 데살로니가에도 나타났고, 마침내 고린도에도 그 모습을 드러냈습니다.

이렇게 단서를 모아보면 이 사람의 대략적인 윤곽이 그려집니다. 아마도 그는 성전 제사장이나 바리새인이었을 것입니다. 그는 한 무리의 회심한 제사장, 아니면 회심한 바리새인들, 즉 유대교화化된 복음을 세우려는 집단을 이끌고 있었습니다. 이들은 바울과 그의 복음이 유대교화化된 복음을 이기고 우위를 점해가는 모습을 보면서 바울의 사역을 중단시키고, 그가 세운 교회와 복음을 제거하려고 결심했을 것입니다. 이제 이 "가시"를 주목하십시오! 또 이 '사람'을 가볍게 여기지 마십시오. 그는 사람들에게 존경받고 있었고 은사가 출중한 사람이며 아마도 당시에 잘 알려졌던 인물이었습니다. 그가 카리스마를 갖고 있었던 인물임엔 틀림 없습니다.

이 사람이 누구였을까요? 우리는 모릅니다. 그 대신 우리가 주목할 사실이 있습니다. 우리는 역사상 가장 큰 찬사를 받아야 할 그리스도인 중 한 사람으로 바울을 상정해야 할 것입니다. 왜 그렇습니까? 오늘날까지도, 이 "가시"가 누구인지, 그의 이름이 무엇인지, 그 사람에 대해 아무것도 모르고 있기 때문입니다! 즉 가장 악명 높은 한 사람의 존재가 역사 속에서 완전히 제거된 것입니다. 그는 분명 바울의 최대 적이었습니다. 그런데도 바울은 그에 대해 언급조차 하지 않았습니다. 바울은 그 사람의 수준으로 떨어지지 않았습니다. 자신에게 부여된 그 소름끼치는 십자가를 지고 살았습니다.

이 사람이 그토록 오랫동안 바울의 뒤를 따랐다는 사실과 그럼에도 고린도교회가 그의 방문을 까마득히 모르고 있었다는 사실이 가능한 일입니까? 고린도교회는 이 사람에 대해 경고받은 적도 없고 대비한 적도 없었습니다. 그를 치켜세우고, 그의 말을 경청하고, 그를 믿고 따를 만큼 무방비상태에 있었습니다! 이것이 가당키나 한 일입니까? 고린도교회의 개척자 바울을 덮치기 위해 10년 가까운 세월동안 추격해온, 바울의 사역 전체를 파괴하기 위해 혼신을 다해온 이 사람을 고린도교회가 모르다니요?!

그렇다면, 바울은 어째서 그토록 상처받기 쉬운 교회를 홀로 남겨두고 떠났을까요? 어째서 바울은 그토록 이 사람에 대해 함구하고 있던 것일까요?

그가 노련하지 못한 나머지 이 사람을 어떻게 처리해야 할지 몰랐던 것일까요? 아니면 너무 바보 같아서 교회들에게 미리 경고할 생각조차 못 했던 것일까요? 불가능한 가정입니다.

혹 우리가 잘못 알고 있는 것은 아닐까요? 실제로는 바울이, 교묘한 유대주의자 한 사람이 침투할 것이라고 미리 **경고했던** 것은 아닐까요?

당연히 그렇게 했을겁니다! 그렇지 않다면 그건 거의 **미친** 것이나 다름없으니 말입니다.

하지만 잊지 마십시오. 지금 우리는 **신령한** 생명을 거론하고 있습니다! 그리고 바울은 하나님이 가두어 놓은 사람이었습니다. 하나님은 바울의 입을 봉하셨고, 무장해제 시켰으며, 무방비상태에 두셨습니다. 하루하루, 그리고 한해 또 한해, 바울은 이 대적과 직면해야 했습니다. 회당의 유대인들보다도, 로마제국보다도 이 '거짓' 형제가 바울에겐 더 지독스러웠습니다. 그런데 이 **형제**는 명목상으로만 형제일 뿐, 실제로는 바울과 이방인교회들, 그리고 복음마저 무너뜨리기 위해 준비된 형제였습니다. 바로 "거짓 형제로부터의 위험!" 그렇습니다. **여기에** 바울의 시련이 있었습니다.

하나님께서 바울의 인생 속에 가시를 밀어 넣던 날, 바울은 그에 대해 어떤 마음을 품게 되었을까요? 이 사람과 싸우거나 이 사람에 대해 강력한 경고를 하기로 마음 먹었을까요? 사도로 부름받은 직후, 첫 번째 교회 개척 여정을 떠났을 때라면 그랬을지도 모릅니다. 당시에는 성공과 오만함과 위대한 계시로 인해 충분히 강한 사람이었을 수도 있기 때문입니다. 하지만 이제는 아닙니다.

하나님께서는 그가 곁길로 빠져나가 외유를 즐길만한 사치를 허락하지 않았습니다. 변론, 비난, 빈정거림, 상대를 공격하기 위한 소책자 발간 등 가치 없는 일에 말려들기를 원치 않으셨습니다. 하나님은 바울을 코너에 몰으셨습니다. 바울은 부정적인 어떤 것으로 하나님의 백성을 돌보거나 그리스도에 못 미치는 것으로 그들을 먹일 수 없었습니다. 바울은 오직 거기 가만히 서서 거듭거듭 자신과 사역이 적들에게 삼켜지는 것을 바라볼 수밖에 없었습니다.

갈라디아서가 한 권만 있는 이유가 여기 있습니다. 바울이 불같이 화를 낸 그 편지를 쓰자마자 하나님이 가시를 주셨기 때문입니다. 하나님은 바울 안에 있는 '싸움'의 기질을 영원히 꺾어버리셨습니다.

바울의 입은 봉해졌습니다. 그가 할 수 있었던 일이란 그저 한 도시로 들어가, 교회를 일으켜 세우고, 그 교회를 떠나(이 사람에 대한 경고 없이) … 대적이 찾아올 때까지! 기다리는 것뿐이었습니다. 바울뿐 아니라 아무런 경고도 받지 않은 사람들, 순진한 아이 같은 사람들, 어떤 의심이나 경계심도 없는 사람들, 아무것도 준비 안 된 사람들에게도 반대 세력이 밀려왔습니다. 바울이 할 수 있는 일이란 딱 하나였습니다. 그는 울 수 있었습니다. 날이면 날마다 눈물 흘릴 수 있었습니다. 눈물이 그의 유일한 자기방어였고 그가 지닌 유일한 무기였습니다.

겉으로 보기에, 그는 얼간이 같아 보였을 수 있습니다. 하지만 당시의 사람들과 오늘 우리의 눈에 보이지 않는 것은 사람의 방식 너머에 있는 길입니다. 바울에겐 그 거룩한 방법들을 볼 수 있는 내면의 눈이 있었습니다.

"누가 나를 바보로 여기지 않도록 하십시오. 굳이 그럴 수밖에 없다면 그저 내가 바보가 되는 것을 용납해주십시오."

뭐 이런 사람이 다 있습니까! 하나님께서 바울에게 주신 운신의 폭이 얼마나 좁았는지를 보십시오. 바울은 교회를 세우고 지켜나가는 데 있어 최소한만 허락받았습니다. **시간**적인 측면에서 볼 때, 한 도시당 **6 개월** 정도, 보통 그 이상은 아니었습니다. 일반적으로는 그보다 훨씬 적었습니다. 다가올 **위험**에 **대비**해 교회를 준비시키는 일은 '거의' 하지 않거나 전혀 하지 않았습니다. 하나님의 말씀을 전하는 사역에 있어선 오직 긍정적인 **메시지**, 즉, 그리스도와 십자가만 나누었습니다. 그런 메시지는 강력하지만 사람을 끄는 힘을 가진 부정적 메시지 앞에서 풍전 등화와 같습니다. 어떤 안전장치도 없는, 실수할 여지가 농후한, 깨어지기 딱 좋은, 바람 한번 불면 사라질 것 같은 상황에 하나님께선 바울을 가두셨습니다.

부디 이 사실들을 기억하십시오.

가시가 불러온 결과

그럼에도 바울이 가시가 불러온 결과에 대해 고백하는 것을 들어보십시오.(다음에 인용되는 성경말씀은 가시를 언급하고 있는 그 동일본문에 기록된 말씀입니다.) 하나님께서 찾으시는 것이 바로 **여기**에 있습니다. 오늘날의 사역자들이 생각하는 바와는 너무도 다른 사역자! **실제로는** 강력한 하나님의 사람이 여기 있습니다!!!

> "그러므로 나는 매우 기쁘게 나의 연약함을 자랑할 것입니다.
> … 내가 연약한 바로 그 때에 강하기 때문입니다."

"이것 보십시오. 바울 형제님. 한번 생각해보십시오. 형제님이 이 새로운 도시에 도착하기까지의 여정을 되돌아보세요. 어느 날, 형제님이 지나온 경로를 그대로 뒤쫓아 형제님의 대적이 걸어들어올 것입니다. 능력을 가지고 은사가 출중한 그 사람 말입니다. 예루살렘교회에서 받은 신임장까지 갖고 다니는 사람. 전직 성전 제사장이었던 그 사람. 제사장이었다가 그리스도인으로 개종했다는 강력한 회심의 증거까지 가진 사람. 더구나 거룩한 도시 예루살렘에서 내려온 그 사람! 바울 형제님. 그 사람은 한때 형제님의 뒤를 따라 안디옥교회까지 침투했던 인물입니다. 예루살렘 공의회에 잠입했던 사람일 수도 있고, 안디옥교회에 들이닥쳤던 이들이 예루살렘에 돌아간 뒤에도 홀로, 아니면 몇 명을 이끌고 갈라디아교회에 침투했던 인물일 수도 있습니다. '거짓 형제들로부터 오는 위험', 사탄이 보낸 사자, 즉 거짓 사도! 그가 지금 형제님의 삶 속에 들어와 있습니다. 형제님을 탈선하게 만드는, 형제님을 상처 내는, 형제님 안에 쓴 뿌리를 품게 하는, 형제님을 쇠잔하게 만드는, 부정적이고 방어적인 사람으로 유도하는, 형제님으로 하여금 공포와 위험과 그늘 속에서 세월을 허비하게 만드는, 교회를 움츠러들고 피해망상에 젖게 만드는 바로 그 사람입니다." "그는 형제님으로 하여금 다른 사람을 공격하게 만드는 사람입니다. 형제님으로 하여금 그 시험에 빠지도록 유혹하는 사람입니다!"

"알고 있습니다. 하지만 나는 굴복하지 않을 것입니다. 나는 그리스도를 전할 것입니다. 하나님의 사람들에게 그리스도를 공급할 것이고 그분을 제공할 것입니다. 나는 다른 일을 할 수 있는 사람이 아닙니다. 오직 그분의 사역자가 될 뿐입니다. 하나님께서 그 외 모든 것을 내게서 벗겨내셨고 또 거둬가셨습니다. 내가 전하는 메시지, 내가 매일 나누는 대화에서 그리스도를 제외한다면 나는 말할 수 있는 것이 없습니다." "나는 그 사람에 대항해 말하지 않을 것입니다. 그리스도보다 저급한 어떤 것을 배우려거든 다른 사람에게 부탁하십시오. 나는 그리스도에 못 미치는 것을 여러분에게 가르칠 수 없습니다."

여러분에게도 바울이 품었던 그 가시가 있다면 어떻게 하실 작정입니까? 그를 보십시오. 이방인교회를 세우도록 부름 받았습니다. 계시너머의 계시를 받았습니다. 매 맞는 자리에 있었습니다. 채찍과 돌과 몽둥이로 얻어맞았습니다. 사람들이 지어낸 말의 대상이 되었고, 기만당했습니다. 교회들로부터 한 푼의 사례비도 받지 않았고 뙤약볕 아래 손수 노동했습니다. 삶의 진정성과 메시지가 왜곡되는 것을 목격해야 했습니다. 믿는 이들과 믿지 않는 이들 모두에게 미움을 받았습니다. 이러한 일들이 만들어낸 이미지로 인해 그가 혼신의 힘을 다해 섬겼던 성도들에게, 그가 그토록 고생하며 섬겼던 성도들에게 의심을 받았습니다.

여러분은 정말 바울과 같은 사역자가 되길 원하십니까? 누군가 여러분의 뒤를 추적해 여러분이 이룬 모든 것을 짓밟는 것을 감당하고 싶습니까? 여러분이 헌신한 모든 것이 상실당할 것을 알면서도? 여기서 그런 일을 당하고, 또 다른 도시에 들어가 동일한 고통을 겪는 것을 감당할 수 있겠습니까? 거기서 수고하는 그 사역 역시 바로 이전의 그 사람에 의해 다시 부서질 것을 알면서도? 그런데도 **여러분은** 그에 대해 아무것도 말할 수 없고, 어떤 대응도 할 수 없습니다. 여러분이 무장한 것은 오직 그리스도입니다. 그 외 모든 것에 대해서는 벙어리나 마찬가지입니다.

말도 안 되는 가시, 말도 안 되는 약함, 말도 안 되는 하나님입니다! 바로 하나님이 그 가시를 주셨습니다. 말도 안 되는 요구, 말도 안 되는 기준입니다!

"나는 그 사람을 비난하지 않을 것이고, 언급하지도 않을 것입니다. 책망하지도 않을 것이며 경고하지도 않을 것입니다. **그 외의 모든 것은 바로 여기, 가시가 머무는 이곳, 말할 수 없는 연약함이 존재하는 이곳에서!! 내 인생 안에 이 한계를 설정하신 주님, 당신께서 행하실 일입니다!!**"

바울이 "나를 본받으라"고 했을 때, 그 말을 듣는 신자들은 바울 자신이 인간 이성 너머의 어떤 삶을 말하고 있음을 알고 있었고, 바울 자신이 그 삶을 이미 실천하고 있다는 것도 알고 있었습니다. 그래서 그 모범을 떠나 곁길로 가면서 자신을 합리화할 수 없었습니다. 바울은 하나의 모범으로 그 자리에 서 있었습니다. 그가 자신을 모범으로 내세우기까지는 피로 얼룩진 대가를 지불해야 했습니다. 만약 여러분이 바울을 예로 들어 어떤 사람에게 반격할 준비를 하고 있다면 여러분은 오랜 시간을 기다려야 할 것입니다. 앞서 말씀드린 것처럼, 한 그리스도인에게 보낼 최고의 찬사가 있다면 우리는 그것을 바울에게 돌려야 합니다. 바울의 사역, 그의 삶과 생명을 해치려 했던 사람, 바울이 감당해야 했던 가장 큰 십자가, 바로 그 사람의 이름이 영원히 역사책에서 지워졌기 때문입니다. 그 사람의 이름이 역사 속에 남아있다는 것은 바울이 그의 이름을 의도적으로 노출시킨 후 그에게 반격을 가했다는 의미이고, 만약 바울이 실제로 그렇게 했다면 오늘 우리는 그 바울의 반격을 실례로 들며 더 적극적으로 우리의 상대를 공격할지도 모른다. 역주 그 사람의 이름뿐만 아니라 그를 추종했던 그 동료들의 이름 역시도 교회 역사에서 완전히 사라졌습니다. 이제 다시 바울의 음성을 들어보십시오.

"나를 본받으라."

나는 바울이 그 사람을 공격하고 싶은 유혹을 받았을 것이라고 믿습니다. 그렇게 여러분 역시 언젠가, 어디에선가 유혹을 받게 될 것입니다! 하지만 바울은 자신의 마음을 면밀히 들여다보았습니다. 그의 숨은 동기들을 정직하게 다루었던 것입니다. 나아가서, 자신의 영으로부터 흘러오는 말씀을 듣기 위해 모든 행위를 멈추었습니다. 성령님은 그에게 어떤 대응을 허락하셨을까요? 그저 파괴당하는 것 외엔! 아무것도 없었습니다! 그 후에 그가 하는 말을 들으십시오. "나를 본받으라." 참 대단한 십자가이고 대단한 운명입니다.

바울은 사역자들이 흔히 범하는 상대에 대한 사악한 공격을 합리화하는 죄에 굴복하지 않았습니다. 그는 위기에 빠진 사람이 끌어다 쓰는 그런 변명에 굴복하지 **않았습니다.** 그는 마음속의 숨은 동기들을 인정했고, 오히려 그 반대편으로 움직였습니다!

대체 바울이 그렇게 할 수 있었던 그 원천은 무엇일까요?

바울은 생계를 위해 손수 노동했습니다. 사역을 대가로 돈을 받은 적이 없습니다. 사역을 감당했고, 고통을 받아들였으며, 희생을 수용했습니다. 그는 자신이 건축한 것들이 무너질 것이란 사실을 알면서도 그렇게 했습니다. 그 동기가 무엇이었을까요? 아무것도 없었습니다! 바울이 얻은 것은 바로 이것입니다. 그리스도를 향한 순수한 열정, 곧 그것만이 그의 동기이자 원천이 되었습니다.

바울은 이렇게 말했습니다. "주님, 나는 당신을 알 것입니다. 십자가에 달린 당신을 알 것입니다." 그리고 그는 실제로 십자가를 얻었고 다른 모든 것을 잃었습니다. 할렐루야!

그렇습니다. 그러한 **사역자**가 출현하는 데에는 많은 시간이 소요됩니다. 많은 시험과 시련, 충분한 시간이 요구됩니다. 더구나 그런 사역자가 우리 시대에 등장하기까지는 더 오랜 시간에 걸쳐 이 모든 일들이 진행되어야 합니다. 어쩌면 여러분의 평생이 걸릴 수도 있을거라고 나는 추측합니다. 그런 사역자의 기준이 어디 있습니까? 저기, 저 정상에 있습니다! 바울이 깃발을 그곳에 두었기 때문입니다. 신음하며, 피범벅이 된 채로, 고통 속에서, 영광스럽게 거기 세워 두었습니다! 그리고 그 이후로는 아무도 거기에 이르지 못한 것 같습니다.

여러분의 임무는?

기꺼이 바울의 길을 걷겠습니까? 이 사실만은 분명히 아십시오. **바울이 겪었던 사건들을 여러분도 겪게 될 것입니다!** 변명할 수도 없고, 논쟁할 수도 없고, 합리화할 수도 없으며, 상식적으로 설득할 수도 없고, 다만 십자가를 맞이할 뿐인 시간들! 얻거나 성공하기보다는 오직 잃을 뿐인!

아마 이런 것들이 여러분의 몫이 될 것입니다. 배고픔, 목마름, 탈진, 투옥, 무일푼, 거의 모든 이들의 적대감과 오해, 사력을 기울여 헌신한 교회가 하나님의 제단에 오르기도 전에 부서져 내리는 것을 지켜보는 일 등. 누구에게도, 어떤 부정적인 말도 하지 않기 위해 여러분은 이 모든 것을 감내해야 할 것입니다.

대체 무엇을 위해 이런 막대한 대가를? 단지 얼마 간의 소신 있는 행동을 위해? 그렇지 않습니다. 바로 다음과 같은 기준 가운데 여러분의 삶을 올려놓기 위해서입니다. "내가 지금 사람들에게 공급하는 것이 그리스도인가? 만약 아니라면, 나는 차라리 아무것도 공급하지 않을 것이다!"

이제 잠시 멈추고 생각해봅시다. 현재 여러분들은 사역자가 아닙니다. 여러분 대부분은 앞으로도 그럴 것입니다. 그럴지라도 여러분은 분명히 **형제와 자매들**입니다. 이 모든 기준은 여러분이 속한 교회 안에서, 여러분 상호 간의 태도와 실천 속에서 그대로 적용되어야 합니다. 어떤 희생이 따르더라도, 여러분이 사역자이든 아니든 전혀 상관없이 평생 적용되어야 합니다. 왜 그렇습니까? 언젠가 여러분들은 전심으로 이렇게 고백했던 순간이 있었을 것입니다. "하나님을 배우고 싶습니다. 주님이 아니면 한 발짝도 나가지 않겠습니다!"

길고 고단한 배움의 과정이 될 것입니다. 그분만이 그 길을 인도하실 수 있습니다. 다만 여러분이 하실 일은 하나님과 함께 그 고귀한 길을 걷고자 하는 **내적동기**를 드리는 것입니다.

사역자이든, 평범한 신자이든, 초기 기독교인들은 다른 사람을 비난하기 위해 바울을 이용할 수 없었습니다. 자신을 **방어**하는 예도 마찬가지입니다. 지금 우리들 가운데는 사역자가 없습니다. 오직 젊은 형제들뿐입니다. 여러분은 어디서부터 이것을 시작하시겠습니까? 여러분들의 일상 속에서 시작해야 합니다. 여러분이 사역자가 된 이후에 시작하는 것이 아닙니다. **지금** 여러분의 **룸메이트**와, 그리고 주님의 모임 안에 속한 성도들과 시작하는 것입니다! 그들이 무슨 말을 하든지, 무엇을 하든지, 상황이 얼마나 가혹한지와 상관없이 거기서 그 일을 시작할 수 있습니다. 어떤 비난과 마주하게 되더라도 여러분은 즉시 그 자리에서 죽을 수 있습니다. 그 교훈을 지금 배우십시오.

여러분은 교회를 경험해나가는 젊은 그리스도인입니다. 하지만 언젠가, 또 어디선가 주님은 여러분 중의 몇 사람을 사역자로 삼으실 것입니다. **그날에 화 있을진저!** 그리고 언젠가, 또 어디선가 바울이 겪었던 유형의 위기가 여러분에게도 닥칠 것입니다. 바울이 아닌 여러분에게! 그날에, 여러분이 **상실**하는 연습을 많이 했다면 그보다 더 좋은 일은 없을 것입니다. 그렇지 않다면, 여러분은 방어하거나 변론하게 될 것이고 결국엔 상대를 파괴하려 들 것입니다.

어쩌면, 여러분이 주님의 은혜로 상실을 받아들일지도 모르겠습니다. 파괴하는 것이 아니라 파괴**되고** 있을지도 모릅니다. 그리고 여러분은 그 두렵고 경악스러운 일로 모든 것을 잃게 될 것입니다. 하지만 **하나님**은 얻으실 것입니다.

하나님께서는, 그리스도 외에 아무것도 줄 것이 없는, 상실하는 것 외에 얻을 것이 없는, 평생의 사역을 포함하여 **모든** 것을 상실할 수 있는 몇 사람을 얻기 위해 지금도 분주히 일하고 계십니다.

지금 이 방에 있는 여러분 중의 몇 사람은 장차 사역자가 될 것입니다. 그리고 어떤 사역의 1인자가 되어 있을 수도 있습니다. 그때 여러분을 파괴하기 위해 등장하는 사람을 맞이할 시간이 **닥칠** 것입니다. 아니면 어떤 영역의 1인자가 된 사람 **밑에서** 그 시간을 맞을 수도 있습니다. 어느 날 눈을 떠보니, 바로 그 사람이 **여러분**을 파괴하기로 결정했다는 사실을 발견할 것입니다!(아니면, 여러분에게 파괴당할 것을 두려워하는 1인자 밑에 있을 수도 있습니다.) 또 지금 우리로서는 생각해낼 수조차 없는 기괴한 상황에 처할 수도 있습니다. 사역자들은 충돌하게 되어 있습니다. 테이블을 마주하든, 국경을 마주하든, 아니면 대양으로 나뉘어서든 충돌합니다. 그렇게 사역자들은 위기의 시간에 접어들게 되어 있습니다.

그 시간에 여러분은 어떤 부류의 사람이 되시겠습니까? 루터? 다비? 아니면 츠빙글리? 아니면 그 모두를 벗어난 예외적인 사람이 되시겠습니까? **바울**과 같은 사람이 되기 위해 그 대가를 치르시겠습니까?

만약 여러분이 기꺼이 그 숭고한 길을 가고자 한다면, 어떤 상황에서든, 그리고 여러분을 둘러싸고 전개되는 일이 무엇이든, 예수 그리스도 외엔 아무런 말도, 아무런 조치도, 아무런 마음도 품지 않는 그런 상태에 이르게 될 것입니다.

한번 더 저 높은 산 정상을 올려다보십시오! 깃발이 그토록 높은 곳에서 흔들릴 수 있다는 생각을 해본 적이 있습니까? **그곳**에 **다시** 한번 오르고, 그 높이에서 그 기준에 의해 살아가는 것, 그것이 우리에게 주어진 미션입니다. 어떤 대가와 희생을 감수하더라도 다시 한번 그러한 종족이 이 땅에 나타나게 하는 것, **그것이** 우리의 임무인 것입니다.

제16장

신성한 생명으로 살아가는 사람에게 무슨 일이 일어날까?

주제를 바꿔보겠습니다. 지금까지 우리가 어떤 종류의 사역자가 될 지에 대한 말씀을 나눠왔습니다. 하지만 그것은 사역자들에게만 해당 되는 말씀이 아닙니다. 모든 이들이 걸어가야 할 길임에 틀림없습니다. 그것은 우리 모두의 일입니다! 그렇다면 어째서 사역자들이라고 표현 했던 것일까요? 그들이 이 길을 가지 않으면 누구도 이 길을 따라 걷지 않을 것이기 때문입니다. 그들이 이 길을 걸어야 다른 사람들 역시 이 길을 걷게 될 것입니다.

결국, 사역자든지 아니든지 우리 모두는 이 어려운 걸음을 떼야 합 니다. 여러분도 알고 있을 것입니다. 실제로, 우리 모두가 이 **거룩한**신령 한 길을 가야만 합니다. 우리에게 절실한 것은 바로 이 거룩한 길입니다. 지금, 그 길은 찾아볼 수 없습니다. 그 길이 흥에 겹거나 재미있는 길이라고 생각하진 마십시오. 그렇다면 우리가 걸어야 할 이 **거룩한 길**이란 대체 무엇일까요? 무엇이 거룩하게 살아가는 삶일까요? 또 그 길은 우리를 대체 어디로 안내하게 될까요?

제가 우리 안에 인간의 생명과 신령한 생명이라는 두 가지 생명이 있다는 말씀을 종종 드렸습니다. 구원받기 전, 우리는 우리 안에 인간의 생명을 갖고 살아왔습니다. 구원받은 후, 우리 안에 또 다른 생명이 들어왔습니다. 거기서 끝나지 않습니다. 즉 우리가 그 생명을 소유하는 것에서 끝나는 것이 아니라 이 땅에서 그 생명에 의해 살아가는 일이 가능해졌습니다. 전에 인간의 생명에 의해 사는 일이 가능했던 것처럼 하나님께선 우리가 신령한 생명에 의해 살아가도록 만드셨습니다. 하나님께서 신령한 생명으로 사시는 것처럼 우리도 이 신령한 생명에 의해 살아가도록 만드신 것입니다.

언젠가 한 형제가 내게 놀라운 이야기를 들려준 적이 있습니다. "형제님은 우리가 신령한 생명에 의해 살아가는 방식을 배우도록 실제적인 도움을 주셨습니다. 이제 우리는 머잖아 하나님의 생명에 의한 삶의 방식을 실제로 알게 될 것입니다. 우리는 인간의 생명으로 사는 것이 아니라 신령한 생명으로 살아가게 될 것입니다. 형제님, 단단히 준비하십시오. 그때가 되면 형제님의 자리가 위태로워질 것입니다."

사실일까요? 이것이 하나님의 생명에 의해 살아가는 삶의 궁극적인 목표일까요? 여러분이 정말로 하나님의 생명에 의해 살게 된다면 그 끝은 어디일까요? 만약 여러분이 실제로 **하나님** 안에 있는 생명에 따라 살게 될 때 마침내 도달하는 곳은 어디일까요? 하나님과 똑같은 생명으로 산다면 여러분의 최종 종착지는 어떨 것 같습니까?

신령한 생명에 의해 살아가는 사람이 마침내 도달하는 곳은 **십자가에 못 박히는 장소**입니다! 형제 여러분. 가장 높은 형태의 생명으로 계속 살다보면 십자가를 만나게 될 것입니다. 여러분은 비로소 십자가에 못 박힌다는 것이 무슨 의미인지, 그 진짜 의미가 무엇인지 알게 될 것입니다. 시쳇말로 누군가를 권좌에서 끌어내리는 그런 일은 없을 겁니다. 그것은 신령한 생명에 의해 살아가는 삶의 영역 안에 존재하지 않기 때문입니다! 여러분 안에서 신령한 생명이 겉으로 드러나는 결정적인 표현은 십자가에 못 박히는 것입니다. 바로 여러분의 십자가에 **여러분**이 달리는 것입니다.

내가 처음 아일라비스타에서 말씀을 전했을 때 신령한 생명에 의해 살아가는 삶에 대해 나누었던 것을 여러분도 기억하실 것입니다. 여러분 모두는 그것을 신선하게 받아들였습니다.(그것이 언제나 성경의 중심 주제 중 하나였는데도 말입니다) 멋지다고 생각하셨을 것입니다. 인간의 생명으로 살아가는 방식보다 신령한 생명으로 사는 것이 훨씬 더 좋은 아이디어로 여겨졌을 것입니다. 아쉽게도 그렇지 않습니다. 기억하십시오. 신령한 생명으로 사는 것은 십자가에 다가서는 일입니다.

나는 부흥사로 일하던 내 모습을 기억합니다. 그것은 화려한 무대와 대중들의 환호와 브이 아이 피 VIP 대접으로 묘사할 수 있겠습니다. 솔직히 **그 삶**이 더 나았습니다. 제가 정확히 기억하건데 그 삶을 떠나고 뭐 하나 제대로 돌아가지 않았습니다. 재미는 끝났습니다.

여러분이 세상과 세상의 **방식들**을 단호하게 끊고 살아간다고 해봅시다. 주님을 향한 진실한 열망을 마음 속 깊이 간직하고 살아간다고 해봅시다. 굉장한 일입니다. 우리는 조금 모자란 존재들입니다. 뼛속 깊이 이교도입니다. 이교도로서는 나무랄데 없는 사람들입니다. 그러나 여러분이 **주님의** 연단鍊鍛 밑에 들어갈 경우, 여러분은 이제 변화된 이교도가 됩니다. 세상은 그런 일이 일어나기만을 기다리고 있습니다.

자, 그렇다면 그 여정이 어떻게 진행될지 상상해보십시오.

여러분은 그리스도의 몸이 그 자신을 드러내는 실제적인 표현 속에 들어가게 됩니다. 점차적으로, 그리고 매일매일, 주님을 경험합니다. 하루하루 주님을 주시하며 살아갑니다. 여러분 안에서 서서히 그분이 더욱 커집니다. 여러분은 자아에서 흘러나오는 기본적인 요구들을 조금씩 부인하는 법을 배우게 됩니다. 여러분의 영 안에서 주님의 영이 실행하시는 무언가를 조금씩 알아채기 시작합니다. 여러분 자신의 생명이 아닌 다른 무언가에 의해 살아가기 시작합니다.

그러한 여정이 계속되던 어느 날, 여러분은 매우 힘든 지점에 이르게 됩니다. 위를 올려다보니 십자가가 있습니다. 그분의 은혜로 여러분은 그 지점을 무사히 통과합니다. 주님께서는 그 너머, 또 그 너머, 또 다른 계획으로 계속 여러분을 이끌어 가십니다.(때때로 처음으로 돌아가서 여러분이 간신히 배운, 그리고 거의 다 배웠던 그 교훈들을 다시 반복할 때도 있습니다. '복습'이라고 부르는 과정입니다.) 단계를 올라갈수록 더욱 숨이 가빠집니다. 하나님의 다루심은 해를 거듭할수록 더욱 깊어집니다. 실례를 하나 들어 설명해보겠습니다.

여러분이 경험하고 있는 것들은 다소 가벼운 것들임을 여러분 모두가 알았으면 좋겠습니다. 주님은 여러분 안의 무언가를 다루고 계십니다. 아, 자동차를 예로 들어보겠습니다. 자, 여러분이 자동차를 갖고 싶어 합니다. 어떤 특정한 차를 너무 사고 싶어합니다. 여러분의 마음 깊은 곳에서 "저 차가 너무 갖고 싶어'라는 아우성이 들려옵니다. 그것 없이는 살 수 없을 지경에 이릅니다. 그때 하나님께서는 그 차를 소유하지 않고도 살아갈 수 있는 지점으로 여러분을 인도합니다. 여러분 안에서 두 생명이 전투를 벌입니다. 내면에선 저항하는 울부짖음이 여전하겠지만 결국 여러분은 주님께로 이끌립니다. 여러분의 온 존재가 항의하는 가운데 결국 주님께 항복하고 맙니다.

그렇다면 그다음엔 무슨 일이 벌어질까요? 나는 때때로 하나님 나라의 아이비엠IBM 컴퓨터를 그려보곤 합니다. 위에서 잠깐 거론한 사건이 일단락되자, 잠시 후 새로운 메시지가 화면에 뜹니다. "이 사람은 더 큰 십자가와 만날 준비가 되었습니다." 잠시 후 하나님은 여러분을 더 높은 지점으로 데려갑니다. 그리고 십자가는 점점 더 깊은 곳을 파고듭니다. 신령한 생명에 따라 사는 법을 배우는 과정은 바로 이런 단계별 과정입니다.

준비하십시오. 머지않은 미래에 또 다른 더 강력한 십자가의 경험이 여러분을 기다리고 있습니다. 사실은 그 십자가야말로 여러분을 자기방식이 아닌 그리스도의 방식으로 돌려놓을 더 나은 기회입니다.

충분한 시간이 흐른 뒤,(그것은 분명 여러 해가 소요될 것입니다. 제 말을 믿으십시오.) 여러분과 주님 사이에 진행되는 일들은 꽤나 심각해질 것입니다. 단지 미세한 주님의 움직임을 느낄 뿐인데도 엄청나게 중요하고 조심스러운 주제들에 그 파장이 미칠 것입니다. 십자가와의 만남은 그렇게 확장되고 그 방향은 더욱 예측하기 힘들어질 것입니다.

전국에서 방문한 사람들이 우리 모임을 둘러본 다음 이렇게 말하는 것을 들었습니다. "그것참, 아름다운 모임이군요." 그들은 우리가 무슨 일을 겪어 왔는지 모릅니다. **우리** 또한 우리가 앞으로 어떤 일을 겪을지, 또 계속 잘 해나갈지 알 수 없습니다. 우리가 아는 것은 오직 주님이 우리를 계속 저 너머로 데려가신다는 사실입니다. 그 여정엔 필연적으로 더 큰 고통이 수반됩니다. 그리스도의 몸은 계속 그리스도의 고통으로 채워져야 합니다.… 그리스도의 남은 고난을 그의 몸 된 교회를 위하여 내 육체에 채우노라 ; 골 1:24. 역주

그렇게 계속 주님을 따르다 보면 어느 날 아이비엠IBM 화면에 "더 큰 십자가를 질 준비가 되었습니다"라는 메시지에 이어 "이제는 십자가에 못 박힐 시간입니다"라는 문구가 뜰 것입니다. 신성한 생명에 의해 살아가는 사람이 도달하는 궁극적인 지점이 바로 여기입니다!

십자가가 여러분 앞에, 바로 여러분의 발밑에 놓여 있습니다! 사람들이 못 박을 준비를 하면서 기다리고 있습니다. 하지만 먼저 여러분이 사역을 내놓아야 합니다. 여러분의 의지도 넘겨드려야 합니다. 한동안 십자가를 응시합니다. 그리고 몸을 굽혀 그것을 움켜쥡니다. 그다음 몸을 돌려 십자가에 등을 댑니다. 그 위에 눕습니다. 팔을 벌립니다. 손바닥을 폅니다. 그리고 못을 기다립니다. 감사합니다, 하나님. 국내의 일을 이루소서.

하지만 경고합니다. 여러분은 여러 번 이 일에 초청 받게 됩니다. 한

번하고 나면 또 한 번. 그리고 다시 한번. 그러다 어느 날, 여러분은 소스라치게 놀랄만한 사실을 발견합니다. 상실로 점철된 삶을 되돌아보다가 무언가가 눈에 들어옵니다. 주님이 모든 것을 돌보고 계십니다. 그때 비로소 여러분이 누구를 섬기고 있는지 깨닫게 됩니다. "하나님께서 그 집을 짓지 않으면 짓는 자의 수고가 헛되다"라는 말씀이 무엇을 말하는 것인지도 알게 됩니다.

바울은 "나를 본받으라"고 했습니다. 사역자에겐 모방의 대상이 있습니다. 바울을 보십시오. 그의 기준을 주시하십시오. 그 기준을 모방하십시오! 지극히 높은 그 기준을 따르십시오. 이것이 **여러분의** 미션입니다.

■ 신성한 생명에 의해 살다간 두 사람

신성한 생명으로 충분히 오래 살다보면, 궁극적으로 도달하게 될 곳이 십자가에 못 박히는 지점이란 말씀을 드린 바 있습니다.

1세기에 살았던 두 사람의 삶을 예로 들어 설명 드리겠습니다. 첫 번째 인물은 바울입니다. 바울은 신성한 생명 안에서 거듭 성장했습니다. 결국 그는 십자가에 못 박혔습니다.(물론 저도 알고 있습니다. 믿을 만한 교회전통에 따르면 바울은 목 베임을 당했습니다. 그것이 그에게는 십자가에 못 박히는 것이었습니다.)

한 차원에서 그 다음 차원으로 진화하는 바울의 삶을 주목하십시오. 그의 **초기**모습, 즉 새 신자였을 때의 모습을 보십시오. 열정 넘치고 담대한 바울의 모습이 눈에 들어옵니다. 이 모습이 그의 두드러진 특징이었습니다. **이후**, 성령에 의해 '보냄받은' 바울을 보십시오. 그 다음에는 고통, 눈물, 배고픔, 그리고 추위 등 육체적인 시련이 따라옵니다. 신성한 생명이 그 안에서 커질수록 그 길은 더욱 가팔라집니다. 얻어맞고, 채찍에 맞고, 돌에 맞고, 몽둥이에 맞고, 감금당하고, 감옥에 갇히고, 난파당하는 육체적 경험이 도를 더해갑니다. 이러한 육체적 시련에 교회에 대한 정신적 고뇌가 더해집니다. 성도들에 대한 걱정과 두려움은 끝없는 고통 그 자체입니다.

신성한 생명이 증가되고 단계가 올라가면서 고통의 깊이와 무게도 배가됩니다. 끝이 가까워지며 그 시련은 급증합니다. 그가 가는 곳마다 뒤쫓는 무리가 있습니다. 국경을 넘나드는 이 파괴자들은 바울의 사역을 무너뜨리기 위해 전적으로 헌신하기 시작합니다!

그렇다면 바울은? 한 층 더 어려워진 사역에 적응하는 것이 쉽지 않습니다. 하지만 그를 보십시오. 매일 그 모든 것을 감당해내고 있습니다. 끝없이 몰려오는 폭풍우를 견디고 있습니다. **이것이** 신령한 생명을 통해 바울이 다다른 지점입니다. 그는 매일 매일 십자가를 짊어집니다. 끝이 있을까요? 휴식이 찾아올까요? 아닙니다! 그 정반대입니다. 언제나! 하나님은 다음 단계로 그를 이끄셨습니다.

어느 날, 이런 안내문이 도착합니다. "이제 당신이 십자가에 못 박힐 시간입니다." 신성한 생명은 점점 무르익고 숙성되고 깊어집니다. 이제 최종 시험이 준비되었습니다. 신성한 생명은 그것이 진정으로 신성한 생명인지를 **이 땅에** 드러내도록 요청받습니다. 그 자리로 이끌려나올 수밖에 없는 것이 신성한 생명의 **본성**입니다. 그 시험의 내용은 다음과 같습니다. 여러분 안에 그 생명이 **심겨졌는가?** 여러분 안에 그 생명이 **싹이 텄는가?** 그 생명과 **일체**가 되어 있는가? 모든 사람 앞에서 십자가에 못 박히는 그 순간에도 그 생명이 여전히 유지될 수 있는가?

그렇게 바울의 차례가 되었습니다. 바울의 신실함과 그 사람 안에서 한층 깊어진 신령한 생명이 그를 마지막으로 데려간 곳은 아주 추악하고 사악한 십자가 형刑이었습니다.

아! 신성한 생명으로 충실히 살아간 사람의 모습이 어떤지 보십시오. 최종시험을 겪고 나서 우리 앞에 남긴 그 위대한 증거를 보십시오! 한 사람의 내면에 깃들어있던 그 신성한 생명이 최종적으로 드러내는 모습을 보십시오. 그것은 인간의 생명이 드러내는 결과와 너무도 다른 모습입니다. 우리가 일반적으로 알고 있는 모든 것과 어찌나 정 반대인지를 보십시오! 교회사에 기록된 모든 일들과 얼마나 큰 격차가 있는지를 확인해 보십시오!

여기 그 이야기의 전말이 있습니다.

잠시 바울이 제 3차 교회 개척 여정 가운데 에베소에 들어갔을 당시로 돌아가 봅시다. 그는 약 4년 동안 에베소에 머물다 떠났습니다. 그의 다음 행선지는 예루살렘이었습니다. 그곳에 오른다는 것은 그에겐 죽음을 의미했습니다. 그는 여정 중에 여러 도시들을 잠깐씩 방문합니다.(그중 한 곳이 고린도입니다.) 어떤 방문지는 원래 계획 가운데 있었고 어떤 곳은 그렇지 않았습니다. 형제자매들은 그의 예루살렘 여정을 만류했습니다. 아가보라는 선지자는 그의 죽음을 예언했습니다. 하지만 바울의 선택은 이미 결정되어 있었습니다.

둘러 보십시오. 더 어두울 수 없을만큼 어두운 미래입니다. 첫째, 예루살렘에서 고린도에 이르는 로마제국 안에서 바울은 이미 악명 높은 사람이 되어 있었습니다. 그는 로마제국과 예민한 긴장 관계에 있었습니다. 둘째, 그가 가는 곳마다 믿지 않는 유대인들이 그의 뒤를 추적하고 있었습니다. 제국 도처에 포진해있던 이른바 "단검단"이라 불리는 종파는 그의 은신처를 추적-매복-살해하려는 계획에 착수했습니다. 셋째, 우리가 앞서 언급한 바 있던 거짓 형제들이 있었습니다. 그들은 바울이 세웠던 모든 교회에 침투하고 있었습니다. 이방인교회들 안에서 바울을 흠집 내려는 조직적인 활동은 절정에 이르고 있었습니다. 그가 개척한 교회들이 이제 완전히 반대편으로 넘어갈수도 있는 상황이었습니다.

바울을 무너뜨리는 일들(그의 영향력을 파괴하고, 그의 평판에 흠집을 내며, 모든 이들로 하여금 그를 의심하고 문전박대하게 만들며, 사회적으로 그를 매장하려는 움직임들)은 실제, 전 방위적으로 그를 압박해 들어오고 있었습니다. 로마인들이 그를 감시하고 있었고 유대인들은 그를 혐오하며 뒤쫓고 있었으며 거짓 형제들은 거짓을 지어내어 그를 폄훼하고 있었습니다. 마지막으로, 모든 이방 교회에 바울이 예루살렘교회에서 소외당하고 있다는 소문이 퍼지고 있었습니다. 사실이라면 그는 이제 "믿음의 세계에서 분리된 자"가 될 터였습니다. 이러한 시국에 누가 바울 곁에 머물려고 하겠습니까? 분명한 사실이 하나 있습니다. 그리스도인은 대부분 단순한 사람들입니다. 부담이 되는 상황은 어떻게든 피하려는 습성을 갖고 있습니다! 모든 이들이 잘못됐다고 손가락질하는 사람을 추종함으로써 괜한 소요에 휘말려들기를 원치 않습니다! "다른 사람들이 다 틀렸고 바울만 옳다고 말할 수 있을까? 그렇진 않을 거야. 그를 둘러싼 소문들이 너무 많아. 그리고 그 소문들 모두 엄청난 것들이야. 모든 소문이 진실은 아니겠지만 그중 어느 정도는 사실이 아닐까?"

바울의 기반은 모든 영역에서 빠르게 무너지고 있었습니다. 그는 파괴되기 직전이었습니다. 바울 자신의 증언에 따르면 고린도후서 인생 최악의 상황을 맞이하고 있었습니다.

어쩌면 머잖아 그를 추종하는 신자들 모두가 '진정한 그리스도인'으로 대우받지 못할 것이고, 그가 세운 이방인교회들 모두가 교회로 여겨지지 않을 수도 있다는 사실을 바울은 직감하고 있었습니다!

그리고 또 하나의 모욕적인 처사가 그가 받은 상처 위에 더해졌습니다. 이것이야말로 그의 전 사역 기간 동안 그가 받은 모든 시련을 합친 것보다 더욱 그를 아프게 했을지도 모릅니다. "바울이 성경을 잘 모른다!"는 내용이었습니다. 그리고 이런 말들은 그가 일으켜 세운 이방인교회 신자들 가운데 급속도로 퍼졌습니다. 어떤 신자들은 그 말을 믿었고, 그 말을 들은 사람들은 다시 앵무새처럼 다른 신자들에게 그 말을 되풀이했습니다. 가장 괴로운 것은 바울의 십 분의 일 정도만큼도 성경을 모르는 사람들, 하지만 자신들이 성경을 잘 알고 있다고 착각하는 사람들을 통해 그 공격을 받는다는 사실이었습니다. 심지어 그들은 바울이 성경에 무지하기 때문에 자신들에게 배워야 한다고 생각하고 있었습니다. 만약 바울이 말한 것이 자신들이 듣기에 새로운 것이면 그것은 곧 바울이 잘못된 것이라고 생각했습니다. 바울의 사역이 사실은 **그들의 무지를 드러내고 있다는 사실**은 생각할 수도 없었습니다. 실제로 그런 무지의 깊이는 감히 가늠할 수 없는 지경이었습니다. 어쨌든 바울은 깊은 상처를 받았습니다. 화가 났고 어안이 벙벙했습니다. 이것은 그에게 말할 수 없는 수모가 아닐 수 없었습니다.

이런 모든 상황이 바울이 예루살렘에 도착하던 당시의 상황이었습니다. 이 모든 긴장감들은 벌써 여러 해 동안 끓어오르고 있었고 곧 폭발할 지경에 이르렀습니다. 그래도 바울은 자신이 예루살렘에 올라가야 한다고 느끼고 있었고 결국 그렇게 결정했습니다. 그는 궁핍한 예루살렘교회 성도들의 경제적인 필요를 채우기 위해 여러 이방인교회의 연보를 모았습니다. 바울은 이를 통해 그와 이방인교회들이 예루살렘과 영원히 하나라는 사실을 확인시키고자 했습니다. 비록 자신의 생명이 위태롭더라도 이 문제를 풀어내는 것이 교회의 미래와 신앙의 사활이 걸린 중대한 사안임을 알고 있었습니다.

예루살렘에 오를 때, 바울은 그가 사랑하는 젊은이들을 데려갔습니다. 그들 모두가 이방인교회 출신의 일군들이었습니다. 이 젊은이 중의 하나가 바로 두기고Tychicus라는 청년이었습니다.

바울은 예루살렘교회의 지도자들과 만났습니다. 그들은 바울 일행의 선물을 수용했습니다. 하지만 상황은 그 선물로 풀릴 만큼 가볍지 않았습니다. 그들은 바울에게 예루살렘의 전반적인 정황에 관해 설명했습니다. "형제님이 지금 여기 온 것을 전 도시가 알고 있습니다. 분위기가 심상치 않습니다. 정통 유대인들은 형제님을 혐오하고 있습니다. 주님을 받아들였지만, 자신들의 혈통을 신앙보다 조금 더 중시하는 신자들은 형제님을 경멸하고 있습니다. 신실한 형제들은 걱정하거나 어리둥절해하고 있습니다. 많은 이들은 형제님이 우리 히브리민족의 과거 전통을 파괴하고 모세의 가르침을 무효화시키고 있다고 믿고 있습니다."

그들은 예루살렘의 상황을 설명하면서 바울에게 제안했습니다. "모세의 맹세를 하십시오. 지금 형제님 말고도 마침 몇몇 예루살렘교회 신자들도 그 의식을 준비하고 있습니다. 그들과 함께 모세가 명령한 종교의식을 행한다면 모세의 법에 예민한 모든 이들도 결국 형제님을 자신들과 다르지 않은 사람으로 인정할 것입니다."

바울은 순순히 이 제안을 따랐습니다.(놀라운 일입니다!) 그는 지체 없이 자신의 머리카락을 밀었습니다.(바울 곁을 지키던 이방인교회 출신의 젊은 일군들은 경외감에 사로잡힌 채 이 모습을 지켜보았을 거라고 나는 믿습니다.) "과연 이 사람이 갈라디아교회에 보낸 편지에서 그토록 호되게 율법주의를 꾸짖던 그 사람이 맞는가?" 바울은 여러분들을 깜짝 놀라게 만드는 사람입니다. 그의 자유는 **양 방향**으로 흐릅니다.(율법주의자가 될 수도 있는 자유! 아니면 그 지역권위자에 대한 존경심을 가졌던 것일까요? 바울은 예루살렘교회 장로들에게 이 일을 요청받았고 기꺼이 그에 따랐습니다.)

바울은 성전으로 갔습니다. 그리고 절차에 따라 모세의 의식을 행했습니다. 거기에는 그와 함께 그 의식을 행하는 다른 몇 명의 젊은이들이 있었습니다. 그들 모두 머리를 깎은 상태였습니다. 그렇게 삭발한 젊은이 중 한 사람이 유독 바울의 제자 중 두기고라는 청년의 외모와 비슷했나봅니다. 이 사건이 있기 며칠 전, 바울은 자신의 이방인 일군들에게 예루살렘을 두루 안내하고 있었습니다. 그리고 그 모습이 몇몇 유대인들의 눈에 포착되었습니다.(그것은 관광 형태의 답사가 분명했습니다. 바울은 이방인 형제들을 이끌고 예루살렘 전역을 두루 다니며 구약시대의 예루살렘과 현재 예루살렘의 모습, 예루살렘 안의 여러 상징들, 그리스도의 발길이 닿았던 장소들과 예루살렘교회가 걸어온 현장들을 안내했을 것입니다.)

이제 성전에 들어가 모세의 의식을 행하는 바울의 모습을 발견한 유대인들은 삭발한 젊은이 중 바울의 제자 두기고와 닮은 청년을 발견하고 바울이 이방인 형제들을 성전으로 이끌고 들어가 성소聖所와 성물聖物을 더럽혔다고 생각했습니다.

드디어 폭동이 발발했습니다. 폭동의 목적은 바울을 찢어 죽이는 일이었습니다. 예루살렘에 주둔하던 로마군 수비대가 폭도들 속으로 달려 들어가 바울의 신병을 확보했을 때는 이미 폭동이 얼마간 치달았을 무렵이었습니다. 로마군에 의해 목숨을 건졌지만, 여전히 상황은 좋지 않았습니다. 수비대 대장은 바울이 로마에 반란을 꾀하다 붙잡힌 줄로 생각했습니다. 두 집단이 한 사람을 체포한 것인데, 그의 목숨을 가치 없게 여기는 것은 양쪽 모두 마찬가지였습니다.

이 사건은 역사상 보기 드문 희비극 중의 한 장면입니다. 바울은 피투성이가 된 채 사람들에게 얻어맞고, 이리 끌리고, 저리 밀리며, 땅바닥에 내쳐졌습니다. 로마인들은 옷이 찢어지고 더럽혀진 채 반쯤 죽어 있던 그 바울을 어떻게든 현장에서 빼낼 방법을 궁리하고 있었습니다. 분노한 폭도들보다는 로마 군인들이 조금 더 나았습니다. 이제 바울의 목숨은 어떻게 될까요? 그의 입술은 부어올라 있었고 삭발한 머리는 피로 얼룩져 태양 빛에 반사되고 있었습니다. 층계 밑바닥에 내쳐진 바울은 무수한 군중들을 한쪽 눈으로 간신히 응시하며 혼잣말로 중얼거렸을 것입니다. "이런, 복음을 들어야 할 사람들이 엄청 많이 모여 있군!" 그는 군인들에게, 자신이 군중들에게 말할 수 있도록 어떻게든 해달라고 요청했습니다!(어쩌면 바울이 거기서 제2의 오순절을 꿈꾸었던 것은 아닌지 모르겠습니다.) 삶과 죽음 중, 분명 죽음 쪽에 더 가까워진 바울은 일어나 복음의 초대장을 거침없이 날렸습니다!

그의 전형적인(심플하고 풍자적인!) 즉석 복음을 전해 듣고 군중들은 더욱 더 화가 치밀어올랐고 군인들은 어떻게든 바울의 목숨을 보호하려 애썼습니다. 그날 밤 유대인들은 회합을 했습니다. 그리고 바울을 죽이기까지는 빵 한 조각도 입에 대지 않겠다고 엄숙히 맹세했습니다. "그가 죽든지, 우리가 죽든지, 둘 중 하나다!" 그리스도인으로 살아오면서 나는 그렇게 맹세했던 이들에게 어떤 일이 일어났을지 궁금해졌습니다. 그들은 바울이 죽음을 맞이하는 것은 언제든 목격할 준비가 되어 있었습니다. 하지만 "그가 죽든지, 내가 죽든지 …"라고 말한 사람 중, 자신이 죽는 편을 택한 사람은 단 한 사람도 없었을거라고 조심스레 추측해 봅니다.(이 모습은 자신들의 교리를 지키기 위해 무슨 짓이든 저지를 수 있는 사람들의 가장 좋은 실례일 수 있습니다. 그들은 서슴없이 살인을 저지릅니다! 종교적인 사람들이 설마 그렇게까지 하겠느냐고 말하지 마십시오. 지난 1700년 동안의 교회 역사책의 모든 페이지가 그 것이 사실임을 웅변하고 있습니다. 교회 역사! 그것은 그리스도인들이 다른 그리스도인을 죽여 왔던 역사에 불과합니다. 교리를 위해서 말입 니다!)

바울은 그의 암살을 막으려는 로마 군인들의 손에 비밀리 도시 밖 으로 연행되었습니다.

바울은 가이사랴에 감금되었습니다. 재판이 열렸습니다. 새벽부터, 근엄하게 예복을 차려입은 예루살렘 성전의 제사장들이 대제사장의 인 도를 따라 줄지어 재판장에 도착하고 있었습니다. 오늘날 예복 입은 성 직자들의 조상뻘 되는 사람들이 줄지어 들어오고 있었습니다!

심문이 시작되었습니다. 예수 그리스도를 못 박았고 스데반을 돌 로 쳤던 그 사람들이 이 재판에도 참여하고 있었습니다. 그리고 그 동일 한 무대가 여기 펼쳐지고 있었습니다. 남루한 복장의 한 촌부에 위기를 맞고 위협을 느끼는 종교, 그리고 떨고 있는 지식과 율법과 장엄한 의식 들! **부디 영원히 그렇게 되기를!** 그들의 의도는 예수님과 스데반을 그 재판정에서 직면했을 당시와 똑같았습니다. 당대의 종교 지도자들 마 음 속엔 단 한 가지만 존재하고 있었습니다. 적을 **제거**하는 일! 그들의 말은 경건하고 음성은 거룩하며 겉으로 드러내는 의도는 고상합니다. "우리는 당신이 바울을 예루살렘으로 보내 그 종교적인 문제에 대해 공 정한 재판을 받을 수 있도록 조처해주시기를 요청합니다." 하지만 그것 은 사실과 달랐습니다. 그들의 목적은 재판을 위해 예루살렘에 가는 도

중에 바울을 낚아채 제거하는 것이었습니다.

"정통교리", 그리고 "믿음의 수호자들!" 거의 20년 가까이 이 성직자 복장의 사람들에게 학대당하고 짓이겨져 온 바울은 이제 퉁퉁 붓고 멍든 몸으로, 그리고 목숨이 위태로운 상태에서 다시 한번 철저히 위선적인 이 사람들과 직면해야 했습니다!

사랑하는 형제 여러분! 이것이 신성한 생명이 여러분을 이끌어갈 때 여러분이 최종적으로 도달할 지점입니다. 바로 십자가에 못 박히는 것입니다.

그들은 한 사람씩 일어나 발언했습니다. 위증이 이어집니다. 법을 따르지 않는다고 여겨지는 한 사람을 제거하기 위해 그들은 자신들이 소중히 여기는 그 법을 스스로 깨뜨리고 있습니다.ex. 거짓증거하지 말라는 모세의 법. 역주 자신들이 믿는 방식대로 믿지 않는 한 그리스도인의 믿음을 중단시키기 위해 그리스도를 전혀 믿지 않는 사람들의 방식을 기꺼이 택하는 그리스도인들처럼!

이제 바울이 말할 차례입니다. 이제 때가 되었습니다. 이들은 십자가에 벌써 세 사람을 못 박았습니다. 바울은 네 번째 인물로 기록될 것입니다. 첫 번째 인물인 예수님은 침묵하셨습니다. 두 번째 인물인 스데반은 그리스도를 전했습니다. 세 번째 인물인 베드로(한때 달아났던)는 사형 전날 숙면을 취했습니다. 그러나 바울은 터프가이가 아닙니까? 그는 **그의** 십자가에 못 박히면서 어떤 반응을 보일까요? 참을 만큼 참았습니다. 이제 그들의 거짓말이 폭로될 시점입니다. 그들의 위선이 드러날 때가 되었습니다. 10년 아니 20년 동안을 인내했으면 충분하지 않습니까? 드디어 때가 왔습니다. 이제 바울의 억압된 감정과 그동안 받았던 상처들, 그리고 중상모략과 고통들이 한꺼번에 폭발할 시점이 되었습니다. 지금이야말로 그런 반응이 나올 시간입니다.("우리가 제대로 반응하지 않는다면 너무 많은 것들을 잃을 것입니다. 그러니 원칙을 고수해야 합니다"라고 주장하기 좋아하는 분들은 이 사실을 잊지 마시기 바랍니다. 지금 바울에겐 목숨이 걸려 있습니다.) 마침내 바울이 입을 엽니다. 그리고 지금 막 하늘에서 지구로 도착한 천사처럼, 그는 그 자리에 서서, **과거**에 대한 한마디의 언급도 없이, 이제 막 그리스도를 영접한 새 신자가 처음으로 자신이 받아들인 복음을 간증하는 것처럼! 구원의 복음을 전하기 시작합니다. 그의 입에선 단 **한마디의 비난도** 튀어나오지 않았습니다. 과거의 어떤 사람, 과거의 어떤 일에 대해 단 한마디의 언급도 없었습니다. 정말 위대한 기준을 지켰습니다. 위기에 직면하여 어떤 조치를 취하기 전에, 부디 이 가늠자를 들고 **여러분의** 기준을 측정해보시기 바랍니다.

그는 십자가 한복판에서 결코 흔들리지 않았습니다. 그 무자비한 현장에서 오히려 더 큰 한 걸음을 내디뎠습니다. 그는 지금까지 다른 사람들을 공격해왔던 교회 역사속의 모든 이들을 부끄럽게 만들었습니다. 누구든, 언제든, 어디든, 다른 사람을 공격할 권리를 가진 사람이 한 사람정도 있어야 한다면, 그것은 바울이어야 마땅합니다. 그리고 그 순간이야말로 바울이 대적들을 공격할 시점이었습니다. 다시 한번 강조하지만, 우리 중 누구도 바울만큼 학대받은 사람은 없습니다. 우린 결코 그만큼 상처받지 않았습니다. 아마 앞으로도 없을 것입니다. 바울은 자신이 그들을 비난할 수밖에 없다고 항변하지 않았습니다. 마치 과거가 없는 사람, 지금 막 태어난 사람 같아 보였습니다. 이 새롭고 신선한 사람은 과거의 일들에 대한 한 조각의 기억도 소환하지 않고 다만 예수 그리스도에 대한 믿음만 힘 있게 전하기 시작했습니다. 어떻게 사람이 이럴 수 있습니까?! 정말로 믿을 수 없는 사람입니다!

바울이 불명예스러운 심문을 처음 받는 것은 아니었습니다. 모든 사람 앞에서 이런 심문審問을 받은 것만 벌써 두세 차례입니다. 한 도시에 들어갔을 때나, 집에서나, 신자들과의 모임에서나, 바울은 자신을 송두리째 소진하는 삶을 살아왔습니다. 그가 지금 감옥에 수감된 것조차 말도 안 되는 이유에서였습니다. 뇌물을 챙기려는 관료들의 욕심, 즉 까닭 없이 비난에 몰린 사람들이나 부당하게 투옥된 사람들에게서 뭔가를 뺏어내려는 관료들의 탐욕 때문에 바울은 거기 수감되어 있는 것입니다.바울에게서 돈을 받을 수 있을까 바라는 고로 더 자주 그를 불러내어 … 행 24: 26을 보라. 역주

성경으로 돌아가 다시 그 기록을 확인해보십시오. 그의 모든 말들을 읽어 보십시오. 그의 인생전반에 대해 기록한 누가의 증언을 읽어보십시오. 그가 쏟아내는 어떤 원한이 여러분의 눈에 들어옵니까? 어떤 상처의 **그림자**를 찾아볼 수 있습니까? 최악의 사람들이 오히려 그를 성토하는 한복판에서 이 바울이라는 사역자는 마치 그 엄청난 일들을 전혀 모르는 사람처럼 일어나 복음을 전하고 있습니다. 그에겐 과거가 없었습니다. 현재도 없었습니다. 그는 시간 밖의 영역에서 살고 있었습니다. 그는 구름위에서 살아가는 것 같습니다. 바울은 유대인교회 뿐만 아니

라 그가 수고한 이방인교회들 안에서도 비난을 받았습니다. 그런데 우리는 **지금 이 시각까지도** 그 비난의 내용이 무엇이었는지 정확히 알 수가 없습니다. 그 비난을 그가 드러낸 적이 없기 때문에 역사 속에 영원히 묻힌 것임! 역주 그의 과거와 현재는 오직 주님이었습니다.

인간의 생명대에 의지해 사는 사람은 결코 이렇게 살 수 없습니다. 여러분은 이러한 상황 하에서 이러한 방식으로 반응할 수 있는 유일한 삶의 방식을 대면하고 있습니다. 즉, 여러분은 신성한 생명에 의해 살아간다는 것이 무엇인지를 정확히 확인하고 있습니다. 분명히 기억하십시오. 바울도 처음부터 이런 그리스도인으로 살지는 않았습니다. 세월이 필요했습니다. 긴 세월 동안의 수많은 경험이 바울 안에서 그러한 생명양식生命樣式을 빚어냈습니다. 그러한 생명양식이 나오기까지 다양한 사건들과 수많은 경험, 즉 고난, 고통, 상실이 있었습니다. 정말 말할 수 없이 많이 패배하고 잃어버렸습니다. 그가 짊어진 십자가, 주님을 경험하는 삶, 주님의 생명으로 살아가는 삶이 이 생명양식生命樣式을 가능케 했던 것입니다. 많은 장소에서, 여러 방식으로 십자가를 짊어짐으로써, 그리고 마침내 자신이 짊어지고 살아온 그 십자가에 못 박힘으로써 바울은 **이 지점**에 이르렀습니다! 자신의 십자가를 짊어지는 "여정"이야 우리에게 친숙하지만, 그 여정의 "결과"로 십자가에 "못 박혀 죽는 지점"까지 나아가야 한다는 가르침은 우리에게 새로운 믿음의 지평이 아닐 수 없다! 역주

지금까지 우리가 나눈 말씀은 결국 우리에게 무엇을 말하고 있을까요? 그것은 하나님께서 새로운 종種의 사역자, 새로운 종種의 그리스도인, 즉 십자가에 못 박힐 사람을 초청하고 계시다는 사실을 말해줍니

다. 하지만 십자가를 짊어지고, 공정치 못한 재판에서 침묵하고, 형편없는 대우를 받으면서도 앙갚음과 방어와 변명을 포기하는 것에는 평생의 세월이 필요합니다. 우리는 도살장으로 향하는 한 마리의 양입니다. 임금 없는 노동, 극한 상황으로 부름을 받은 사람들. 추위, 헐벗음, 배고픔, 잠 못 드는 밤, 매 맞음, 그리고 신자들과 불신자들 모두의 손에 넘겨진 사람들! **오직** 주님의 교회가 세워지는 일을 위해, 아름답고, 젊고, 순수한 교회가 이 땅 위에 설 때까지 자신을 내어주는 사람들! 하지만 그 교회 안에 생존을 위한 어떤 종교 제도도 들여놓지 **않고**, 주님의 몸을 이룬 사람들에게 그런 것들을 **절대** 가르치지 않는 사람들! 자신의 사역을 결코 방어하려 들지 않고, 부당하고 비성경적인 사람들에 의해 자신의 모든 것을 **빼앗기면서도** 이 모든 일을 기꺼이 해내는 그 자리로 부름받은 것입니다.

▰▰▰ **복습** A Review

우리는 지금까지 신자들의 교제 위에 교리를 두어서는 안 된다는 것을 배웠습니다. 사역을 방어하려 애쓰는 것은 사도성이 없다는 증거입니다. 적과 싸우는 것은 두려움을 소재로 집을 짓고 있다는 반증입니다. 자신의 사역을 지키려 노심초사하는 것은 불에 타버릴 나무, 풀, 짚으로 집을 짓고 있다는 증거입니다. 여러분을 파괴하려 달려드는 사람과 맞서 싸우는 것은 여러분이 손수 세운 집에 확신이 없음을 증명합니다. 자신의 사역을 요새화하지 않고, 어떤 방어벽도 없이 집을 지은 후 그곳을 기꺼이 떠나는 것은 여러분이 여러분 개인의 사역이나 인위적인 사역에 속한 사람이 아니라 하나님의 지상 사역에 속한 사람임을 온 세상에 증명한다는 사실도 배웠습니다. 하나님만이 무너지지 않는 집을 지으시기 때문입니다. 하나님이 그 집을 짓지 않으면 짓는 자의 수고가 헛되기 때문입니다.

이제 신령한 생명에 의해 살았던 또 한 사람을 만나보겠습니다.

▨▨ 신령한 생명에 의해 살았던 또 다른 사람

이제 다른 한 분의 모범을 만나보겠습니다.

신령한 생명에 의해 살아갔던 신약시대의 또 다른 인물이 있습니다. 그분은 신령한 생명에 **의해서만** 살아갔던 사람입니다! 그분은 너무나 완전하게 신령한 생명에 의해서만 살아간 나머지, 결국 그 생명이 그분을 십자가에 못 박았습니다. 그분의 이름은 바로 예수 그리스도, 하나님의 아들이십니다. 그분은 하나님의 생명에 의해서만 살았습니다. 그분의 영혼은 성령의 지배 하에 있었습니다. 그분은 패배했습니다. "누구든 자기 생명을 내어주는 사람은 그 생명을 얻게 될 것입니다." 하나님의 생명으로 살아가는 시간을 충분히 채우십시오. 그러면 하나님께서 여러분을 십자가에 못박든지 아니면 피하게 하든지 선택할 수밖에 없는 지점으로 데려가실 것입니다.

기억하십시오. 우리는 모두 사람의 생명을 갖고 있습니다. 그러나 우리가 구원받으면 우리 안에 신령한 생명을 동시에 소유하게 됩니다.

두 생명 중 한 생명인 인간의 생명이 십자가로 향하는 것을 자진해서 동의하는 경우는 결코 없습니다. 인간의 생명은 거기서 벗어날 길을 찾습니다. 이 우주에서 기꺼이 십자가로 향하는 유일한 생명양식生命樣式이 있습니다. 모든 사람의 눈앞에서 십자가에 못 박히는 장소로 순순히 향하는 유일한 생명! 기꺼이 그곳에 가겠느냐는 제안에 "네"라고 대답하는 유일한 생명양식이 존재하는 것입니다. 바로 신령한 생명입니다.

그렇습니다. 그것은 사실입니다. 지금까지 수많은 사람이 십자가에 못 박혀 왔습니다. 하지만 그들은 그곳까지 "이끌려왔습니다." 오직 한 생명양식生命樣式만이, 강제되는 과정 없이 그곳에 이를 수 있습니다.

하지만 그분이 정말 그랬습니까? 그분이 갈보리에 이를 때, 물리적인 힘이 동원되지 않았습니까? 절대적으로 그렇지 않습니다. 그분이 십자가에서 벗어날 수 있었던 모든 가능성을 생각해 보십시오.

첫째, 그분은 당장이라도 호출할 수 있는 천사들을 보유하고 계셨습니다. 이보다는 덜 극적이지만 인간적인 방법도 많았습니다. 그분은 그분의 입을 열 수 있었습니다. 여기 눈여겨봐야 할 한 가지 원리가 있습니다. 여러분의 입을 여십시오. 그러면 여러분은 십자가에서 벗어날 수 있습니다. 입을 여는 것만으로도 여러분은 거의 모든 십자가에서 벗어날 수 있습니다.

제자들이 주님께 가장 실망했던 것 중의 하나가 바로 이것 때문이었습니다. 주님은 심문받는 과정에서 그분 자신을 방어하지 않았습니다. 그들은 자신들의 지도자, 자신들의 왕이 싸우지 않는 분임을 깨닫고 절망했습니다.

나는 열여덟 살부터 목사였습니다. 짧지 않은 시간 동안 이 일을 해왔습니다. 나는 사람들의 눈이 빛날 때가 있다는 사실을 알았습니다. 그들은 용감한 사람, 심지어 **거친 사나이**를 따르고 싶어 합니다. 그리스도인들은 설교단에 선 사람의 입에서, 그가 어떻게 곤경에서 빠져나왔는지를 듣고 싶어 합니다. "이러이러한 적들이 있었는데 나는 그들과 맞서 싸웠습니다. 그러자 그들은 내게 등을 보이며 도망치기 시작했습니다. 나는 터프가이입니다." 남자들은 자신의 용맹을 자랑하기 좋아합니다. 그 이야기가 사실인지 아닌지는 알 수 없습니다.

그리고 그리스도인들도 그것을 좋아합니다. 특별히 젊은이들은 그런 것에 사로잡힙니다. "내가 따르는 그분은 매우 터프한 분이야. 그분은 원칙을 위해 싸우고 있어. 소심함이라곤 찾아볼 수 없지. 정의를 지키려는 분이고 바른 일을 위해 싸우는 분이야. 비열한 인간들을 공격하는데 주저함이 없는 분이지."

지금까지 살아오면서 나는 이에 대한 예외를 거의 찾아보지 못했습니다. 사람들은 터프하고 겁 없는 사람들을 좋아합니다.(나는 주님의 제자 중에 용감한 사람보다는 소심한 사람이 더 많다는 사실을 알고 있지만, 사람들은 단지 용감한 사람들만 따르려고 합니다.) 내가 묻고자 하는 것은 이것입니다. 그렇다면 **온유한** 사람들은 어디 있습니까?! 겁쟁이가 아니라 온유한 사람을 말하는 것입니다. 정말로 겁 없고, 터프하고, 반격할 수 있고, **싸워 이길 수 있지만 그렇게 하지 않는 사람**, 대신 십자가를 지는 사람, 이것이 바로 온유한 사람의 특징입니다. **이런 사람**이 어디 있느냐는 말씀입니다.

주님의 제자들은 예수님께서 형편없는 위선자들에게 본때를 보여 주시길 기대했습니다. 그러나 바로 그때 주님께서 드러내셨던 온유함은 제자들을 실망시키기에 충분했습니다. 감사하게도 그분은 제자들의 기대에 응하지 않으셨습니다. 주님의 이런 예시에도 불구하고 기독교는 충분히 많은 피를 흘렸습니다. 지난 1700년 동안 주님께서 아주 약간이라도 '터프한' 모습을 보이셨다면 얼마다 더 많은 사람들이 칼과 불을 손에 들고 끔찍한 일을 저질렀을지 모골이 송연해집니다.

여러분도 알다시피, 주님께서 십자가로 걸어가실 때까진 **신성한 생명**이 십자가와 직면하는 현장을 누구도 본 적이 없습니다. 그저 인간 생명이 물리적인 힘에 의해 십자가에 달리는 것만 목격했을 뿐입니다. 인간의 삶에 전혀 새로운 행동과 새로운 영역의 경험이 들어왔습니다. 제자들은 신성한 생명이 **당연히** 불의의 세력들과 싸울 것이라 기대했습니다.(이름 그대로 '신성한 생명' 아닙니까?) 그것은 합리적인 추론이었습니다. 그럴지라도 그것이 옳은 것은 아니었습니다.

그렇습니다. 주 예수께서는 그 모든 상황을 멈추실 수 있었습니다! 그분이 유대인들의 재판종교재판을 발칵 뒤집어놓을 수 없었을 것이라고 생각하십니까? 예수님을 얕잡아보지 마십시오. 빌라도 앞에 선 예수님을 보십시오. 할 수만 있다면 빌라도는 십자가 처형을 멈추고 싶었습니다. 그럴만한 명분을 달라고 예수님께 거의 구걸하다시피 했습니다. 예수님은 단지 입만 열면 됐습니다.

만약 여러분이 어떤 사람의 진짜 모습을 알고 싶다면 그가 다른 사람으로부터 공격받으며 중상모략에 빠졌을 때를 보시면 됩니다. 그의 직업과, 평판과, 사역이 무너져 내릴 때의 모습을 주시해보십시오. 그가 그의 십자가에 어떻게 못 박히는지를 보면 그 사람을 알 수 있습니다!

오직 신령한 생명만이 품위 있게, 그리고 침묵 가운데 그것을 감당할 수 있습니다.

여러분이 주시해야 할 사실이 하나 더 있습니다. 주님을 십자가로 보낸 장본인이 누군지를 보십시오. **신령한 생명**이 그분을 십자가로 보냈습니다. 그 신령한 생명은 중단 없이 십자가를 지향하는 것 같습니다. 그것은 신령한 생명 본연의 특성입니다. 그 신령한 생명을 만드신 분은 자기 아들을 십자가로 보냈고 **그것을 좋게 생각하셨습니다!**

이제 그 신령한 생명이 빚어낸 **신령한 처신**을 보십시오. 그 처신은 사람에게서 나오는 것과는 달라 보입니다. 그렇지 않습니까? 십자가형이 집행되는 그 모든 과정에 주 예수는 결코 그분 자신을 방어하지 않으셨습니다. 실제로, 그분은 거의 입조차 열지 않으셨습니다. 그분이 거의 유일하게 입을 여셨던 것은 대제사장이 살아계신 하나님의 이름으로 대답을 요청할 때 뿐이었습니다. 그 질문에는 대답하실 수밖에 없었습니다. 십자가에 못 박히시는 과정에 대해서는 거의 아무 말도 하지 않으셨습니다.

신령한 생명에 의해 살아가는 삶을 배우십시오. 그것은 여러분의 하나님이 여러분에게 주신 생명입니다. 하지만 명심하십시오. 그럴 경우, 여러분은 거의 확실히 십자가로 향하게 될 것입니다. 여러분의 십자가입니다. 그 여정에서 가장 힘든 지점이 바로 십자가에 못 박히는 그 지점입니다. 철저히 부당한 일이 여러분을 기다리고 있을 것입니다. 그

때 이것을 알고 있어야합니다. 벗어날 방법이 있습니다. 여러분은 벗어날 수 있습니다. 말만 잘하면 거기서 나갈 수 있습니다. 공격이 들어오면 반응하고, 방어하고, 받아치고, 공개적으로 드러내고, 싸우고, 상대를 공격하십시오. 하지만 명심하십시오. : 여러분의 깊은 내면에 있는 그 무엇인가가 여러분의 주의를 환기시키려고 안간힘을 쓸 것입니다. "나는 네가 침묵했으면 좋겠어. 나는 네가 이 모든 것을 그냥 이대로 겪었으면 좋겠어."

갈보리 가는 길.
주님과 함께 나는 가겠네.
주여, 나를 도우소서. 주님께 함께 가도록.
갈보리 가는 길.

그 목소리는 계속해서 들려올 것입니다. "맞아, 십자가에 못 박히는 것은 너를 아프게 할 수 있어. 하지만 나아가렴. 도살장으로 향하는 양처럼 가렴." 여러분은 그 길을 갑니다. 어떻게 해보려고 하지 않습니다. **어떤** 도구도 사용하지 않습니다. 다른 사람의 주목을 받는 일도 없습니다. 지름길도 없습니다. 타협도 없습니다. 동정이나 연민도 기대하지 않은 채 쉬운 방법을 택하지 않습니다. 여러분은 그저 그 길을 묵묵히 갑니다.

어떤 분이 나와 내 아내 헬렌을 포레스트 론Forest Lawn에 데려간 적이 있습니다. 아마도 내가 두 번째로 캘리포니아를 방문했을 때의 일이었을 것입니다. 거기에 큰 그림이 하나 있었습니다. 아마도 세상에서 가장 큰 그림이라고 설명해준 것 같습니다. 그 그림은 주님께서 십자가에 못 박히는 모습을 묘사하고 있습니다. 작가는 그리스도가 십자가를 올려다보는 모습을 표현하고 있습니다. 내 생각에는 그 그림이 십자가에 기꺼이 못 박히고야 말겠다는 그분의 의지를 묘사하고 있는 것처럼 보였습니다. 물론 실제로는 십자가가 땅바닥에 놓여 있었을 것입니다. 십자가형을 받은 사람을 강제로 제압하여 그 위에 눕히고, 못질한 다음, 그 십자가를 공중으로 들어 올렸을 것입니다.

주님께선 강제로 매달리지 않았습니다. 그분은 그곳에 이르러 땅바닥에 놓여 있는 그 가증스러운 형틀을 잠시 바라보셨습니다. 그리고 천천히 몸을 굽히고 두 팔을 벌려 누우신 후, 손바닥을 펴고 기다리셨습니다! 마침내 십자가가 완성됩니다. 그분은 한마디도 입밖으로 내지 않고 조금도 저항하지 않았습니다. 그분 스스로 펼치신 손 바닥 위에 못이 들어올 때도 그 분은 그렇게 기꺼이 십자가에 못 박히셨습니다.

이것이 **당신이** 따라야 할 모범입니다. **이것이** 십자가를 지는 방식입니다. 결코, 잊지 마십시오. 이것은 신령한 행동입니다. 그리고 여러분은 이 길을 걸어가라고 부름받았습니다. **그것이** 우리의 임무입니다.

주님의 생명으로 살아가는 삶이 결국은 여러분을 십자가에 못 박히게 한다는 것은 참으로 흥미로운 일입니다. 하지만 그만큼 흥미로운 사실이 또 있습니다. 십자가에 못 박힌 사람들은 죽음에서 부활하는 경향이 있습니다.

바울과 스데반은 그들의 주님처럼, 모든 사람이 보는 앞에서 혹독한 시련을 겪었지만, 마치 자기 이야기가 아닌 것처럼 유연하게 받아들였습니다. 그다음에 부활이 왔습니다. 하지만, 부활은 모두를 위한 것이 아닙니다. 오직 십자가를 짊어졌던 그 사람들을 위해서만 예비된 것입니다.

무덤에서 일어나기 위해 여러분은 먼저 십자가로 가야만 합니다. 여러분이 원하신다면, 살아남으십시오. 그러면 부활은 없을 것입니다. 솔직히 말씀드리면, 주님은 우리들 대부분을, 아니 모두를, 모든 이들이 보는 앞에서, 불명예스럽고 불공평한 십자가에 못 박고 싶어하신다고 믿습니다. 그리고 우리를 죽음에서 일으키기 원하십니다. 십자가에 못 박히는 그 본연의 목적은 부활입니다!

또 하나, 부활 이후 주님의 행적을 주목해보십시오. 부활하신 후, 마침내 입을 열고 통렬하게 적들을 성토한 사실이 있습니까? 부활하신 이후, 주님께서 그 추하고, 가증스럽고, 위선적인 사람들을 비난한 사실을 읽어본 적이 있습니까? 부활하신 그분에게서 어떤 원통함이나 자신을 십자가에 못 박았던 그들을 향한 분노, 원한 등을 찾아볼 수 있습니까? 그분이 그 참혹한 고통의 과정을 생생하게 요약한 다음, 반복적으로 들려주신 사례라든지, 그분을 고소했던 거짓 증언들을 실례로 들며 그들의 만행을 드러냈던 사례를 발견한 적이 있습니까? 고난을 겪으면서 관찰하고 느낀 점을 말씀해주시거나 지난 일을 떠올리며 분노에 북받쳐 말씀을 쏟아내던 그분의 모습을 여러분이 기억할 수 있습니까? 그분이 유다를 비난하거나 빌라도를 비판하신 적이 있습니까?

당연히 없습니다! 그러한 기록은 존재하지 않습니다. 우리는 지금 하나님의 행적을 살펴보고 있습니다. 하나님이 그렇게 행동하실리가 없습니다. 그분은 영광의 주님이셨습니다. 부활하신 이후, 그분이 당하셨던 고통은 그분에게서 영원히 사라졌습니다. 그분은 그 끔찍한 시간을 돌이키거나 되새김질하거나 그 순간의 감정이나 트라우마를 다시 소환하신 적이 없습니다. 그분은 그렇게 하지 않으셨습니다. 그분이 그렇게 하지 않으셨다면 십자가에 못 박힌 다른 모든 사람도 그렇게 하지 말아야 합니다. 지구의 시간에서나, 영원의 시간 속에서나, 그분은 십자가에 못 박히면서 받으셨던 그 모든 부당한 대접들을 그분의 입에 올리신 일이 없습니다. 그분은 과거 없는 삶을 사셨습니다!

어느 날 여러분도 십자가를 짊어지게 될 것입니다. 그 시간은 반복해서 여러분 앞에 닥칠 것입니다. 매번, 그 시간은 더 길어지고, 더 거칠어지고, 더 많은 것을 여러분에게서 제거해나갈 것입니다. 그렇게 십자가를 짊어지다가 어느 날, 여러분은 거칠게, 냉혹하게, 잔인하게, 부당하게, 그리고 아마도 모든 사람이 보는 앞에서 그 십자가에 못 박히게 될 것입니다. 그리고 그 시간이 지나가면, 여러분은 한 가지를 선택해야 합니다. 먼저, 여러분의 남은 인생동안 과거의 십자가를 현재의 시간 속에 소환하고 미래의 시간으로 불러낼 수 있습니다.

물론, 다른 선택지도 있습니다.

그 일이 얼마나 끔찍했던 간에, 여러분이 그 일을 잊는다면 주님께선 여러분이 묻혀있던 그 무덤에서 새로운 생명을 끌어낼 것입니다. 여러분은 이전엔 결코 서 보지 못했던 지점, 더 높고, 더 거룩하고, 더 강력한 어떤 영역에 머물게 될 것입니다. 여러분의 과거는 그 과거가 있어야할 자리, 즉 무덤에 놓고 오십시오. 그 무덤에 들어가기까지 여러분의 대적들이 여러분에게 가져왔던 해로움이 무엇이든, 무덤에 놓고 잊어버리십시오.

지금 이 지구엔, 새로운 종種의 사람들이 필요합니다. 우리가 이 메시지 안에서 줄곧 이야기해왔던 그런 사람들입니다.(우리 안에 그런 사람들이 존재한다면, 그래서 우리가 그들의 뒤를 따르게 된다면, 그것은 우리 모두가 그토록 소망해왔던 그녀-그것 'it'이 아닌! 역주-의 유전자를 지닌 참교회가 될 것입니다.) 이들은 그들 자신과, 그들이 처한 환경과, 부당한 논리와, 부당한 처신에 반격을 가하기 위해 성경말씀을 사용할 권리를 이미 완전히 포기한 사람들입니다. 이들은 거의 완벽에 가까운 품행을 가진 사람들이며, 종교조직과 단절하되 그 안에 있는 사람들에겐 적의를 품지 않는 사람들입니다. 이들은 순전하고 단정한 마음으로 모든 그리스도인에게 열려있는 사람들이며, 알 수 있는게 너무 많지만 오직 그리스도 외엔 아무것도 알지 않기로 작정한 사람들입니다. 이들은 뜨거운 마음으로 교회를 사랑하는 사람들이며 자신의 사역을 내려놓을 수 있는 사람들입니다. 이들은 결코 종교적인 논쟁에 개입되지 않는 사람들이며 그러한 논쟁에서 자신을 방어하지 않는 사람들이고 기꺼이 십자가에 못 박히되 입을 굳게 닫는 사람들입니다. 이 사람들은 결코 능수능란하게 도구를 사용하지 않는 이들입니다. 그리고 마침내 부활을 경험한 사람들입니다!

그 얼마간의 죽음으로부터 말할 수 없는 양의 위대한 생명이 흘러나올 것입니다! 세상은 죽었다가 생명으로 다시 태어나는 씨앗을 고대하고 있습니다. 무엇보다 주님은 저 정상을 바라보는 이들을 기다리고 있습니다. 보십시오. 그 정상이 얼마나 높은지, 그 산맥 언저리에 사람의 발길이 닿은 지가 얼마나 오래되었는지!

고귀한 분들이 한때 새로운 기준점을 제시했던 그 거룩한 정상에 우리가 다시 오르게 될지도 모를 일입니다. 그렇지 못할 수도 있습니다. 하지만 오늘 여기서 우리 모두가 이 한 가지 사실은 동의할 수 있습니다. 우리가 하고자 하는 일은 깃발을 정상까지 가져가는 것입니다. 비록 실패한다고 할지라도, 다른 사람들이 올랐던 그 지점 훨씬 너머로 그 깃발을 전진시킬 수 있기를 간절히 열망합시다. 최소한 우리의 다음 세대들이 우리가 오른 지점보다 더 높은 곳, 그리고 더 나은 곳에 오를 수 있도록, 그 깃발을 좀 더 높은 지점에 옮겨놓기를 소망합시다.

만약 하나님께서 기뻐하신다면, 만약 그 일이 전능하신 그분의 계획 가운데 있다면, 우리가 그분의 은총을 지속적으로 받을 수 있다면, 우리는 한 몸을 이뤄, 거룩한 산 제물로 우리 자신을 이 일에 드립시다.

주님! 이것이 우리의 미션이 되게 허락하소서!